W0046647

ullstein

## Das Buch

In stetigem Bemühen, sich selbst zu überholen, sprudeln die Gedankenspiele, -gänge und -blitze nur so aus Tobias Mann heraus. Und wer jetzt noch überlegt, ob Spiele, Gänge und Blitze sprudeln können, ist genau richtig, wenn sich der Mainzer Humorwerker auf Fragen stürzt wie: Was tun, wenn einem die eigenen Eltern auf Facebook begegnen? Oder: Warum bewegen sich Politiker im Internet ähnlich elegant wie Karnevalisten nach der Prunksitzung? Fragen über Fragen, die genüsslich seziert und letztlich unmerklich beantwortet werden. Außerdem erklärt uns der bekennende Internetjunkie und Smartphone-Addict en passant, welche realsatirischen Auswirkungen Apple, Google & Co. auf uns haben – und warum es gar nicht so dumm ist, ein Digital Dummy zu bleiben.

## Der Autor

Tobias Mann ist seit 2005 auf den Bühnen Deutschlands unterwegs und bekannt für seine humoristisch-musikalischen Auftritte mit Klavier und Gitarre. Dabei rappt er den »Faust«, betrauert einen Frosch oder begräbt die FDP. 2008 wurde er u. a. mit dem Deutschen Kleinkunstpreis ausgezeichnet, außerdem moderierte er im WDR die TV-Sendungen »Fun(k)haus« und »Mann an Bord«. Er lebt mit seiner Familie in Mainz.

Tobias Mann

# Hilfe, die Googles kommen!

## Mein Leben als Digital Dummy

Mit Illustrationen
von Annette Klumpp

Ullstein

Besuchen Sie uns im Internet:
www.ullstein-taschenbuch.de

*Umwelthinweis*:
Dieses Buch wurde auf chlor- und säurefreiem Papier gedruckt.

Originalausgabe im Ullstein Taschenbuch
1. Auflage April 2013
© Ullstein Buchverlage GmbH, Berlin 2013
Umschlaggestaltung: ZERO Werbeagentur, München
Titelfoto: Stephan Heinz
Titelillustrationen: Annette Klumpp für FinePic, München
Satz: LVD GmbH, Berlin
Druck und Bindearbeiten: GGP Media GmbH, Pößneck
Printed in Germany
ISBN: 978-3-548-37453-6

*Für Oskar, meinen liebsten Digital Native.*
*Für Wenke, meinen liebsten Digital Dummy.*
*Für meine Eltern, meine liebsten PWSNTACAAs.*

# INHALT

# PROLOG

Könnte Ernest Hemingway noch leben?

Diese Frage schießt mir durch den Kopf, während ich am Schreibtisch sitze und mir die ersten Worte des vorliegenden Buches überlege.

»Warum jetzt dieser Gedanke?«, wird der ein oder andere jetzt schon verwirrte Leser ausrufen, und wenn ich ehrlich bin: Das frage ich mich auch. Womit nun schon zwei Fragen im Raum stehen, auf die ich keine Antwort parat habe.

Ich verschwende keine Zeit an ineffiziente Überlegungen, öffne meinen Browser und will die Worte »Ernest« und »Hemingway« in die Google-Suchleiste tippen – nicht ohne mich zunächst darüber zu amüsieren, dass nach dem Tippen von »Ern« als mögliche Ergänzung von Googles »intelligenter« Suche »Ernährungsplan« und bei »Erne« der Vorschlag »Erneuerbare Energien« erscheint. Nach »Ernes« hat Google erkannt, dass ich Ernest Hemingway suche. Ich drücke die Enter-Taste, was mich zur Übersicht der Suchergebnisse bringt. (Gedanklich bleibe ich daran hängen, dass der nächste »Ernest«, den Google mit seinem geheimen Such-Algorithmus anbietet, Ernest Borgnine ist. Der Name kommt mir bekannt vor. In einem weiteren Browserfenster öffne ich die Ergebnisliste für diesen anderen Ernest und sehe schon anhand der Bilder, dass es sich um den Schauspieler handelt, der in der TV-Serie »Airwolf«

mitgespielt hat – so glaube ich zumindest. Ich klicke auf den Eintrag, der seine komplette Filmographie zeigt, und sehe mich bestätigt. Just in diesem Moment fällt mir ein, dass die Titelmelodie der Serie eine meiner ersten Schallplattensingles war. Ich versuche, mir das Stück in Erinnerung zu rufen, während ich schon bei YouTube nach dem entsprechenden Video suche. Dabei widerstehe ich der Versuchung, auf die vorgeschlagenen »ähnlichen Videos« mit der »Street Hawk«-, »Magnum«- oder »MacGyver«-Melodie zu klicken, und besinne mich auf meine ursprüngliche Überlegung. Ähm … ach ja … könnte Ernest Hemingway noch leben?)

Trotz einer Trefferanzahl von 22.100.000 entscheide ich mich für den wohlfeilsten Link, den Wikipedia-Eintrag über Ernest Hemingway, und entdecke sofort, dass der Gute nicht mehr leben könnte, selbst wenn er sich nicht umgebracht hätte. Würde er noch leben, wäre er nämlich über 113 Jahre alt, und so alt kann ein Mensch nicht werden … oder?

Mmm … müsste ich mal googeln.

Na ja, wie auch immer – Hemingway ist tot, hat sich mit einem Gewehr die Schädeldecke weggeschossen, und mir wird klar, dass ich, ohne es zu merken, im zweiten Satz dieses Buches einen veritablen Wortwitz versteckt habe. Ich nehme mir vor, das später als Absicht zu verkaufen.

So langsam dämmert mir, woher meine Ausgangsfrage kommt: Ich möchte ein Buch schreiben. Dieses Buch hier. Irgendwie – und das soll jetzt nicht überheblich klingen – bin ich damit ein Kollege von Hemingway. Ok, das klingt überheblich. Ich formuliere es um: Ich bin zumindest in einer ähnlichen Situation wie Hemingway – nur eben ohne Daiquiri, Mojito, Pulitzer-Preis und Kuba. Der größte Unterschied ist allerdings, dass ich im Gegensatz zu Hemingway keine Remington oder Underwood-Schreibmaschine nutze, sondern einen Computer aus Cupertino, USA. Zumindest wurde er da erdacht. Gebaut wurde er in einem Billiglohnland, wo er unter miesen Bedingungen von ausgebeuteten Arbeitern gefertigt wurde. Eigentlich eine Sauerei, so ein Ding zu benutzen. Aber hach, er ist einfach soooooo schöööön.

So langsam lichtet sich das Chaos meiner Gedanken, und ich variiere meine Ausgangsfrage: Wäre Hemingways Leben anders verlaufen, wenn es zu seiner Zeit schon Computer mit Internetanschluss gegeben hätte? Oder, noch zugespitzter: Hätte ihn ein Rechner von Apple daran gehindert, sich die Birne wegzublasen?

Mein Gedankenspiel geht noch weiter: Wenn man sich einmal durch die zahlreichen Informationen über Hemingway klickt, erfährt man, dass es vor allem der Ruhm und die Stilisierung zur lebenden Legende war, die den an einer bipolaren Störung leidenden Schriftsteller in den Suizid getrieben haben. Die Frage ist nun, ob er überhaupt legendär geworden wäre, wenn seine Welt schon die technologische Überfrachtung mit ihren Zerstreuungen und Ablenkungen aufgewiesen hätte, mit der wir es heute zu tun haben.

Hätte er dann vielleicht statt des Romans »Wem die Stunde schlägt« nur das Smartphone-Manual »Wem die App eine Push-Nachricht schickt« geschrieben? Oder eine Sammlung von Surftipps für Senioren mit dem Titel »Der alte Mann und das Netz«? Damit wäre die Menschheit heute um ein paar Werke der Weltliteratur ärmer, aber Hemingway hätte so, fernab des Hypes, möglicherweise seine manische Depression in den Griff bekommen. Kein Ruhm, keine Knarre, kein Bumms! Gut für Hemingway – kulturell gesehen eine Katastrophe.

Aber vielleicht liege ich mit diesem Gedankenspiel auch völlig falsch. Ein digital gerüsteter Hemingway hätte seine

Genialität sicher den veränderten Umständen entsprechend genutzt und in Form und Inhalt völlig neue Wege beschritten.

Herausgekommen wäre dabei so etwas wie Hemingway 2.0, also ein Genie mit Update. Vielleicht hätte er sich einfach nicht so schnell von »weiterführenden Links« verführen lassen wie ich. Möglicherweise wäre er im Gegensatz zu mir imstande gewesen, seinen Gedanken auf geradem Weg zu folgen und sich nicht auf den digitalen Kreuzungen und Nebenstraßen der Datenautobahn zu verfahren. Das hätte sich dann zwar früher oder später wieder negativ auf seine Schädeldecke, dafür aber positiv auf die Kulturgeschichte ausgewirkt.

Mein Fazit: Die Historie wäre trotz grundlegender Änderungen der Rahmenbedingungen ganz ähnlich verlaufen, weil der Mensch sich zwangsläufig anpasst, verändert und optimiert. Ich bin der festen Überzeugung, dass wir in zwei, drei Generationen wieder so weit sind, dass ein neuer Hemingway sich seinen Weg durch Netzwerkstrukturen, Informationstechnologien und cloud-basierte Datenspeicherungsverfahren bahnen wird. Vorerst müssen Sie allerdings mit halbgaren Büchern wie dem vorliegenden vorliebnehmen und hoffen, dass ich recht behalte.

Es wird Zeit, endlich einzusehen, dass menschliche Evolution und Internet nicht mehr voneinander zu trennen sind. Das Netz hat die Welt und die Welt das Netz verändert. Aber wie? Wo kommen wir her? Wo gehen wir hin? Wo stehen wir im Moment? Und kann uns vielleicht Google Maps die Antworten darauf geben? Überhaupt: Ist Google eher der Darth Vader oder der Obi-Wan des Netzes? Oder vielleicht doch nur Boba Fett? Begeben wir uns nicht sogar in Lebensgefahr, wenn wir gebannt auf die Fußgänger-Navigation des Smartphones starren und aufgrund eines Softwarefehlers per pedes auf der Einfädelspur vom Autobahnkreuz Offenbach landen? Kann man Juchtenkäfer[1] per E-Mail verschicken, und ist das noch artgerecht?

Das sind die Fragen, denen ich mich im Folgenden gnadenlos subjektiv und bewusst unausgewogen widmen werde. Nebenbei versuche ich zu klären, ob Onlineshopping ein erstes Vorzeichen der Apokalypse ist, warum sich Politiker im Internet ähnlich elegant bewegen wie Karnevalisten nach der Prunksitzung, ob Jesus heutzutage die Bergpredigt twittern würde, und warum ein Shitstorm niemals in der Wettervorhersage auftauchen wird.

Ich werde Ihnen an vielen Stellen beweisen, dass die zahlreichen »neuen« Möglichkeiten, die uns Technik und Internet bieten, im Grunde gar nicht so neu sind, sondern nur alter Wein in neuen Schläuchen, Updates für die teilweise jahrtausendealte Software des täglichen Lebens. Dabei bin ich zwar kein ausgewiesener Netzexperte[2], sondern eher ein Hofnarr im Königreich des Digitalen. Im Gegensatz zum distanzierten Wissenschaftler stecke ich aber Hals über Kopf drin und kämpfe tagtäglich mit den Errungenschaften der Elektronik- und Computerindustrie.

So ist dieser Text eine Art Kriegsberichterstattung von der Front zwischen analoger und digitaler Welt, die mir zuweilen erschreckende Selbsterkenntnisse geliefert hat. Ich hoffe, auch Sie finden sich hier wieder und können nach der Lektüre zumindest befreit darüber lachen, wenn Sie sich dabei ertappen,

---

[1]  Das possierliche Geschöpf drohte einst, allein mit seiner gefährdeten Existenz das Bauvorhaben Stuttgart 21 zu stoppen, und das gänzlich ohne Sitzblockaden und Protestschilder – ein Wunder der Natur.

[2]  Wenngleich es für deutsche Talkshows oft schon reicht, den Unterschied zwischen DSL und DFB zu kennen, um als Internetexperte bezeichnet zu werden.

mit Ihrem Partner einen Videochat zwischen Küche und Bad zu starten oder das Gassigehen mit Ihrem Hund beim Lokalisierungsdienst foursquare.com zu dokumentieren.

Allen Wikipedia-Klugscheißern und Recherche-Pedanten noch ein freundlicher Hinweis zum Schluss: Schmöker wie diese, welche sich mit aktuellen Entwicklungen, gesellschaftlichen Strömungen und Alltagsphänomenen auseinandersetzen, büßen schon im Augenblick der Drucklegung an Aktualität ein. Auch Papier ist heute nicht mehr so geduldig wie früher. Hieß es vor ein paar Jahren noch »Nichts ist älter als die Zeitung von gestern«, müsste es heute heißen: »Nichts ist älter als der Online-Artikel von vor fünf Minuten.« Der Autor empfindet es allerdings als evolutionären Schritt nach vorne, lieber Momentaufnahmen akkurat und intensiv zu analysie-

ren, als mit schludrigen Thesen der Aktualität hinterherzuhecheln.[3]

Bevor es jetzt ans Eingemachte geht, muss ich mir allerdings auf YouTube doch noch schnell den Vorspann von Mac-Gyver anschauen, weil ich die ganze Zeit schon überlege, wie die Melodie ging.

Ach … und wie hieß noch mal der Hauptdarsteller?

[3] Die hochtrabende Formulierung dieses Satzes ist natürlich nur ein billiger Trick, um mich vorab für veralteten Käse zu rechtfertigen. Kleiner Tipp: Selbst wenn Informationen so alt sein sollten, dass man als Leser gar nicht mehr weiß, was gemeint ist, kann man es immer noch googeln.

# DONKEY KONG IM KLETTERBAUM –
# MEIN LANGER WEG INS INTERNET

Ich würde mein Elternhaus zwar nicht per se als technikfeindlich bezeichnen, aber sonderlich wohlwollend standen weder Vater noch Mutter den Errungenschaften der Technik gegenüber. Natürlich besaßen wir in den frühen 80er Jahren einen Fernseher, einen elektrischen Mixer und eine Hifi-Stereoanlage von Telefunken.[4] Dies waren aber keine Objekte der Leidenschaft, sondern mehr oder weniger häufig benutzte Gebrauchsgegenstände.

Irgendwann nannten wir sogar einen VHS-Videorekorder unser Eigen, dessen Programmierung meinen Eltern jedoch bis zum Aussterben des sympathischen Mediums ein Rätsel bleiben sollte.[5] Fernsehen galt sowieso, vor allem für uns Kinder, als gefährlich und wurde stets sparsam rationiert. Keinesfalls durfte die Mattscheibe uns über Gebühr ans Wohnzimmer fesseln und von der gesunden Luft auf Spiel- und Sportplatz ab-

---

#4 Es handelte sich dabei um einen grauen Plastikblock, dessen Plexiglasabdeckung die Kombination aus Schallplattenspieler, Kassettenabspielgerät und Radio vor den Fusseln des Flokatis schützen sollte.

#5 Auch das Wechseln und Abspielen von Kassetten war in ihren Augen stets eine Herkulesaufgabe, womit das Gerät für sie letzten Endes eigentlich nicht mehr als eine sehr teure und furchtbar sperrige Digitaluhr war – die meine Wenigkeit jedes halbe Jahr wieder umstellen musste.

halten. Spielkonsolen wie die von Nintendo oder Atari waren in den Augen meiner Mutter der Versuch des Antichristen, Kinder sozial zu isolieren und in die Höllenvorhöfe Nervosität und Schlaflosigkeit zu locken.

Ich hatte über die Jahre allerdings Überredungstechniken entwickelt, die selbst meine resolute Mutter irgendwann zu brechen vermochten. Ich bekam also eines Tages meine Konsole, durfte sie aber nur bei schlechtem Wetter benutzen. Es galt die eiserne Regel, bei schöner Witterung nicht daddelnd im heimischen Wohnzimmer zu versauern. Aus diesem Grund verbrachte ich sonnige Nachmittage oft bei Freunden, die auch Konsolen besaßen, wo wir dann »Donkey Kong« auf dem Fernseher[6] spielten, bis draußen die Straßenlaternen angingen. Meiner Mutter erzählte ich natürlich nicht, dass ich den Nachmittag mit einem pixeligen Affen auf einem Baugerüst verbracht hatte, sondern mit meinem Freund Christian auf dem Kletterbaum hinterm Spielplatz.

Umso verwunderlicher war es, dass wir schon verhältnismäßig früh einen Computer anschafften. Ohne dass ich ihn mir gewünscht hätte, kauften mir meine Eltern einen Commodore 64, komplett mit Monitor und Datasette. Später kam sogar ein Diskettenlaufwerk hinzu, was seinerzeit ähnlich revolutionär war wie in früheren Zeiten elektrisches Licht oder Toiletten mit Wasserspülung. Offenbar hatte es die Computerindustrie geschafft, selbst meine skeptischen Eltern davon zu überzeugen, dass ein solches Ding als multifunktionales Arbeitsgerät der Zukunft in jeden modernen Haushalt gehörte.

[6] An so etwas wie einen Computermonitor war vor allem mangels Computer noch nicht zu denken. Selbst in Science-Fiction-Filmen wurden digitale Inhalte in kleinen Röhrenfernsehern betrachtet.

Das Bügelzimmer meiner Mutter wurde kurzerhand zum Computerraum umfunktioniert und stand nun zu meiner freien Verfügung. Mutter und Vater erhofften sich davon wohl, dass ich fortan meine sinnfreie Zockerei auf der Atari-Konsole zugunsten einer zukunftsträchtigen Beschäftigung mit dem Heimcomputer beenden würde. Teilweise erfüllte sich diese Hoffnung auch, allerdings mit dem kleinen Schönheitsfehler, dass ich zwar die Spielkonsole links liegen ließ, dafür aber auf dem Computer ausschließlich sinnfrei zockte. Der einzige Computerbefehl, den ich aus dem Effeff beherrschte, war LOAD »NAME DES SPIELS«, 8,1. Diesen benötigte man, um die zahlreiche Raubkopien zu starten, die sich auf gelochten und ungelochten Disketten[7] binnen kürzester Zeit bei mir stapelten. »Boulder Dash«, »Space Taxi« oder »Giana Sisters« – all das spielte ich mit großer Leidenschaft, ohne jemals auf die Idee zu kommen, mit dem Computer etwas anderes anzustellen.

Textverarbeitung am Rechner beispielsweise war in Zeiten vor Windows nur sehr leidensfähigen Menschen vorbehalten und legte die Vermutung nahe, dass etwas Besseres als Schreibmaschinen zu diesem Zweck niemals erfunden werden würde. Und überhaupt: Mit neun Jahren drängte es mich noch nicht wirklich dazu, meinen ersten großen Roman zu schreiben. Gut, ich hätte, anstatt Weltliteratur zu verfassen, natürlich auch eine Programmiersprache lernen und eigene Programme entwickeln können. Dafür war ich allerdings viel zu faul und auch zu interessiert daran, wie wohl das letzte Level von »Ghostbusters« zu knacken wäre. Ich dachte auch nicht im Traum darüber nach, den Computer mit einem globalen Netzwerk zu verbinden. Es war für mich unvorstellbar, dass dieses gräuliche Plastikteil irgendwie Kontakt mit der Welt außerhalb des Bügelzimmers aufnehmen könnte.

Eine Ahnung dessen, was da noch alles kommen könnte, gab mir erstmals der Film »WarGames«, den ich sogar schon bei seiner ersten Fernsehausstrahlung gesehen hatte – es muss wohl schlechtes Wetter gewesen sein. In diesem Film aus dem Jahre 1984 hackt sich die Hauptfigur, ein waschechter Computerfreak, mit seinem Heimrechner in ein amerikanisches Raketenabschusssystem und löst dadurch fast den dritten Weltkrieg aus. Er benutzt dafür einen sogenannten Akustikkoppler.

#7 Das gab es wohl nur ein einziges Mal in der Geschichte der Speichermedien: Man machte ein Loch oder eine Kerbe in den Datenträger, und schon hatte er die doppelte Kapazität. So etwas ist heute nicht mehr möglich. Also legen Sie jetzt bitte sofort den Locher und die SD-Speicherkarte aus der Hand!

So etwas hatte ich bis dato nicht gesehen. Es handelte sich um ein Zusatzgerät, bei dem man den Telefonhörer des guten, alten Wählscheibentelefons in zwei Gumminäpfe drückt, um so den Computer mit einem Vorläufer des heutigen World Wide Web zu verbinden. Auch wenn es damals eine faszinierende Vorstellung war, Kontrolle über Raketenabschusssysteme zu erlangen, die ich in Konfliktsituationen auf das Zimmer meiner großen Schwester hätte richten könnte – es sollte noch über zehn Jahre dauern, bis ich das erste Mal einen Rechner mit dem Internet koppeln würde.

Zunächst blieb ich meinem gesunden Halbwissen und dem Bügelzimmer meiner Mutter treu und zockte weiter »Maniac Mansion«, ein Computerspiel, dessen Name auch irgendwie auf mein Elternhaus passte.

## Die Kakophonie des Fortschritts

Meine Computernutzung veränderte sich auch nicht großartig beim nachfolgenden C128, einem Heimcomputer der nächsten Generation, auf dem lediglich die Spiele flüssiger liefen und die Grafik schöner war. Doch bei unserem ersten 386er PC, auf dem das Betriebssystem Windows 3.11 lief, beschäftigte ich mich dann sehr viel intensiver mit Hard- und Software – allerdings nicht aus freien Stücken, sondern weil, Microsoft sei Dank, permanent etwas nicht richtig funktionierte. Das waren die Zeiten, in denen ich mich mehr im Geräte- und Softwaremanager des Systems aufhielt als auf der virtuellen »Test Drive«-Rennstrecke. Als wir uns diesen Computer anschafften, Verzeihung, im Keller einbauen ließen (er war riesig), ahnten wir nicht, worauf wir uns eingelassen hatten.

Zunächst herrschte Faszination ob dieses imposanten Geräts, das, in einen mannsgroßen[8] Metall-Tower gekleidet, so viel unbändige Power mit sich brachte, dass es von einem stattlichen Lüfter gekühlt werden musste. Das ging natürlich nicht lautlos vonstatten: Das Rauschen der bewegten Luftmassen, das Brummen des Antriebsmotors und das metallische Hämmern, wenn der Rotor hin und wieder gegen das Gehäuse schlug, bildeten die Basis für eine völlig neuartige Geräuschkulisse. Der monochrome Bildschirm, mit einer Bildschirmdiagonale, die der heutiger Smartphones entspricht, flimmerte deutlich hörbar in gewöhnungsbedürftigen Frequenzen. Das Diskettenlaufwerk steuerte in unregelmäßigen Abständen ein helles Klopfen und knarzendes Surren bei, als wollten sich zwei kleine Panzerknacker mit Hämmerchen und winziger Motorsäge aus dem Innern befreien.

Der unbestrittene König der Schallemission war aber der Neun-Nadel-Drucker. Wie ein bengalischer Tiger verhielt er sich im Ruhezustand zwar mucksmäuschenstill, setzte sich dafür bei Aktivierung aber umso brachialer in Bewegung. Mit einem Geräusch irgendwo zwischen Ducati-Motorrad auf der Überholspur und Murmeltier im Todeskampf setzten die neun Nadeln stechende Akzente in dieser kakophonischen Sympho-

#8    Gut, ein kleiner Mann, aber immerhin ein Mann.

nie. Es blies, es flimmerte, die Ducatis rasten, die Murmeltiere schrien, die Panzerknacker ackerten – kurzum: Es war saulaut – aber total geil! In dieser Zeit ist meine bis heute andauernde Hassliebe zum Rechner erwacht.

Fortan tauschte ich unzählige Grafikkarten aus, baute RAM-Erweiterungen und Festplatten ein und aus, drückte Soundkarten und Mainboards in Steckverbindungen und verband Disketten-, Zip- und CD-ROM-Laufwerke miteinander – und das war nur die Hardware. Softwareseitig galt es, Programme und Gerätetreiber zu installieren, Betriebssysteme plattzumachen, neu aufzusetzen und überdies Daten zu sichern und wiederherzustellen. Das hat sich bis heute nicht wirklich geändert.

Es würde mich sehr interessieren, wie das Verhältnis von Konfiguration und Wartung eines Computers zur konstruktiven Arbeit damit aussieht. Ich fürchte, Letzteres zieht deutlich den Kürzeren. Vor allem, weil es schlichtweg unmöglich ist, sich nur mit seinem eigenen Rechner herumzuschlagen.

Die Information, dass man sich mit Computern auskennt, ist damals wie heute gleichzusetzen mit der öffentlichen Bekanntgabe eines Millionengewinns beim Lotto. Aus allen Ecken und Löchern kriechen die Minderbemittelten heran und betteln zunächst unterwürfig, später dann dreist fordernd um Hilfe in der Not. Nimmt man sich der Aufgabe an, wird man zu einem IT-Boy[9], vielleicht sogar zu einer Art Hardware-Messias oder Software-Jesus, der kranke Computer heilt und tote Festplatten wieder zum Leben erweckt.

Nicht, dass wir uns falsch verstehen: Ich war nie ein ausgewiesener Experte und bin es auch heute nicht. Auch ich stehe wie ein Vollhorst im Computerladen vor der Theke, welche die

#9   Achtung: nicht zu verwechseln mit »It-Girl«.

Menschen mit aus der Not gewonnener Erkenntnis von denen mit leidenschaftlicher Expertise trennt. Die dort beschäftigten Computerexperten, zumeist wandelnde Talgdrüsen mit Tageslichtdefizit, beantworteten in den vergangenen Jahren auch meine Fragen stets süffisant und mit leichtem Ekel.[10]

Dennoch: Unter den Blinden ist der Einäugige König, und außerhalb der PC-Werkstatt ist der mit dem richtigen Schraubenzieher immerhin noch Herzog oder zumindest Baron. Draufgängerischer Mut und unverschämtes Glück haben in dieser Hinsicht zumeist mein Wissen und meine Begabung überwogen. Trotzdem (oder vielleicht gerade deswegen) habe ich über die Jahre unzählige Personal Computer und Laptops auf Fehler überprüft, gewartet, repariert und, ich gebe es zu, manchmal auch kaputtgemacht. So wenig ich sie auch verstand – Mikroprozessoren ließen mir einfach keine Ruhe.

## Drin!

Zu Beginn meines Studiums im Jahre 1998 hatte ich mir einen brandneuen Desktop-Rechner[11] zugelegt und im Zuge dessen, wohl wissend, damit ein echter Teufelskerl mit schier maßloser Chuzpe zu sein, auch ein Modem gekauft. Mein allererstes externes! Natürlich entschied ich mich nicht für die betuliche 33.6 k-Variante, sondern für die ungezügelte Kraft der 56 Kilobit pro Sekunde – ohne auch nur den Hauch einer Ahnung zu haben, was das genau bedeutete. Zumindest war

---

#10  Ja, liebe Kinder, es gab eine Zeit, da musste man Fragen noch echten Menschen stellen und nicht in ein virtuelles Suchfeld eingeben.

#11  Natürlich nach meinen Wünschen individuell bestückt. Kein Gerät von der Stange.

mir klar, dass durch meinen rasend schnellen Trip in das Land, in dem Bits und Bytes fließen, auch meine Telefonrechnung ins Unermessliche steigen würde. Egal, es ging hier um nichts weniger als meinen Anschluss an die Zukunft. Ein kleiner Klick für mich, aber ein großer Klick für meine Telefongesellschaft.

Nachdem ich den Treiber installiert, die DFÜ-Verbindung konfiguriert und die Gretchenfrage (»Wie hältst du es mit Ton- und Pulswahl?«) beantwortet hatte, konnte es losgehen. Obwohl die Vorfreude auf all das, was da nun kommen würde, überwog, saß mir die Angst meiner Jugend, jetzt versehentlich einen Atomkrieg auszulösen, immer noch im Nacken. Sorgenvoll, aber fasziniert, lauschte ich zum ersten Mal dem Handshake, also dem unirdischen Piepsen und Quietschen, das mit telefonischen Internetverbindungen einherging und die damalige Technoszene zu etlichen Hits inspiriert haben dürfte.

Dann wurde es still, und die Dioden am Modem zeigten durch ihr Blinken, dass ich tatsächlich online war. Zum allerersten Mal. Über zehn Jahre nach »WarGames«. Von da an gab es für mich tatsächlich keine Welt mehr ohne Internet. Ich war wie von einem Virus infiziert. Dummerweise teilte mein Computer dieses Schicksal nur wenige Tage später mit mir. Trotzdem: Weder Viren, Würmer, Trojaner oder Werbebanner noch Spam- oder Phishing-Mails konnten mir jemals die Lust am Websurfen verleiden.

Ich bin dem Internet seit diesem denkwürdigen Tag treu und habe sämtliche Entwicklungsstufen der Verbindung via ISDN-Modem, asymmetrischer Satellitenverbindungen[12] und

#12 Dabei lädt man Daten sehr schnell via Satellitenschüssel herunter, muss aber, um Daten hochzuladen, zusätzlich ein terrestrisches Modem benutzen. Das ist in etwa so praktisch wie ein Telefon, mit dem man jemanden zwar hören kann, zum Antworten aber ein Fax schicken muss.

schließlich DSL mitgemacht. Ich war dabei, als es mit drahtlosen Netzen losging, und habe mit meinem Mobiltelefon schon in den Pioniertagen via GSM »unser Oma ihr klein Häuschen« versurft. Ich kenne sie noch, die Faszination, die man verspürt, wenn nach nur vier Minuten Ladezeit auf einem briefmarkengroßen Handydisplay die Amazon-Startseite erscheint – unlesbar, aber sie ist da! Ich habe einst mit AltaVista gesucht, mit Netscape gesurft, Napster kommen und gehen sehen und war dabei, als es beim Begriff »Flatrate« noch nicht ums Saufen ging. Ich hatte noch eine eigene Website mit Webspace auf werbefinanzierten Servern, habe hüpfende @-Zeichen und sich selbst anleckende Briefe als animierte Grafik in meine Homepage eingebaut und stündlich den Webcounter auf neue Gäste kontrolliert.

Und auch wenn es klingt, als würde Opa vom Krieg erzählen, ist das alles nur ein paar Jahre her. Eben noch höre ich meine Mutter sagen, dass sich die Nachbarn jetzt auch »diesen Internetblödsinn gekauft haben«, und einen Augenaufschlag der Geschichte später schickt sie mir E-Mails mit Blumenfotos aus dem Kanarenurlaub. Gesendet von ihrem iPad.

Wenn etwas so revolutionär und umfassend die Lebensrealität der Menschen erobert wie das Internet, ist natürlich eine ebenso starke Gegenbewegung vorprogrammiert. Wie schon bei Automobil, Tonfilm und Comicheften rotten sich Eiferer zusammen, die das Internet für den Untergang des Abendlandes halten[13] und alles, was aus Nullen und Einsen besteht, gerne auf dem Scheiterhaufen verbrennen würden. Auf der anderen Seite huldigen die Jünger der »Church of Web« allem

#13 Das ist nicht sonderlich weitsichtig, da im Morgenland ein Um- und Aufschwung zu verzeichnen ist, der auch durch die neuen Kommunikationsmöglichkeiten begünstigt wurde (Stichwort Arabischer Frühling).

Digitalen, als sei der Herrgott selbst vom Himmel herabgestiegen und hätte sich auf einem Netzserver als Betriebssystem Jehova 1.0 installiert.

Dazwischen drängeln sich ambitionierte Otto-Normal-User wie ich, die sich teils ängstlich, teils fasziniert ihren Weg über die vor allem als Metapher überstrapazierte Datenautobahn bahnen und gespannt sind, wohin die holprige Trasse führt. Klar endet mancher dort als Geisterfahrer, Drängler, Schleicher oder Reh im Scheinwerferlicht, aber so, wie wir uns der Gefahren des analogen Straßenverkehrs bewusst sind und uns trotzdem hinters Steuer setzen, fahren wir jeden Tag aufs Neue unsere Computer hoch und lassen die drahtlosen Leitungen glühen. Was bleibt uns auch anderes übrig, wenn das Finanzamt zur Steuererklärung im Netz aufruft, manche Firma den Kundendienst nur noch per Chat durchführt oder die Terminorganisation für den Krabbelkreis auf doodle.com stattfindet?

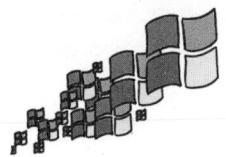

## ONLINE LEBEN –
## GEFÄHRLICHER SEILTANZ MIT NETZ

Mein Beruf ist Komiker. Manche nennen mich Kabarettist, während andere sagen, ich sei Comedian. Journalisten, die offenbar förmlich danach dürsten, einen Komiker in die eine oder die andere Schubladen zu stecken, versuche ich stets zu vermitteln, dass es im Grunde keinen Unterschied gibt.[14] Ich einige mich mit ihnen meist auf die Genrebezeichnung »Combarett«. Egal wie man es auch nennen mag, mein Job ist es, die Welt zu beobachten und mehr oder weniger sinnvolle, möglichst aber heiter-vergnügliche Schlüsse daraus zu ziehen.[15]

Dabei bin ich nicht selten mein eigenes Beobachtungsobjekt, was dazu führt, dass ich manchmal ein bisschen Angst vor mir selber habe. Wir Komiker sind wie Psychologen, die verzweifelt versuchen, sich selbst zu therapieren und zu dem Schluss gelangen, dass Humor das einzig probate Mittel ist, um mit sich und der Welt klarzukommen. So habe ich schon meine peinlichsten Jugenderlebnisse und unzählige andere demütigende Episoden auf der Bühne verarbeitet, bis das Publikum

---

#14 Wer es genau wissen möchte, findet auf meiner Website www.tobiasmann.de einen längeren Artikel dazu.

#15 So ist mir zum Beispiel jüngst aufgefallen, dass sowohl Sanitätshäuser als auch wir Komiker Einlagen verkaufen. Nur sind unsere lustiger. Meistens.

und am Ende auch ich darüber lachen konnte.[16] Auch dieses Buch hat etwas Therapeutisches, und ich danke Ihnen, dass Sie mit dem Kauf meine Selbsttherapie finanzieren.[17]

Im Gegenzug dazu gebe ich im Dienste der Komik einiges von mir preis, was ein halbwegs vernünftiger Mensch lieber für sich behalten würde – vor allem, wenn er ein Buch über die digitale Revolution schreibt. So begegne ich zum Beispiel den sogenannten Wundern der Technik zuweilen ungefähr so wie meine Großeltern der Rockmusik: mit einer fiesen Mischung aus Fassungslosigkeit, Panik und Unverständnis. Der Unterschied ist, dass ich dennoch ein unstillbares Interesse an allem Digitalen empfinde, das mich immer wieder dazu bringt, an vorderster Front dabei zu sein. Da stehe ich dann total vernetzt und elektronisch hochgerüstet in der schönen, neuen Online-Welt und bin dort wahrscheinlich ähnlich deplatziert wie Oma und Opa beim Slipknot-Konzert:

»Du, Heinz, warum tragen die alle Masken?«

»Ist doch klar, Trudi! Die wollen für ihre Musik nicht rechtlich belangt werden.«

Ich gebe es zu: Ich bin mittlerweile völlig irre, weil ich dem Fortschritt einfach nicht gewachsen bin, dem ich tagtäglich hinterherrenne.[18] Aber warum lässt man nicht ab von Dingen,

---

#16 Manchmal dauert es etwas, bis auch die niederschmetterndsten Erlebnisse ihren Platz in meinem Programm finden. Woody Allen oder Mark Twain, je nachdem, wo man googelt, soll dafür einmal die Formel »Komik = Tragik+Zeit« entwickelt haben.

#17 Sollten Sie das Buch geklaut oder geliehen haben, rufe ich hingegen: »PFFFFFFFFTTTTTFFTSSSS, Sie Pissflitsche!«

#18 Wie nah Fort- und Rückschritt beieinanderliegen, konnte man sehr körperlich beim Revolver feststellen. Auf der Jagd und als Problemlöser bei Nachbarschaftskonflikten wurde er vom Schützen natürlich als tolle Erfindung empfunden, als wunderbaren FORTSCHRITT. Steckte man ihn aber unachtsam in den Hosenbund, war ruck, zuck der SCHRITT FORT.

die einen überfordern? Mein seltsamer Drang zwingt mich wider besseres Wissen dazu, jedes Soft- oder Firmware-Update direkt runterzuladen, nur um dann zu merken, dass damit zwar vieles besser werden sollte, aber erst einmal alles nicht mehr so funktioniert wie vorher. Meine Wut darüber lasse ich natürlich an Hotline-Mitarbeitern und nicht zuletzt an meinen Mitmenschen aus:

»Schatz, sollen wir heute Abend mal einen Film schauen?«

»Geht nicht, das Firmware-Update vom Player ist fehlgeschlagen, und jetzt ist er tot.«

»Na, dann ruf doch bei der Hotline an.«

»Wie denn? Die Telefonanlage macht gerade ein Update.«

»Dann nimm doch das Handy.«

»Da installiere ich gerade das neue Betriebssystem.«

»Gut, dann schauen wir eben einfach Fernsehen.«

»WENN ICH WÜSSTE, WO WIR NOCH BATTERIEN FÜR DIE MULTIFUNKTIONSFERNBEDIENUNG HABEN, KÖNNTE ICH IHN AUCH EINSCHALTEN!«

»SCHREI MICH NICHT AN! DANN SPIELEN WIR HALT TRIVIAL PURSUIT!«

»Geht nicht, in meinem Kopf läuft nur noch der Bildschirmschoner. Sollen wir schmusen?«

»Nö, bin schon auf Stand-by!«

Ein alltäglicher Dialog in vielen Ehen. Eigentlich ziemlich blöde. Wieso stelle ich mir die Wohnung mit Geräten voll, bei deren Setup und Pflege ich wesentlich mehr Zeit und Nerven verschwende, als dass sie mir das Leben erleichtern?

Die Antwort, neben dem Spieltrieb, ist: Es gibt anscheinend einen allgegenwärtigen sozialen Zwang, sich neuer Technologie zu stellen. Der ultimative Rebell von heute hat keinen grüngefärbten Irokesenschnitt und Nasenring mehr, sondern schlicht kein Handy. Das sind die richtig harten Säue des neuen Jahrtausends, die am Rande der Gesellschaft ihrer subversiven Nicht-Erreichbarkeit frönen. Wer früher mit Spandexhose, Bierdose und Schäferhund am Bahnhof rumgelungert hat, lümmelt heute ohne Fax, Computer und Internetanschluss auf dem heimischen Sofa und hört Punkmusik vom Schallplattenspieler. Das Gros der Gesellschaft lässt sich nur allzu gerne in den digitalen Strudel hineinziehen, egal ob es kognitiv und emotional damit umgehen kann oder nicht. Den Grund dafür muss man nicht lange suchen. Es handelt sich um klassischen Herdentrieb. Jawohl, wir Menschen folgen zumeist blind der Masse.[19]

Glauben Sie nicht? Es gibt einen sehr simplen Versuch, den Sie möglicherweise auch in Ihrer Nachbarschaft durchführen können. Stellen Sie einfach mal an einem ganz beliebigen Tag in der Woche den gelben Sack raus. Eine halbe Stunde später säumen unzählige gelbe Säcke das Trottoir.[20]

Genauso verhält es sich auch mit technischen Errungenschaften. Ein Strom, gegen dessen Strömung man sich fast gar nicht mehr wehren kann. Die Auswirkungen dieses Wahnsinns beobachte ich tagtäglich an mir selber: Als ich noch den Computer hochfahren und das Modem einschalten musste, dauerte es bis nach dem Zähneputzen, bis ich die ersten E-Mails und Newsseiten studieren konnte. Seitdem das Smartphone Ein-

#19 Ich nehme mich da übrigens nicht aus, obwohl man sich doch häufig ganz furchtbar individuell findet. Klar, und weil wir so unglaublich individuell sind, kauft jeder seine Möbel bei IKEA und kennt dann beim Besuch bei Freunden alle Möbel mit Vornamen: »Hi, Billy! Hey, Björn! Mensch, Leksvik, alte Hotte!«

#20 Wenn Sie in einem Bereich wohnen, in dem es keine Gelbe-Sack-Sammlung gibt, können Sie bei Ihrer nächsten Flugreise einen ähnlichen Versuch durchführen: Beim Verlassen des Flugzeugs biegen Sie einfach mal in die zum Gepäckband entgegengesetzte Richtung ab. Ich verspreche Ihnen, die Mitreisenden folgen Ihnen bis auf die Rollbahn.

zug in mein Leben gehalten hat, kann es passieren, dass ich selbst beim nächtlichen Toilettengang das Handy aus seinem Stand-by-Zustand erwecke. Natürlich nur, um mir mit dem leuchtenden Display den Weg zum Klo zu leuchten – zwinker, zwinker!

Im Ernst: Natürlich surfe ich auch auf der Toilette, und das nicht nur nachts. Wer tut das nicht? Wo früher zwei Jahre lang das gleiche ADAC-Magazin, das »Lustige Taschenbuch« oder die aktuelle Tageszeitung zum Einsatz kam, reicht heute ein kleines Kästchen aus Plastik, Glas und Mikroprozessoren, um einem die Darmbewegung zu versüßen. Das Handy ist immer dabei, und mal ehrlich: Es ist doch nichts weniger als ein Wunder, dass wir heutzutage während des Stuhlgangs eine Überweisung tätigen können. Versuchen Sie das mal in Ihrer örtlichen Sparkassenfiliale. Selbst am Urinal habe ich Männer schon simsen sehen – beidhändig beziehungsweise beiddaumig. Wenn die Werbung verspricht, man könne das Netz überall nutzen, ist das kein halbwahres Marketinggewäsch. Man surft auch da, wo der Kaiser zu Fuß hingeht.

Meine Mails zu checken ist für mich ein dringendes Bedürfnis geworden, und so konsultiere ich schon morgens vor dem Aufstehen mein Smartphone. Im Dunkel des Schlafzimmers schiele ich mit einem Auge auf das viel zu helle Display und sondiere grob digitale Neuigkeiten aller Art. Das macht mir gemeinhin ein gemütliches Frühstück unmöglich. Schließlich warten jede Menge weltumstürzender Neuigkeiten darauf, von mir in bühnentaugliche Pointen verwandelt zu werden. Auch die dienstliche E-Mail, die mir mein geschäftliches Gegenüber in der siebten Überstunde nachts um drei geschrieben hat, schreit nach Beantwortung.

So beginnt nach einem schnellen Kaffee die hochprofessionelle Internetrecherche mit dem Studium der Facebook-Timeline und dem Ansehen origineller YouTube-Clips, die mir meine »Freunde« via Status-Update ans Herz gelegt haben. Natürlich lese ich mich im Laufe des Tages immer wieder quer durch alle Nachrichtenportale, schaffe mir dadurch einen Überblick über aktuelle Themen und entwickele meine humoristischen Gedanken. Nebenbei twittere ich, bestücke meine Facebookseite, füge Termine zu meiner Website hinzu, beantworte und schreibe E-Mails und kaufe notwendige und völlig sinnlose Sachen im Netz ein, weil ich wegen der vielen Surferei nicht mehr zum Einkaufen komme. Muss ich dennoch mal raus, ist das Handy natürlich immer dabei. Und wenn ich abends mein Tagwerk beende, sortiere ich Fotos, höre mich durch meine neuesten MP3s oder schaue noch mehr YouTube-Videos.

Wie ich es schaffe, dazwischen noch ein halbwegs geordnetes Familienleben zu führen, kann ich mir ehrlich gesagt selber nicht erklären. Aber tue ich das überhaupt? Ich würde ja gern mal meine Frau fragen, aber die stellt gerade abgelegte Kinderklamotten bei eBay ein.

Schritt zu halten mit dieser extrem beschleunigten Welt lässt sich am ehesten damit vergleichen, auf ein fahrendes Karussell aufzuspringen. Man fährt und fährt, bis es einem schlecht wird und man absteigt. Dann steht man daneben, sieht, dass sich das Karussell eigentlich nur im Kreis dreht und hat dennoch das unangenehme Gefühl, etwas zu verpassen. Warum? Weil man schlicht nicht mehr dabei ist.

Doch Dabeisein ist im Netz schon lange nicht mehr alles. Vorbei ist die Zeit, da ein Satz wie »Bin ich schon drin, oder was?«[21] begeistert beklatscht wurde. Nicht nur Drinsein ist das Ziel! Dransein heißt das Gebot der Stunde. Jeder möchte den

#21 Den hat mal ein großer deutscher Philosoph gesagt. Ich komme gerade nicht auf den Namen.

ersten Kommentar zur neuesten Euro-Rettungsaktion abgeben. Jeder will allen anderen voraus sein, wenn der Besuch der Staatsanwaltschaft beim verhassten Wirtschaftsboss zynisch durch den Twitter-Fleischwolf gedreht und in 140 Zeichen zerkleinert wird. Und wirklich jeder will der Erste sein, der das süüüüüüüüße Video vom Pandababy, das ein Kätzchen anniest, bei Facebook einstellt.[22]

Während meine Generation also mit schwitzigen Fingern versucht, dranzubleiben und sich die Selbstzweifel vom Retinadisplay zu wischen, wimmelt es in der uns nachfolgenden Generation von entspannten jungen Menschen, die völlig natürlich und ohne Stress mit Internet, iPad und IPTV umgehen. Es scheint, als erlangten sie diese Fertigkeiten ebenso natürlich wie die Fähigkeit, eine Schaukel oder Wippe zu benutzen und auf Bäume zu klettern.[23]

Mein dreijähriger Sohn öffnet schon absolut selbstverständlich die Verriegelung meines iPhones und blättert sich mit spielerischen Fingerbewegungen durch die Fotogalerien der letzten Tage. Auch seine Lieblingsmusik oder -hörspiele kann er starten und stoppen, als sei das Konzept des MP3-Players kein Wunder der Technik, sondern allenfalls so faszinierend wie ein beleuchteter Brummkreisel.[24]

---

#22 Gesundheitlich ist das für das Kätzchen natürlich ein Problem. Vom Panda angesteckt will es fortan nur noch Bambus statt Whiskas futtern und hat überhaupt keinen Bock mehr, sich fortzupflanzen.

#23 Der überbehütete Nachwuchs klettert heutzutage natürlich nicht mehr auf Bäume. Es sei denn, der Baum ist TÜV-geprüft. Oder hat das Ökotest-Siegel »Sehr gut«.

#24 Die Schattenseiten dieser Entwicklung konnte ich aber auch schon beobachten, als er neulich vor dem Fernseher stand und verzweifelt versuchte, mit seinen Fingern auf der Mattscheibe das Fernsehprogramm weiterzublättern. Traumatisch – also für mich, nicht für meinen Sohn.

Ich stelle mir vor, wie in ein paar Jahren mein Sprössling seinem alten Herrn mühsam und genervt zu erklären versucht, wie ich die Projektion des holografischen Laserbeamers mittels virtueller Tastatur und Datenhandschuh starte. Damit wird eines Tages der VHS-Videorekorder meiner Eltern seine Reinkarnation erleben und mich an ihrer statt heimsuchen. Hoffentlich schaffe ich es dann wenigstens allein, die Uhr an dem Ding von Sommer- auf Winterzeit umzustellen.

## Mehr-Generationen-Haus Internet

Die allgemein vorherrschende Meinung zur Situation im Mehr-Generationen-Haus Internet lautet, dass wir als Eltern unsere Kinder vor den Gefahren der Online-Welt schützen müssen. Ein gutgemeinter Standpunkt, nur eben auch ein wenig realitätsfern vor dem Hintergrund, dass der schützenswerte Nachwuchs mittlerweile in vielen Haushalten den Router der Eltern konfiguriert. Wie soll man jungen Menschen Schutz vor etwas bieten, bei dessen Benutzung man immer öfter deren Hilfe benötigt?

So gibt es Eltern, die in eine abstruse Situation geraten: Aufgrund ihres technischen Unvermögens müssen sie den pubertierenden Teenager zwingen, einen Pornofilter auf seinem eigenen Rechner zu installieren. Das ist in etwa so sinnvoll, wie einen Affen als Wachmann auf der Bananenfarm zu beschäftigen.

Obwohl ich erst so Anfang zwanzig, Mitte dreißig bin, schaue ich mittlerweile fast neidisch auf die Generation der sogenannten »Digital Natives«. Gemeint sind damit eben jene jungen Menschen, in deren Leben Internet- und Computergedöns von Anfang an zum Alltag gehören. Ich nenne sie auch gerne »Internet Aborigines«. Diese Jugendlichen kennen die Welt zum Beispiel nur mit Handy. Für sie ist eine Gesellschaft ohne Mobiltelefone schlichtweg undenkbar. Denen möchte ich zurufen: »Kinder, es gab früher mal eine Zeit, da ist man aus dem Haus gegangen und war weg!« Richtig weg. Nicht mehr erreichbar. Die älteren Leser werden sich erinnern: Wenn man sich damals in der Stadt verabredet, aber nicht gefunden hat, tja, dann ist man halt wieder heimgefahren.

Heute wird ein Treffen einfach via Handy koordiniert, so lange, bis man voreinander steht, und selbst dann wird oft noch weitertelefoniert, weil die erste Minute eh bezahlt ist oder die Flatrate ausgereizt werden muss.[25] So passiert es auch immer häufiger, dass zwei Menschen im gleichen Bus sitzen und dennoch miteinander telefonieren. Dank moderner

#25 Flatrates können durchaus soziale Beziehungen verändern. Handelt es sich um eine netzinterne Flatrate, wird schon mal der Freundeskreis daraufhin angepasst. Das führt dann zu Dialogen wie: »Hattest du mal wieder mit Klaus Kontakt?« – »Nö!« – »Aber ihr wart doch ganz dicke!?!« – »Ja, aber jetzt ist er bei T-Mobile!«

Handys mit E-Mail-Funktion ist sogar eine elektronische Korrespondenz über zwei Sitzreihen hinweg möglich. So richtig neu ist das natürlich nicht, wenn man bedenkt, dass viele Jahrzehnte lang von Schülern auf dem Heimweg Zettelchen im Bus hin und her transferiert wurden – mit der Frage aller Fragen: »Willst du mit mir gehen?« und den Antwortmöglichkeiten »Ja«, »Nein« und »Vielleicht«. Dafür gibt es mittlerweile zwar eine App[26], aber sieht richtiger Fortschritt nicht anders aus? Wie dem auch sei, Digital Natives sind buchstäblich »geborene User« und gehen entsprechend selbstverständlich mit den Errungenschaften der modernen Elektronikindustrie um.

Beneidenswert, denn leider gehöre ich schon der nächstälteren Generation an: Ich bin ein »Digital Dummy«, ambitionierter, aber unbegabter Seiltänzer zwischen alter und neuer Welt, balancierend über einem Abgrund tiefster Verzweiflung und letztlich ungeschickt wie Mammuts im Halbleiter-Porzellanladen.

Danach gibt es noch eine weitere Altersgruppe, nämlich die meiner Eltern. Ich nenne sie »People who should never touch a computer at all« – kurz PWSNTACAA.[27]

Wir Digital Dummys haben in diesem Gefüge definitiv die Arschkarte gezogen. Wir fristen unser tristes Dasein »generatiös« eingekeilt zwischen technischen Naturtalenten auf der einen Seite und natürlichen Technikversagern auf der anderen. Wir Dummys verstehen im Grunde nur Bahnhof, müssen uns aber mit jeder neuen Technik vertraut machen, um sowohl die

---

#26 Die ist Teil eines ganzen Softwarepakets mit dem Namen myPuberty, in dem man den Weg vom Händchenhalten bis zum Petting durchspielen und den tatsächlichen Progress direkt auf Facebook posten kann.

#27 Wie man das ausspricht? Verrate ich Ihnen nicht. Kaufen Sie sich das Hörbuch.

Jungen, als auch die Alten davor zu bewahren, sich im Internet ins Unheil zu stürzen. Uns obliegt es also, einerseits Sorge dafür zu tragen, dass die Staatsanwaltschaft den Sohnemann nicht als Raubkopierer und Peer-to-Peer-Pirat vor den Kadi zerrt, und andererseits, dass nicht plötzlich Lastwagenladungen von Viagra zum Elternhaus geliefert werden. Morgens quält uns die Frage, ob die App auf dem Telefon der Tochter, mit der man schnurrende Kätzchen in Handyvideos einbauen kann, nicht vielleicht doch eine getarnte Anleitung zum heimischen Marihuana-Anbau ist. Abends überlegt man fieberhaft, wie man der eigenen Mutter klarmachen kann, dass die E-Mail des netten Afrikaners, der gegen ein geringes Entgelt eine große Erbschaft vermitteln möchte, lediglich der Versuch einer niederträchtigen Gaunerei ist. So muss man also ständig an den Jungen dranbleiben und für die Alten Vorbild sein, und das, wo man selbst immer wieder Gefahr läuft, sich von den amourösen E-Mails heiratswilliger Damen aus Aserbaidschan geschmeichelt zu fühlen.

Und doch zieht es uns alle ins Netz, selbst meine Mutter. Nach langer Computerabstinenz[28] wollte sie zu Hause einen PC mit Internetanschluss haben und setzte sich gegen den Widerstand meines Vaters durch. Seit sie einen solchen Rechner besitzt, erhalte ich immer wieder verstörte und vor allem verstörende Anrufe meiner Mutter, teils sogar zu nachtschlafender Zeit. Einer davon sei hier exemplarisch geschildert.

#28  Sie erinnern sich? Windows 3.11?

## Der Anruf

Mitten in den wohligsten Träumen einer lauen Sommernacht klingelte mein Telefon. Um diese späte Stunde werden üblicherweise nur Unheil und Elend übermittelt, also schreckte ich hoch und nahm leicht schaudernd ab.

»AAAAAAAAAAAAAAAA«, tönte ein panischer Schrei aus der Membran. Sofort erkannte ich die Stimme meiner Mutter, die nichts weniger als Bestürzung über ein traumatisches Erlebnis vermuten ließ. Plötzlich hellwach und überaus sorgenvoll fragte ich: »Mama, was ist denn passiert? Geht's dir gut?«

Ein gellendes »NEEIIIIIIN« ließ mich erahnen, dass sich meine schlimmsten Befürchtungen bestätigen könnten. Stand der Notarzt am Bett meines Vaters? Hatten sich meine Eltern vor Eindringlingen verschanzt, die ihnen nach Leib und Leben trachteten? Hatten sie am Nachthimmel einen Meteor erspäht, der diesem Planeten die sichere Apokalypse bescheren würde?

»Mama, du machst mir Angst. Was ist denn passiert?«

Ein gurgelndes Schluchzen unterdrückend und mit letzter Kraft stieß sie die Hiobsbotschaft aus:

»MEIN WORD IST WEG!«

Ich war erleichtert, dass es offenkundig nicht um das Ende der Welt, sondern nur um ein Computerproblem ging – wohlwissend, dass für meine Mutter die Grenze zwischen beidem fließend ist. Mutters Word war also dahingegangen, entschwunden, anderwärts, und ich stellte die einzig logische Frage:

»Ja, wo ist es denn hin?«

»ICH WEISS NICHT!«

»Was hast du denn gemacht?«

»NICHTS HAB ICH GEMACHT. ES IST EINFACH WEG.«

Genau aus diesem Grund bin ich übrigens froh, dass meine

Mutter kein Onlinebanking betreibt. Sonst wäre am Ende nicht nur das Word weg.

Was war passiert? Mein Zerebrum war sofort intensiv damit beschäftigt, der Fehlerbeschreibung meiner Mutter eine real existierende Softwareproblematik zuzuordnen. Hier zeigt sich die größte Schwierigkeit, die uns Digital Dummys im Umgang mit PWSNTACAAs immer wieder an den Rand des Wahnsinns treibt. Es ist so, als würde ein panischer Florist telefonisch einen Herzchirurgen bitten, ihm rasch eine Bypass-Operation zu erklären – mit Draht, Blumenschere und Klebepistole. Selbst wenn man nach und nach erkannt hat, wie das Problem am andern Ende der Leitung beschaffen ist, fällt es unglaublich schwer, dem Gegenüber Lösungswege zu beschreiben.

Im konkreten Fall hatte meine Mutter lediglich das Programmsymbol ihrer Textverarbeitung aus Versehen vom Desktop gelöscht[29] und war danach nicht mehr imstande, das Programm zu starten. Beim Hinweis, doch bitte im Windows Explorer den Programmordner und dort nach Microsoft Word zu suchen, hatte ich meine Mutter schon bei »Explorer« verloren.

»Geh mal ins Menü!«

»Was ist denn ein Menü?«

»So ein Ding, das aufklappt.«

»Wo ist das denn?«

»Ähm, klick mal links unten auf das Start-Symbol.«

»Da ist kein Start-Symbol.«

»Wo bist du denn gerade?«

»Na, im Bügelzimmer.«

Es sind immer wieder die gleichen Dialoge, verschwendeter Atem und vergeudete Worte, weil man letztlich doch persön-

---

#29 Ja, Mama, ich weiß. Du hast nichts gemacht.

lich bei den Eltern vorstellig werden muss. So auch in jener Nacht, als ich nach ihrem panischen Anruf bezüglich eines entfleuchten Textverarbeitungsprogramms direkt zu meinem Elternhaus eilte, um zu retten, was zu retten war.

Der Generationenvertrag ist mittlerweile zu einer Art IT-Wartungsvertrag geworden. Das Gute daran ist, dass so der Kontakt zwischen Eltern und Kindern nicht abbrechen kann – es sei denn, die Telefonanlage stürzt ab. Ansonsten gibt es immer dieses eine verbindende Element: den störrischen Computer.

Nun will ich meiner Mutter nicht den guten Willen absprechen, sich fit zu machen für die Zukunft. Bei meinen Wartungsarbeiten sitzt sie stets aufmerksam mit Zettel und Stift neben mir und mahnt mich: »Bei allem, was du jetzt tust, mach ganz langsam. Ich will mitschreiben.«

Nachdem also der Prozess, auf dem Desktop eine neue Verknüpfung zu Word zu erstellen, insgesamt dreimal in Zeitlupe durchgeführt und auf Mutters Block in ein interessantes Diagramm verwandelt wurde, schien die Krisensituation weitgehend unter Kontrolle zu sein. Mutter legte den Block beiseite, und ich war mir sicher, dass auch diese Notiz, wie so viele vor ihr, im Orkus des Bügelzimmers verschwinden würde.

Ich sollte recht behalten, denn ein paar Wochen später erhielt ich die Nachricht: »Wie mache ich noch mal eine Verknüpfung? Hab den Zettel verlegt!«

Dennoch, als ich nach dieser denkwürdigen Nacht, in der ich meine Mutter und ihren PC retten musste, mein Elternhaus im Morgengrauen verließ, hielt ich einen Moment inne und beobachtete mit müden Augen das Farbenspiel der aufgehenden Sonne. Und siehe da: Eine wohltuende Zufriedenheit machte sich in mir breit. Ich wusste, dass zumindest für den Moment alles gut war. Erleichtert atmete ich tief ein, ließ die

Luft durch die Nase entweichen und hörte mich dann in die Stille hinein diesen Satz sagen, der für einen kurzen Augenblick die Welt zu einem fast paradiesischen Ort machte: »Mamas Word ist wieder da!«

So sehr ich mich auch manchmal durch die Fragen und Probleme der zahlreichen PWSNTACAAs in meinem Umfeld ge- und zum Teil auch überfordert fühle, so sehr sensibilisiert mich deren rührende Ehrfurcht vor allem Digitalen für eine simple Erkenntnis: Genau wie Kinder wissen wollen, warum es regnet und wieso das Huhn Eier legt, fragen sich die Alten, wie die Musik auf den iPod kommt und woher Amazon weiß, welche Bücher ihnen gefallen könnten. Und mal ehrlich: Das sind keine schlechten Fragen – im Gegenteil. Entledigt man sich der Arroganz des Wissenden, bleibt die Erkenntnis übrig, dass sowohl Niederschläge als auch Datensynchronisation zwar völlig alltägliche Dinge, aber dennoch nichts weniger als Wunder sind. Wunder, an die die meisten Menschen gewöhnt sind, die aber beim Erstkontakt immer für Erstaunen sorgen. Man muss sich einfach nur an sein erstes Mal erinnern, als man eine CD illegal kopiert (»Klingt wie original! Yeah!«) oder Fotos mit dem Handy geknipst hat (»Scheiße, ist das praktisch.«).

Vor allem das Internet bringt eine neue, ungeheuerliche Dimension in die Welt. Da ich als Digital Dummy nicht den Vorteil des natürlichen Lernprozesses der Digital Natives genieße, muss ich mir mein Wissen mit Blut, Schweiß und Tränen aneignen. Der Internetbrowser des Apple-Betriebssystems heißt folgerichtig »Safari«, denn nichts anderes ist das Surfen im Netz: eine anstrengende, gefährliche und spannende Reise mit vielen, teils verwirrenden Eindrücken, auf der einem immer wieder die »Big 5« des Netzes begegnen: Google, Wikipedia, Amazon, Facebook und YouTube.

Um im Bild der Steppe zu bleiben: Wikipedia ist im Netz der

freundliche Elefant, der nie etwas vergisst, Amazon der Büffel, der kaum natürliche Feinde zu fürchten hat, Facebook das Nashorn, das seine Nase nebst Horn tief in unser Privatleben steckt, YouTube der Leopard, ein Jäger mit scharfem Auge und Gehör, und Google der Löwe, der unangefochtene König des Netzes.

DER YOUTUBEPARD – MANCHMAL IN DEINEM LAND NICHT VERFÜGBAR

DER AMÜFFEL – WAS ER NICHT BESORGEN KANN, GIBT ES NICHT

DER WIKIFANT – OHNE SPENDEN VOM AUSSTERBEN BEDROHT

FACEHORN – VIELE FREUNDE, SCHWER ZU SICHERN

KING GOOGLE – FRISST ALLES UND SPUCKT AUCH ALLES WIEDER AUS

Wunderbare Geschöpfe, die man als wilde Tiere aber dennoch nicht unterschätzen sollte. Was machen sie mit uns? Verändern sie die Welt, oder ist es umgekehrt? Und wie konnte es überhaupt so weit kommen? Ich habe da eine Idee …

# ZURÜCK IN DIE ZUKUNFT – EIN TRIP DURCH ÄONEN UND ÄREN DES WORLD WIDE WEB

Ursprünglich war die Keimzelle allen öffentlichen Lebens im Netz die persönliche Website. Egal ob professionell oder privat – wer etwas auf sich hielt, wusste in den Pioniertagen des »Volks-Webs«[30] auf Partys und Stehempfängen mit der Information zu beeindrucken, eine »Hohmpäätsch« zu besitzen. Nicht selten wurde das vom sichtbar beeindruckten Gegenüber mit »Wir kriegen nächste Woche unser Internet. Dann schau ich mal drauf« quittiert.

Auf den privaten Homepages prangten in der Regel Begrüßungen wie »Willkommen auf der Webseite der Familie Holleschowsky!«, links und rechts davon springende Smileys, darunter ein Foto, das aufgrund eines Fehlers nicht vollständig geladen werden konnte und deswegen nur den Haaransatz des Familien(ober)hauptes enthüllte. Auf der linken Seite versprach ein Navigationsmenü vollmundig weitere Information zu jedem einzelnen Holleschowsky – von Klein-Gregor bis zu

---

#30 Natürlich gibt es das Internet schon sehr viel länger, als es den privaten Internetanschluss gibt. Sie alle kennen die aufregende Geschichte des Internets, die in den 70er Jahren durch die Arbeit seiner Erfinder, der Gebrüder Modem, begann. Der Ausdruck »Volks-Web« soll lediglich die neue Entwicklungsstufe kennzeichnen, ab der jeder seine Nase ins Netz stecken konnte und wollte.

Opa Hans-Dieter. Ein Versprechen, das in der Regel nicht gehalten wurde, da den surfenden Gast nach dem Klick auf die jeweiligen Namen eine weitgehend leere Website erwartete, auf der lediglich das animierte Bild eines kleinen Comic-Bauarbeiters prangte, der mit seinem Pressluftbohrer in die steinernen Buchstaben »Under Construction« hämmerte, was sinngemäß »im Aufbau befindlich« bedeutet.

Es war die Zeit eines Paradigmenwechsels: Hieß es bis dahin noch, ein Mann solle in seinem Leben einen Baum pflanzen, einen Sohn zeugen und ein Haus bauen, wurde daraus eine Homepage anlegen, einen Link setzen und ein Bild hochladen.[31]

Als die erste Faszination jedoch der Erkenntnis wich, seinen jährlich zehn Website-Besuchern keine weltumstürzenden Neuigkeiten mehr bieten zu können, nahmen all die Holleschowskys nach und nach von ihren Internetpublikationen Abstand. Ich bin mir aber sicher, dass man in den hintersten Ecken des Internets immer noch manch verlassene »Hohmpääätsch« oder HTML-Ruine findet, auf der einsam und von der Welt vergessen ein Comic-Bauarbeiter seinem hämmernden Tagwerk nachgeht.

Wer tatsächlich etwas zu sagen hat, legt statt einer Homepage mittlerweile ein Weblog, kurz Blog, an, und wird so Teil der Internetrevolution, die seither als Web 2.0, das Mitmach-Web, bezeichnet wird. Weil durch die Möglichkeiten des Bloggens prinzipiell jeder Mensch Publizist werden kann, treiben heute diese individuellen Internetzeitungen, -tagebücher oder -gedankensammlungen der professionellen Journaille wahlweise Angstschweiß auf die Stirn oder Lachtränen in die Augen. Es gibt Blogs über Schnittblumen, Krustentiere, Friedhofsfotografie, tantrischen Sex, und es gibt sogar Blogs über Blogs.

#31 Mittlerweile zeugen Männer keine Kinder mehr, man wohnt zur Miete und hat einen Steingarten auf dem Balkon.

Das große Problem bei Blogs ist, dass es nicht jedem Blogger gegeben ist, regelmäßig längere Bloggereien in sein Blog zu bloggen. Statt nun aus lauter Verzweiflung hämmernde Comic-figuren[32] zu bloggen, entwickelte sich der Gedanke des Mikro-bloggens. Bitte bleiben Sie bei mir, lieber Leser. Es wird gleich wieder alles klarer. Beim Mikrobloggen sendet man kurze und noch kürzere Texte ins Netz und bringt so in SMS-Manier seine Gedanken zum Ausdruck. Haben Sie noch nie von gehört? Wahrscheinlich doch – allerdings unter dem Namen »Twitter«.

## Zwitschern 2.0

Twitter (englisch für Zwitschern) bietet also die Möglichkeit, 140 mehr oder weniger sinnvolle Zeichen in die Welt hinaus zu senden. Damit ist man dann Twitterer. So wie die Vögel zwit-schern und man sich frei entscheiden kann, ob man lauscht oder nicht, kann man das Gezwitscher eines Zwitschernden, Tweets genannt, abonnieren. Um im Bild zu bleiben: Man stellt sich unter den Baum des zwitschernden Vogels, um ja kein Ge-zwitscher zu verpassen. Man »folgt« dem Zwitscherer und wird so, jetzt wird's wieder englisch, sein »Follower«.[33]

Mir fällt übrigens gerade auf, dass die Vogel-Metapher etwas hinkt, wenn ich an die dicke, fette Taube denke, die all-morgendlich vor meinem Fenster ihren gurrenden Radau in

---

#32 Gibt es eigentlich ein Blog über antike »Under Construction«-Grafiken?

#33 Man ist bei der Terminologie durchaus etwas unstet und wechselt zwischen deutschen und englischen Bezeichnungen. Konsequenterweise müsste der, der dem Zwitscherer folgt, fortan sein »Folger« sein. Da »Folger« aber wie »Volker« auf Hessisch klingt, »Jünger« etwas übertrieben ist und »Gefolgs-mann« eher die Gründung einer Bande vermuten lässt, hält man sich an den englischen Begriff »Follower«.

meine Träume twittert und mich so unfreiwillig zu ihrem Follower macht.

Einem Twitterer seine Gunst zu entziehen, das Abo seiner Tweets zu kündigen, nennt sich gemeinhin »entfolgen«. Um der Taube zu »entfolgen«, bräuchte ich ein Luftgewehr. Klick – Bumm! Bei einem Twitterer im Netz reicht ein Klick – ohne Bumm! Das ist gesünder für alle Beteiligten und wirft die Frage auf, warum nicht viel mehr Vögel statt im Baum vor meinem Fenster besser im Internet auf Twitter zwitschern.

Für alle Leser, die noch nie einen Tweet gesehen haben, sei hier exemplarisch mal einer von meinem Twitter-Profil @tobiasmann[34] aufgeführt:

@tobiasmann: Warnhinweis auf dem Produkt »Deutscher Sommer«: Kann Spuren von Sonne enthalten. #Wetter #Regen #Mist[35]

Was führte zu diesem Tweet? Im miesen Sommer des Jahres 2012 versuchte ich in einem Anfall von Galgenhumor, dem Regen mit diesem Witzchen ein bisschen Ironie entgegenzuhalten. Alle meine Follower konnten an diesem einmaligen Erlebnis teilhaben.

»Wahnsinn, aber für dumme Sprüche übers Wetter brauch ich doch nicht so ein Twitter-Dings«, werden Sie vielleicht sagen, und damit haben Sie natürlich nicht ganz unrecht. Wenn Sie sich allerdings gerade im Spanienurlaub befinden und

---

#34  Mit der Kombination aus »@« und einem mehr oder weniger sinnvollen Namen erschafft man sich seine Identität auf Twitter. Fortan kann jeder Websurfer den Twitterer unter seinem Twitter-Namen suchen, finden und mit ihm in Kontakt treten.

#35  Die Wörter mit der Raute nennt man »Hashtags«, was mit Drogen nichts zu tun hat. Sie dienen dazu, das Getwitterte in einen bestimmten Kontext zu setzen, ironisch zu kommentieren oder für Suchabfragen zu optimieren.

nicht nur meinen, sondern auch die zahlreichen anderen Das-Wetter-ist-mies-Tweets deutscher Twitterer lesen, erhalten Sie ein Stimmungsbild und einen guten Eindruck von der deutschen Gesamtwetterlage. Folglich sollten Sie sich überlegen, den Spanienurlaub zu verlängern.[36]

Wenn Ihnen das jetzt zu trivial war: Twitter kann auch hinsichtlich der politischen Gesamtwetterlage eines Landes aufschlussreich sein. Beim arabischen Frühling sorgten unter anderem regimekritische Tweets und getwitterte Informationen aus erster Hand dafür, dass die Bevölkerung der betroffenen Länder mobilisiert und die Welt über die Vorgänge informiert wurde. So ist das Medium zum einen ein Hort der freien Rede, und zum anderen bildet sich aus der Masse an subjektiven Tweets eine verhältnismäßig objektive Zustandsbeschreibung.

Mit Twitter wäre die Weltgeschichte mit Sicherheit anders verlaufen. Hätte User @walterulbricht getwittert: »Niemand hat die Absicht, eine Mauer zu errichten. #geruechte #genossen«, wäre er mit zahllosen Gegen-Tweets neutralisiert worden:

@zoni61: »Ach, und das vor meinem Fenster wird ne Datsche, oder was? #ulbrichtluegt«

@ausruinen46: »Aber hier hat jemand die Absicht, von Mauern zu berichten. Fotos anbei. #ulbrichtluegt«

Walter Ulbricht bei Twitter? Ziemlich absurd, klar. Hätte der sich tatsächlich bei Twitter angemeldet, wenn es das damals gegeben hätte? Nun ja, heutzutage entscheiden sich immer

---

#36 Der ein oder andere von Ihnen wird jetzt folgerichtig einwerfen: »Na, da kann ich doch auch den Wetterbericht schauen.« Richtig, aber der ist bei weitem nicht so lustig, oder?

mehr Politiker dazu, nicht mehr nur auf Stadtfesten und Wahl-veranstaltungen mit potentiellen Wählern einen zu zwitschern. Peter Altmaier von der CDU (@peteraltmaier), Ulrike Flach von der FDP (@ulrikeflach), Hubertus Heil von der SPD (@hubertus_heil), Jürgen Trittin von den Grünen (@JTrittin), Halina Wawzyniak von der Linken (@Halina_Waw) und eigentlich alle Piraten – das sind nur einige Beispiele twitternder Volksvertreter, die das schnelle, direkte Medium nutzen, um sich mit uns Stimmvieh, ob freundlich gesinnt oder nicht, auseinanderzusetzen. Der große Vorteil für sie ist, dass auch Beleidigungen auf 140 Zeichen beschränkt bleiben und sich via Twitter keine Eier oder Farbbeutel werfen lassen.

Das Fieseste, was man tun kann, ist dem verhassten Abgeordneten Video-Links zu den größten Flippers-Hits, alten Pur-Videos oder zu netzweit berüchtigten Ekel-Filmchen zu schicken. Es fragt sich natürlich, was besser ist: echtes Eigelb in den Haaren oder ein digitaler Hartmut Engler, der einen ins Abenteuerland zerren möchte.

Selbst Internet-Verweigerer Peer Steinbrück, der vorher keinen Hehl daraus machte, dass er sich allerhöchstens mal von seinen Mitarbeitern erzählen lasse, was in diesem Internet so passiert, legte sich nach der Ernennung zum Kanzlerkandidaten einen Twitter-Account zu. Fortan saß er hin und wieder mit einem Helfer vor dem Rechner und ließ tippen – es war dann also letztlich eher »begleitetes Twittern«, aber immerhin.

Man braucht davor keine Angst zu haben. Twitter ist für alle Beteiligten eine saubere Sache. Das ist auch der Grund, warum so viele von Natur aus öffentlichkeitsscheue Promis den Mikrobloggingdienst für sich entdeckt haben. Von Kultregisseur Oliver Stone (@theoliverstone) über Paris Hilton (@ParisHilton) bis hin zu Steve Martin (@SteveMartinToGo) twittern sich die Stars die Seele aus dem Leib. Da gewinnt man in einem Tag oft persönlichere Einblicke in das Leben der Reichen, Berühmten und zuweilen auch Schönen, als man mit einem Jahresabonnement von *Bunte* und *Gala* zusammen bekommen kann. Einige der sonst so Unnahbaren nutzen den Dienst auch dazu, aggressiven Paparazzi das Geschäft zu versauen, indem sie via Twitter Babybilder, Hochzeitsfotos, Partyschnappschüsse sowie Aufnahmen aus der Entzugsklinik und/oder aus dem Gefängnis einfach selber in die Welt hinausschicken. Demi Moore und Ashton Kutcher haben ihre gesamte Trennung bei Twitter ausgebreitet. Haben Sie nix von gehört? Na, dann lesen Sie wohl immer noch *Das neue Blatt* und sind nicht bei Twitter.

Glauben Sie mir, Sie sollten sich schleunigst anmelden, bevor die Sache wieder vorbei ist. Denken Sie nur, wie anders unsere heutige Sicht auf Persönlichkeiten der Weltgeschichte sein könnte, wenn wir über Twitter ganz unmittelbar ihre individuellen Befindlichkeiten erfahren hätten:

@napoleon: Waterloo ist ein Drecksloch. Wäre ich besser mal auf Elba geblieben. #schlacht #keinspass

@marieantoinette: Fühle mich ohne Ludwig sehr kopflos. #libertefraterniteegalite

@ludwig_xiv: Hätte jetzt Lust auf nen Habsburger mit Tomaten und Käse. #fastfoodinversailles

@dschingiskhan: Hu! Ha! #grrrrr

@cheguevara: So'n Kapitalist will mein Foto auf T-Shirts drucken. Ha, als ob das jemand kaufen würde. ROFL! #textilrevolution

@bismarck: War heute angeln. Hab den Fisch nach mir benannt und wieder reingeschmissen. #fischtaufe

@deraltefritz: Auf geht's, Follower! Heute ist Kartoffelbefehl! Man bringe mir eine Fritteuse! #fastfoodinpreussen

@grosseralexander: Drei, drei, drei – bei Issos Keilerei. #reimevomschlachtfeld

@heinzerhardt: Ich steh im Regen und muss zittern, das Handy ist zu nass zum Twittern. #nochngedicht

Als selbst der Papst Ende 2012 ankündigte, unter dem Usernamen @pontifex zu twittern, war ich natürlich sehr überrascht. Die Internetgemeinde jubelte »Halleluja! Der Papst macht mit bei sozialen Netzen« – erfreulich, da Katholiken bis dato im Internet eher im Bereich der asozialen Websites aufgefallen waren. Denken Sie an die Asis von kreuz.net. Auf einmal waren die Hetzer offline, aber ihr oberster Hirte online wie nie. Viele brave Kirchgänger in aller Welt fragten sich natürlich verängstigt: »Der Papst twittert? Was ist das für eine Sauerei? Darf man das denn als Katholik? Und verstößt das nicht sogar gegen den Zölibat?« Na klar darf ein Kirchenmann twittern. Der Papst muss es sogar. Wo heute schon alle Daten in der Cloud, also in der Wolke, gespeichert werden, kann die Kirche den Himmel doch nicht kampflos der IT-Branche überlassen. Auf einmal hatte Zwitschern nicht mehr nur etwas mit Messwein zu tun. Die spannende Frage war nun, welche Tweets der Vatikan senden würde. Anfänglich waren es viele Segnungen und religiöse Aphorismen.

Ich persönlich hätte mir ja eher etwas in dieser Richtung gewünscht:

@pontifex: Schöne Deckenmalereien hin oder her – in der Sixtinischen Kapelle zieht's wie Sau! #hechtsuppe

@pontifex: Bin ganz stolz. Hab seit dem letzten Konklave nicht geraucht! #luckystrike

Seine Internetaktivitäten haben Benedikt dann aber wohl dermaßen überfordert, dass er zurückgetreten ist. Der Pontifex war letzten Endes auch auf Twitter mit seinem Latein am Ende. Was vom nächsten Papst noch kommt, weiß Gott allein. Vielleicht erfahren wir irgendwann via Twitter auch persönliche Dinge aus dem Vatikan. So ein Einblick wäre spannend. Schließlich könnte auch die Bibelexegese mit Twitter-Protokollen zwar nicht völlig anders, zumindest aber authentischer ausfallen:

@Old_Jakobus: Jesus hat Wasser zu Wein gemacht – super. Leider sehr lieblich. Das gibt nen dicken Kopf. #schaedelsprenger

@Young_Jakobus: Hatten Brot für 12. 5000 wurden satt. Himmlisches Catering. Aber wo ist die Worscht! #himmelhilf

@Matthaeus_rockt: Er versucht übers Wasser zu gehen. Gott, ist der voll! #nassermessias#party

@Judas23: Ich sitz schon wieder nicht neben ihm. Jetzt reicht's. #Abendmahl #letztes

@Jesusdarling_Johannes: Jesus bricht Brot. Kein schöner Anblick. LOL! #wortwitz

@SuperPetrus: Ich kenne keinen Jesus. Nee. Wirklich nicht. Ups … der Hahn kräht. #bloedesgefluegel

@Lucky_lukas: Alter, dieser Pilatus-Freak hat doch nen Wasch-
zwang. #prozess #vonwegenunschuld

Schade, dass es damals noch kein Twitter gab.

Die ersten Unken aus dem Wald der Blogs rufen natürlich
schon wieder, dass Twitter seinen Zenit überschritten hat und
bald die nächste digitale Sau durchs Netzdorf getrieben wird.
Ich bin dennoch der festen Überzeugung, dass Mikroblogging
sich durchsetzen wird, egal ob es in Zukunft Twitter, Tatter[37]

#37 Wäre das nicht eine tolle Idee für ein Start-up: tatter.com – Mikroblogging für
Senioren! In Zeiten niedriger Geburtenraten und einer immer älter werdenden
Gesellschaft hat so etwas echte Zukunftschancen.

oder Kliklaklawitter heißt. Das kurze, schmerzlose Teilen von offiziellen und persönlichen Nachrichten wird dazu führen, dass wir demnächst vielleicht solche Tweets[38] lesen werden:

@merkelsihreangela: Kein Geburtstagsgeschenk für meinen Doktor gehabt. Jetzt ist er Sauer. #dummgelaufen

@marcelreichranicki: Günter Grass Gedichte geraten gemeinhin gar grauenvoll. #Alliterationenzurnacht

@schweigertill: Ey ihr! Suche Komparsen für nächsten Film »Dreischwanzratten«. Bitte Foto mit Titten. #ichbringdichgrossraus

@jopiheesters: Bin wieder da. Die da oben haben gesagt, ich sei zu früh. Auf geht's ins Maxim. #obdieaufhaben

## Im Netz der Kumpel

Wem Twitter dennoch zu unpersönlich ist, der kann sich schnurstracks in den Hort der organisierten Kumpelei begeben: soziale Netze. Dieses verhältnismäßig junge Internetphänomen baut auf dem Prinzip von Internetforen auf, also Einrichtungen für Diskussionen, Austausch und Kontaktknüpfung. Meldet man sich bei einem sozialen Netz an, ist es zuerst mehr »Netz« als »sozial«, da man als Neuling in seinem ganz persönlichen Forum, auch »Timeline« genannt, ziemlich allein ist. Man kann nun Freunde zu sich einladen oder eben darauf warten, dass sich »Freunde« bei einem einladen möchten.

#38 Oder Klawitters oder Tatters – je nachdem.

Das lässt sich mit einer WG-Party vergleichen: Natürlich schauen da zum Großteil gute Freunde und Bekannte vorbei, hin und wieder mogeln sich aber auch Gestalten rein, die als Gastgeschenk eine Flasche Wodka mitbringen, den Stoff dann später selber trinken und zur Krönung des Abends über die Stereoanlage kotzen. Der Vorteil im Internet ist, dass es in solchen Fällen nicht so streng riecht.

Die Artenvielfalt unter den sozialen Netzen hat sich in den letzten Jahren drastisch reduziert. Es scheint, als gäbe es einen Prädator, der die anderen Tiere in der sozialen Netzsteppe sukzessive eliminiert. Dieser Prädator heißt Facebook. Durch ihn sind Netzwerke wie meinVZ, StudiVZ oder SchülerVZ[39] ausgelöscht worden, oder stehen kurz davor. Die einstigen Götter unter den sozialen Netzen sind auf dem Weg in den Hades des Internets und stehen schon am digitalen Totenfluss, wo der grimmige Fährmann namens MySpace wartet, um die Verdammten auf die andere Seite zu bringen.

Ja, das legendäre MySpace ist heute einer der einsamsten Orte im Netz. Einst vor allem von Musikern, Bands und Fans gleichermaßen geschätzt, ist es mittlerweile das Internetpendant zum Paderborner Marktplatz montags um 23 Uhr: menschenleer, trostlos, nur bedingt attraktiv, aber völlig ungefährlich. Der einzige Facebook-Rivale, der im Kampf um Mitglieder noch im Ring steht, ist Google+. Man hört aber, dass Google+ demnächst eine Stelle als Fährmann antritt.

Allein an der Spitze, undurchschaubar und bisher nicht zu stürzen steht Facebook, der Wladimir Putin unter den sozialen Netzen. Auch wenn es hie und da heißt, Facebook würde sich demnächst auf die Fähre begeben – mit gefühlten 14 Milliar-

---

#39  VZ hier ursprünglich für VerZeichnis. Aufgrund der suboptimalen Nutzerentwicklung steht es mittlerweile für VerZockt.

den Mitgliedern wäre dieses Boot definitiv zu voll. Dennoch hört man immer wieder, Facebook sei nur eine Modeerscheinung und bald so tot wie Ed Hardy und seine Geschwister. Sollten diese Stimmen recht haben, ist es zumindest ein auffallend langsames Siechtum, das Facebook-Chef Mark Zuckerberg da verwaltet. Bei Facebook handelt es sich um Crack in Form von HTML-Codes – es macht unmittelbar süchtig, und ein Entzug ist fast unmöglich. 112 Prozent der Nutzer sind täglich mehr als 27 Stunden auf der Seite unterwegs. Facebook ist ein richtig großes Ding im Netz! Lassen Sie uns also über dieses Ding sprechen[40].

Bitte stöhnen Sie jetzt aber nicht genervt auf, nur weil Facebook in aller Munde ist. Kennen Sie Facebook überhaupt? Oder finden sie es einfach nur vom Hörensagen her blöde? Keine Angst, das machen ganz viele so. McDonald's finden ja auch immer diejenigen am schlimmsten, die noch nie im McDrive einen 9er Chicken McNuggets gekauft haben. Eine kurze Erklärung für Neulinge: Facebook ist eine Website, auf der man via sogenannter Statusmeldung etwas kundtun kann: »Bin heute in Köln«, und darunter schreibt dann jemand: »Super, ich bin in Hamburg.« Der Erkenntnisgewinn daraus: Ein Treffen wird zumindest an diesem Tag schwierig.

Ja, meine Damen und Herren: So sehen heutzutage Milliarden-Dollar-Geschäftskonzepte aus. Darüber hinaus bleibt man in Kontakt mit Leuten, denen man im richtigen Leben noch nicht einmal seine Telefonnummer anvertrauen würde, und tauscht mit ihnen private Fotos, Videos und Texte aus. Zeig mir dein Kantinenessen, und ich zeig dir meinen Ficus Benjamini. Kurzum: Es ist herrlich sinnlos! Goethe soll mal gesagt haben: »Zerstreuung ist wie eine goldene Wolke, die den

---

#40  Gut, ich schreibe und Sie lesen es, aber Sie wissen schon, was ich meine.

Menschen, wär es auch nur auf kurze Zeit, seinem Elend entrückt.« Ganz klar: Auch Goethe wäre begeisterter Facebook-Fan und würde auf der goldenen Netzwerk-Wolke seine Zerstreuung suchen: »Habe nun, ach! MySpace, Twitter und leider auch Google+ durchaus benutzt, mit heißem Bemüh'n. Da surf ich nun, ich armer Tor, und poste auf Facebook wie zuvor.«[41]

Dreh und Angelpunkt des Lebens im Dorfe derer von und zu Zuckerberg ist die sogenannte Pinnwand. Dort lädt man Sachen hoch, »postet« also seine Befindlichkeiten in Wort und Bild, um sie mit seinen »Freunden« zu teilen. Selten waren Anführungszeichen so wichtig wie im letzten Satz, denn Facebook hat, ohne den Gott der Sprache um Erlaubnis zu bitten, für seine Teilnehmer den Begriff »Freunde« okkupiert und denkt gar nicht daran, ihn wieder herzugeben. Freunde sind auf Facebook erst einmal alle. Generationen von Facebook-Usern haben somit für den Menschen, der dir aus persönlicher Zuneigung eine Niere spendet und denjenigen, der dir ein Bild vom Eimersaufen in Lloret de Mar auf die Facebook-Pinnwand postet, die gleiche Bezeichnung: Er ist ein »Freund«.

Das mag zynisch klingen, ist aber nicht die Schuld von Facebook, sondern von seinen Nutzern, die durch wahlloses Annehmen sogenannter »Freundschaftsanfragen« den Begriff erst so richtig verwässert haben. Das Internet wird durch Facebook selbst bei erwachsenen Menschen zum Schulhof aus Jugendtagen, auf dem keiner der schwarz gekleidete Sonderling sein will, der ganz allein heimlich rauchend in der Ecke steht. Man nimmt also, wenn auch teilweise mit Magengrimmen, den einst so schrecklichen Streber aus der Oberstufe ebenso an wie den heute erwachsenen Schlägertypen aus der Nachbarschaft, die Bäckereifachverkäuferin im Stammsuper-

---

#41  Friedrich Schiller gefällt das.

markt und den durchgeknallten Onkel, der vor vierzehn Jahren nach Wladiwostock ausgewandert ist. So bildet sich für den Nutzer ein illustres Freundesgrüppchen, das in großen Teilen wenig bis nichts gemeinsam hat.

Die Motivation, Freundschaftsanfragen zu verschicken, reicht denn auch von der Vermutung intellektuellen Gewinns über eine gemeinsame Bahnfahrt bis hin zu Geschlechtsverkehrsanbahnung oder Kinderwunsch. Dadurch wird es umgekehrt zu einem fast schon gewalttätigen Akt, jemandem die Freundschaft zu verwehren und Facebook vielleicht sogar mitzuteilen, dass man die Person überhaupt nicht kennt. Durch den großen Interpretationsspielraum deklariert man den Abgelehnten manchmal fast als Stalker. Da bekommt die wahrscheinlich völlig unschuldig gemeinte Anfrage »Gerhard Gutmann möchte mit dir auf Facebook befreundet sein« plötzlich sogar einen lüsternen Unterton. Während man andere, identisch geschickte Anfragen freudig entgegennimmt, denkt man hier vielleicht »Igitt, DER fragt mich an? Die Sau!«, gerade so, als hätte der gute Mann Gerhard sich beim Absenden der Nachricht brünstig über die Lippen geleckt und die Brustwarzen gerieben. Das ist natürlich Quatsch. Zumindest meistens. Denke ich. Hoffe ich.

Wie unfair behandelt und missverstanden man sich fühlt, erschließt sich erst dann, wenn man selbst einmal abgelehnt wurde. Dafür bleibt Facebook einem nämlich die Begründung schuldig. Man erfährt nie, warum das Gegenüber auf »Ablehnen« oder »Ich kenne die Person nicht« geklickt hat.

»Was ist nur mit mir?«, fragt man sich, vor allem, wenn man die Liste der gemeinsamen Freunde sieht – Menschen, die der Angefragte im Gegensatz zu einem selbst angenommen hat. »Was hat diese hier, das ich nicht habe? Was führt jenen Kerl in seinen erlauchten Kreis?« Und so sind durch ein, zwei Klicks selbst bei gestandenen Mittdreißigern die Ängste des sechzehnjährigen Pickelgesichtes wieder da, das nicht zur Geburtstagsparty des Schulsprechers eingeladen wurde.

In dieser Hinsicht bringt uns Facebook also wieder ein Stück Jugend zurück, allerdings eines, auf das man gut und gerne verzichten könnte.

## Klick dich, du Sau!

Aus den vorangegangenen Ausführungen nun allerdings die simple Regel »Je mehr Facebook-Freunde, desto besser« abzuleiten, wäre ein Trugschluss. Es ist im Prinzip genauso wie mit der Anzahl der Sexualpartner: Zu wenige sind ebenso peinlich wie zu viele. Da gilt jemand mit vierstelliger Freundesliste mal ganz schnell als promiskuitive Gesichtsbuchschlampe, die sich aber wirklich von jedem durchklicken lässt. Diejenigen mit einer Handvoll Freunde halten sich selbst vielleicht für wählerisch oder elitär, hinter vorgehaltener Hand spricht man über sie jedoch als hoffnungsloses Online-Mauerblümchen, das einfach niemand klicken will.

Es geht also ums Klicken und Geklicktwerden, und auch hier sieht man wieder, dass soziale Netze im Grunde nichts anderes sind als eine Simulation von Pubertät im Internet. Warum zieht ein solch infantiler Spaß die Menschen in Massen an?

Die simple Antwort: Es wird einfach und schlicht das typisch menschliche Bedürfnis nach Jugend befriedigt. Hier kann man verhältnismäßig gefahrlos herumalbern und sich noch mal so richtig kindisch aufführen, wenngleich die Medien nicht müde werden, den Teufel an die Facebook-Pinnwand zu malen. Die Gefahren der sozialen Netze werden zumeist hoffnungslos übertrieben. Es ist doch sicherer, sich in der Midlife-Crisis ganz mutig bei Facebook anzumelden, als sich mit einer Ducati totzufahren oder beim Basejumping vom Kölner Dom in der Oberleitung der Bahntrasse hängenzubleiben.[42]

Das sehen offensichtlich viele Menschen genauso, und deswegen ist das soziale Netz mittlerweile nicht mehr nur eine Domäne der Digital Natives, sondern auch der Digital Dummys und PWSNTACAAs. Gerade die von der Web-Branche sogenannten »Silver Surfer«, also die Graurücken unter den Internetgorillas, fallen in Massen über die Freundeslisten her. So kommt es auch in einem ehemals jugendlichen Medium zum Clash der Generationen. Benachrichtigungs-E-Mails von Facebook, in denen steht »Papa und Mama möchten dein Freund werden«, könnten nun aber durchaus zur Abschreckung und letztlich Abwanderung vor allem jüngerer Nutzer führen. Ist die angesagte Discothek tatsächlich noch cool, wenn plötzlich die Eltern neben einem auf der Tanzfläche stehen? Manch ein Junger hat sich zwar mittlerweile damit arrangiert, dass Papa Videos vom Moonwalk-Tanzen bei der letzten Familienfeier in seine Timeline stellt. Andere verlassen aber fluchtartig die Facebook-Discothek und versuchen ihre Unabhängigkeit vom Elternhaus im exklusiveren Twitter-Club wiederzuerlangen. Man kann natürlich auch einfach die Online-Anfrage seiner Eltern ablehnen, muss dann aber offline mit der Enterbung rechnen. Wie dem auch sei – ein soziales Netz mit derart vielen Mitgliedern muss auf Dauer eine repräsentative Kopie der realen Bevölkerungsentwicklung werden. Und wie die bei uns in Deutschland aussieht, ist ja gemeinhin bekannt.[43]

#42 Wobei Bilder davon auf Facebook sicherlich gut ankämen.

#43 Gerade in Deutschland wird gerne von einer »Überalterung« der Gesellschaft gesprochen. Dieser Begriff ist natürlich völliger Blödsinn. Wir sind nicht »überaltert« – wir sind »unterzeugt«! Was können die Alten dafür, dass die Jungen sich nur noch bei Facebook anstupsen, anstatt Kinder zu machen?

Einer der Hauptgründe, warum Facebook die Massen bewegt, ist die schier grenzenlose Verfügbarkeit von Zuneigung in Form der simplen Aussage »Gefällt mir«. Jeder Beitrag, den man auf Facebook mit der Welt teilt, kann von den individuellen Kontakten mit einem Klick auf den »Gefällt mir«-Button gewürdigt werden. Im amerikanischen Original heißt das »I Like!«, was dieser offiziellen Facebook-Währung die Bezeichnung »Likes« verschafft. Das wurde auch im Deutschen so beibehalten, wahrscheinlich weil »Gefälltmirs« einfach scheiße klingt.

Interessant ist dabei, dass die Macher von Facebook das binäre System von Schwarz und Weiß, von Yin und Yang, quasi aufgehoben haben, da es keinen »Gefällt mir nicht«-Button gibt. Das macht die ganze Chose natürlich unglaublich nett und behaglich. Weil Diskussionen auf Facebook eher selten sind – die »Freunde« haben keinen Bock auf kritische Kommentare und damit Stress – ist das Schlimmste, was einem passieren kann, für einen Beitrag keine »Likes« zu bekommen. Und, glauben Sie mir, auch das tut weh. Wenn niemand die eigene Statusmeldung mit »Likes« würdigt, fühlt man sich plötzlich ein bisschen wie die Gestalt auf Edvard Munchs Bild »Der Schrei«. Der Ruf ins World Wide Web verhallt unbeachtet.[44] Dennoch ist Facebook eine Insel der Seelenruhe im Internet, wo ansonsten anonyme menschliche Trolle fieses Feedback zu ihrem leidenschaftlichen Hobby gemacht haben.

[44] Findige Geschäftsleute haben das Potential dieser Sucht nach »Likes« mittlerweile erkannt und bieten sie zum Beispiel auf eBay zum Kauf an. Sollte einer Ihrer Kommentare zu wenig Würdigung erhalten, können sie für ein paar Euros Klicks auf »Gefällt mir« erwerben. Sogar der Kauf von »Freunden« ist möglich und offenbar ein florierendes Geschäft vor allem für Firmen und offizielle Organisationen, die sich auf Facebook Relevanz verschaffen wollen. Das ist Prostitution auf einem ganz neuen Level. Wer sich die Finger und sonstige Körperteile nicht schmutzig machen möchte, geht einfach auf den Facebook-Strich.

Überall wird rumgenörgelt und beschimpft – nicht so im Lande Oz von König Zuckerberg dem Ersten.

Es sei denn, man lästert gemeinschaftlich, also nicht gegen- sondern miteinander. Politisch korrekte Gehässigkeiten, bei denen alle ohne Skrupel und Gewissensbisse auf »Gefällt mir« klicken können, werden natürlich überaus gerne in die Timelines geschrieben. Die gängige Trinität der Online-Lästerkultur sind

a) strunzdumme Politiker,

b) stinkblödes Nazipack oder

c) das deutsche Fernsehprogramm.

## Social Glotzing und »Gefällt mir«-Diarrhö

Gerade bei der althergebrachten und oftmals schon für tot er- klärten TV-Unterhaltung wird deutlich, wie sehr soziale Netze sowohl der Aggressionsabfuhr als auch der Gruppenbildung dienen. Fernsehgroßereignisse aller Art werden live zum lau- fenden Programm süffisant kommentiert und genüsslich se- ziert. »Schlag den Raab«, »Eurovision Song Contest«, Olympi- sche Spiele, EM, WM … Immer, wenn ein solches Event über die Flachbildschirme flimmert, wird aus Twitter und Facebook die größte Couch Deutschlands, auf der man sich zum ge- meinsamen Fernsehglotzen einfindet. Sozialwissenschaftler und Medienjournalisten, die den Niedergang des familiären TV-Abends für endgültig besiegelt hielten, als Gottschalk »Wetten dass …?« verließ, haben die Gegenentwicklung im Netz übersehen: »Social Glotzing« heißt der neue Trend.

Es mutet tatsächlich fast wie ein Revival der 70er und 80er Jahre an, der Blütezeit des solidarischen Fernsehkonsums, wenn in den Statusmeldungen der sozialen Netze hochamüsante Konversationen über das laufende Programm geführt werden:

»Der Beckmann ist ein Brechmittel!«, »Oh, bitte nicht Bon Jovi!«, »Der Mörder ist der Gärtner«, »Toooooooor!«, »Ich weiß die Antwort! Ich weiß es!«, »Das schafft der niemals« … Gerade so, als stünden Mettigel und Erdbeerbowle auf dem Wohnzimmertisch, genießt man Fernsehshows aller Art im Kreise der Online-Familie, rät und fiebert bei Spielshows mit oder übertrumpft sich mit respektlosen Bemerkungen zur miesen Sportmoderation. In Zeiten sozialer Vereinsamung und Auflösung traditioneller Familienverbände werden hier kollektive Erlebnisse geschaffen, in denen man sich auf das kleinste gemeinsame Opfer einigt und in schönem Einklang drauflosprügelt.

Das haben in den letzten Jahren weder Kirche noch Staat geschafft. Die plurale Gesellschaft mit ihren höchst fragmentierten Meinungen und Lebensentwürfen legt sich online darauf fest, dass der aktuelle »Tatort« Grütze ist. Man muss es erlebt haben, um die emotionale Kraft dieser selten gewordenen Einigkeit schätzen zu lernen. Ja, es gibt Momente, da rührt einen Facebook zu Tränen.

Auf der anderen Seite muss ich eine zunehmende »Facebook-isierung« unserer Gesellschaft, ja sogar eine »Ver-Social-Netwörkung« unseres Geistes beklagen. So nach und nach scheint es für den internetaffinen und Social-Media-geprägten Menschen als Meinungsäußerung nur noch das süßliche »Gefällt mir« zu geben – der Zucker im kalten Online-Kaffee. Und so häuft sich dort ein gewaltiger Zuckerberg an, der mittlerweile ins Offline-Leben rüberrieselt.

Ich merke das an mir selber: Ich höre Nachrichten im Radio, beispielsweise »Regierung stellt neues Euro-Rettungskonzept vor«, und frage mich plötzlich: Darf ich da jetzt auf »Gefällt mir« klicken? Also innerlich, eine andere Option gibt es ja nicht. Das ist schon online hin und wieder problematisch: Man liest auf Facebook eine Statusmeldung wie die von »Freundin«

Tina: »Habe mir den Magen verdorben«, und schon kommt man spontan in Schwierigkeiten. Klicke ich da jetzt auf »Gefällt mir«, um mein Mitgefühl zu zeigen? In dem Fall bräuchte man doch dringend einen »Ist Scheiße«-Button oder wenigstens einen »Mir doch egal«-Knopf.

Zumindest die clevere Online-Werbung funktioniert in Tinas Fall blendend und blendet neben ihrer Statusmeldung ein Werbebanner für Imodium akut ein.

Wenn man nun auch in der Offline-Welt als einzige Meinungsoption nur noch »Gefällt mir« zur Verfügung hat, wie langweilig werden dann Demos in Zukunft? Heißt es dann statt: »Buhbuhbuh! Schweine! Sauerei!«, nur noch »Gefällt uns! Gefällt uns!«, und alle haben sich lieb?

Ist es also per se schlecht, wenn Facebook zu viel Einfluss auf unser Leben nimmt? Nein, denn mit ein bisschen Kombinationsgabe kann Facebook auch offline helfen. Wenn ein paar Stunden vor »Tina hat sich den Magen verdorben« die Statusmeldung »Tina steht im McDrive und wartet auf einen 9er Chicken McNuggets« zu lesen war, ist das doch sehr nützlich bei Entscheidungen rund um die persönliche Nahrungsaufnahme.

Und wissen Sie was? Das gefällt mir! »Gut, dass ich mit Tina auf Facebook befreundet bin«, möchte man ausrufen. So sieht man wieder, dass es für die erfolgreiche Nutzung von sozialen Netzen immer darauf ankommt, mit wem man dort seinen Umgang pflegt.

## Lügen mit Zuckerguss

Wen nehme ich an und wen nicht? Gibt es einen Codex, der diese Gretchenfrage 2.0 beantwortet? Wenn Sie ein gläubiger Mensch sind, sollten Sie sich fragen: Was würde Jesus tun, wenn ihn auf BibelVZ die Meldung erreicht: »Judas möchte dein Freund werden«? Im Sinne der Nächstenliebe ist die Antwort klar. Man sollte aber aufpassen, dass man nicht aufs Kreuz gelegt wird. Was, wenn der eigene Chef anfragt? Der Psychotherapeut? Der zuständige Finanzbeamte? Schwere Fragen, denn schließlich eröffnen Sie dem Angenommenen verhältnismäßig tiefe Einblicke in ihre Persönlichkeit. Fotos, Filme, Musik, politische und religiöse Einstellungen – Sie glauben, das alles interessiert niemanden? Melden Sie sich mal als liierter Mensch auf Facebook an und ändern Sie Ihren Beziehungsstatus nach ein paar Wochen von »in einer Beziehung« zu »es ist kompliziert«. Ihnen werden online wie offline heitere Stunden beschert sein. Versprochen!

Auch wenn es sich auf Facebook trefflich lügen lässt, entsteht beim »Freund« unweigerlich ein Bild von Ihnen. Posten Sie Spiegel-Online-Artikel über das neueste Buch von Peter Sloterdijk oder die Rezension von »Jedermann« in Salzburg, bekommt Ihr Gegenüber natürlich einen anderen Eindruck von Ihnen, als wenn Sie die neue Single vom Wendler loben. Selbst wenn man sich nur wichtig machen will und vor der Internetlektüre Sloterdijk für einen holländischen DJ und »Jedermann« für einen Song von Rammstein gehalten hat, ordnet einen der Facebook-Kontakt mangels besseren Wissens den Bildungsbürgern zu. Das klappt natürlich nur, solange Sie sich bei einem Offline-Treffen nicht hoffnungslos in ein Gespräch über Hugo von Hofmannsthals Gesamtwerk verwickeln lassen.[45]

Auch wenn Sie im »richtigen« Leben kurz vorm Burn-out stehen, lässt sich online dennoch ein Dasein simulieren, als

---

#45 Sollten Sie via Chat in eine solche Konversation geraten, lassen sich intelligente Antworten und fachkundige Anmerkungen recht unauffällig nebenbei googeln, womit der Schein gewahrt bleibt. Ähem … habe ich zumindest mal gehört.

würde einem die Sonne aus dem Allerwertesten scheinen. Da schleift man sich nach durchwachter Nacht an den Rechner und postet kurz vor der völligen Erschöpfung die Statusmeldung »30 km Jogging, 50 Bahnen im Pool, und jetzt ein Frühstück mit O-Saft und Ei. Ein herrlicher Tag beginnt!« Schon geht Ihr gesamter Online-Freundeskreis davon aus, dass Sie einfach eine unerträgliche Frohnatur sind, und beginnt, sein vergleichsweise tristes Leben in Frage zu stellen.

Schopenhauer schrieb in seinen »Aphorismen zur Lebensweisheit« über das Verhalten in »gewöhnlicher« Gesellschaft: »In solcher Gesellschaft müssen wir daher mit schwerer Selbstverleugnung dreiviertel unserer selbst aufgeben, um uns den andern zu verähnlichen.« Als hätte Schopi es geahnt, versucht auch in der Gesellschaft sozialer Netze jeder herauszustechen, ohne die geltende Norm zu verlassen. Wenn vorgebliches Glück die Timelines dominiert, will eben keiner die Spaßbremse sein und passt sich an. So wird gelogen, dass sich die Balken biegen.

Es ist aber auch unglaublich einfach: Man kann privat der spießigste Mensch sein, samstags regelmäßig nach dem »Wort zum Sonntag« ins Bett gehen und sonntags seinen Modellbausatz vom Petersdom fertigbasteln – auf Facebook kann man so tun, als wäre man der Michael Ammer des neuen Jahrzehnts. Da sitzt man dann mit einer kleinen Plastikversion von Michelangelos römischer Pietà (muss noch trocknen) im Hobbykeller und tippt ins iPhone: »Eben mit Kater aufgewacht. Was für eine Nacht! Party ist mein Leben.« Facebook macht uns zu Pippi Langstrumpf, und wir machen uns die Welt, widdewiddewie sie uns gefällt!

## Sein oder nicht sein

Während das Lügen online also leichter geworden ist, macht das Internet die Offline-Unwahrheit komplizierter. In Zeiten des Telefons war es gang und gäbe, sich beispielsweise vom Partner verleugnen zu lassen. Wenn Sie heute einen Handy-anruf ignorieren, der Anrufer aber sieht, dass Sie im Facebook-Chat verfügbar sind, wirft das Fragen auf, die nur schwer zu beantworten sind.

Auch die Möglichkeit, sich bei Facebook zu »markieren«, also in Echtzeit mitzuteilen, wo Sie gerade sind, birgt Gefahren. Sagen Sie wegen Migräne das Familiengrillen bei der Tante ab, mit der Sie auch auf Facebook befreundet sind, sollten Sie sich nicht gleichzeitig beim Motorbootrennen auf dem Baggersee markieren.

Ist eine einzelne Flunkerei mit ein bisschen Hirnschmalz noch verhältnismäßig einfach aufrechtzuerhalten, wird es bei einer größeren Anzahl von Lügen vor allem dann schwierig, wenn die Ereignisse in ferner Zukunft liegen. Sagen Sie die Einladung zur Hochzeitsfeier von zwei langweiligen Face-book-Bekannten mit der Lüge »Da sind wir leider im Urlaub« ab, sollten Sie es in diesem Zeitraum tunlichst vermeiden, ih-ren tatsächlichen Standort zu verraten – vor allem, wenn es die heimische Terrasse ist. Haben Sie keinen Bock, »Freunden« beim Umzug zu helfen und ziehen sich mit »Ich habe derzeit leider zu viel Arbeit« aus der Affäre, kommt die Statusmeldung »Hängematte, gutes Buch und ein schöner, kalter Mojito« am Tag des Wohnungswechsels möglicherweise schräg an – selbst, wenn Sie Hemingway heißen.

Je nachdem, wie oft und wie intensiv man kreativ mit der Wahrheit umgeht, muss man fast schon einen Offline-Kalen-der führen, um online nicht aufzufliegen. Das sind Herausforderungen, denen sich vergangene Generationen nun wirklich nicht stellen mussten.

Besonders wenn Sie irgendwann an den Punkt geraten, an dem der heitere Freizeitspaß im sozialen Netz sich auf Ihre Geschäftspartner, Kollegen oder gar Vorgesetzten ausweitet, gilt es, entweder zurückhaltender zu sein oder seine Sicherheits- und Privatsphäreneinstellungen in mühevoller Kleinarbeit zu überarbeiten. Nehmen Sie sich dafür besser frei. Sie werden die Zeit brauchen. Natürlich kann man bestimmte Postings vor einem Freundeskreis verbergen oder nur speziellen »Freunden« zugänglich machen. Diese Funktion allerdings fehlerfrei zu bedienen, vollständig zu verstehen und sein System daraufhin zu optimieren, kann unter Umständen so lange dauern, dass man letztlich gar nicht mehr dazu kommt, Facebook zu benutzen. Es verhält sich dabei wie mit dem Oldtimer, an dem man immer wieder rumschraubt, um ihn durch den TÜV zu bringen: Am Ende liegt man doch mehr unter dem Auto, als am Steuer zu sitzen.

Zu schlechter Letzt ist der Schutz der Daten bei Facebook sowieso ein sinnloses Unterfangen. Nie werde ich die brillante Rechercheleistung der *Bild*-Zeitung vergessen, die einst durch knallharte Analysen verschiedener Studien zu einem erschreckenden Ergebnis kam: »Egal wie sicher Sie Ihr Profil machen – Facebook liest immer mit!«

Leck mich fett, wer hätte das gedacht? In was für einer Welt leben wir eigentlich? Demnächst kommt noch raus, dass die Bank weiß, wie viel Geld man auf dem Konto hat, oder die Klofrau sieht, ob man seine Hände wäscht oder nicht.

Es gibt für ein Leben auf Facebook eine ganz einfache Regel: Poste nur das, was auch ohne Probleme in der örtlichen Tageszeitung über dich veröffentlicht werden könnte. Ein Foto Ihrer Pobacken, auf die ein Marienkäfer gemalt wurde, macht sich nicht so gut im Lokalteil des *Trierischen Volksfreundes*, vor allem, wenn Ihr Name darunter steht. Also behalten Sie das Foto besser für sich. Falls Sie bei den Sicherheitseinstellungen ein paar Häkchen nicht gesetzt haben, hätte Facebook theoretisch sogar das Recht, Ihr Bild für Werbeanzeigen zu verwenden, und ehe man es sich versieht, macht Ihr geschminktes Hinterteil Werbung für Hämorrhoidencreme. Und einhundertvierundzwanzig Menschen klicken auf »Gefällt mir«.

## Das ewige Leben im Netz

Auch Ihr Profilfoto, also das Bild, mit welchem Sie als Facebook-Nutzer identifiziert werden können, gilt es weise zu wählen. Hätten Sie es gerne zurückhaltend oder sind Sie überaus hässlich, tut es auch mal eine Nahaufnahme vom rechten Auge. Haben Sie sich gerade die Strandfigur antrainiert, mag Ihnen ein Ganzkörperfoto sinnvoll erscheinen. In den meisten Fällen ist die beste Wahl wohl eine Art Passbild – das zum Glück nicht den biometrischen Vorgaben im Personalausweis entsprechen muss.[46]

Wählen Sie aber auch hier Gesichtsausdruck und eventuelle Kostümierungen mit Bedacht. Ansonsten könnten Sie posthum ihr ulkiges Duckface[47], das übertriebene Schielen, die Scherz-

---

#46 Fotos für den Perso müssen derzeit nach geometrischen Regeln frontal, mit aufgerissenen Augen und »lächelfrei« aufgenommen werden. Diese Vorschriften führen dazu, dass mittlerweile jedes Passbild so aussieht, als sei es aus einem RAF-Fahndungsplakat der 80er Jahre ausgeschnitten worden. Rein optisch macht uns der Staat damit alle zu Abbildern von Baader und Meinhof. Irgendwie passend in einem Land, in dem der Generalverdacht politisch korrekt zu sein scheint.

#47 »Duckface« ist Englisch und heißt übersetzt »Entengesicht«. Bei dieser Grimasse schürzt man die Lippen und zieht die Wangen ein, um gleichzeitig dünn und irre lustig auszusehen.

artikelbrille oder den falschen Bart bereuen. Ich sage Ihnen auch warum: Wenn Menschen bei Naturkatastrophen oder Unglücken ums Leben kommen, stürzen sich die Medien auf der Suche nach Infos heutzutage vor allem auf die Überreste der Verstorbenen, die im Internet zu finden sind. Sollten Sie nun mit einer Propellermaschine über Namibia abstürzen (»Es waren auch Deutsche an Bord«), enden Sie möglicherweise mit Schmollmund, Spaßgebiss und Hasenohren aus Filz auf der Titelseite der Bild oder als Einblendung bei »RTL Punkt 12«.

Dazu Katja Burkard, lispelnd: »Dieser junge Mann, der auf diesem Foto so unbeschwert im Hasenkostüm posiert, brannte für den schwarzen Kontinent … bis er letzte Nacht dann dort verbrannte.« Wollen Sie so in Erinnerung bleiben?

Es hatte schon seine Gründe, dass Adelige sich über die Jahrhunderte von Malern stets eher schöner malen ließen, als sie tatsächlich waren. In den Ahnengalerien der Welt findet man nicht viele Bilder von Herzogen oder Baronessen, auf denen sie neckisch zwinkern oder mit zwei Fingern die Mundwinkel nach außen ziehen. Schließlich will man nach dem Tod vielleicht sogar besser aussehen als zu Lebzeiten, oder?

Der Mensch strebt seit jeher danach, den Tod zu überdauern, und sei es nur durch Pinselstriche auf einer Leinwand. Heute ist diese Leinwand ins Internet verlagert worden und wartet nur darauf, in den grellsten Farben bemalt zu werden. Damit

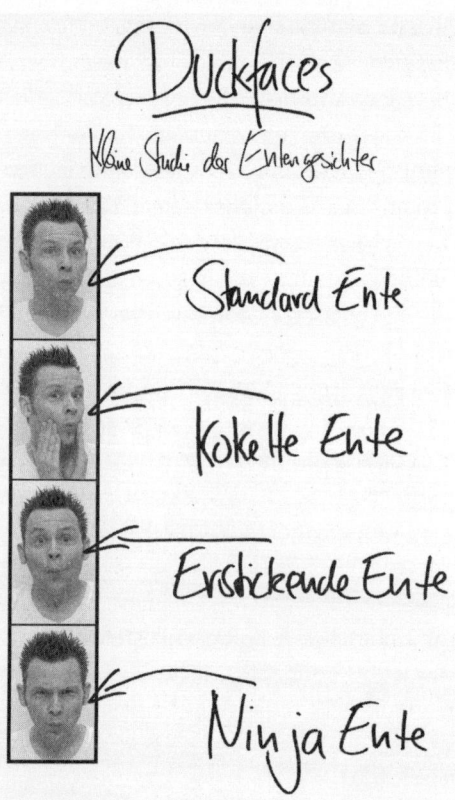

# Duckfaces
### Kleine Studie der Entengesichter

Standard Ente

Kokette Ente

Erstickende Ente

Ninja Ente

wird man in einer Art und Weise unsterblich, die bisher nur wichtigen Personen der Historie vorbehalten war.

Das Beste daran ist: Man erzählt seine Geschichte zu großen Teilen selber, denn mit allen Inhalten, die man ins Internet stellt, sei es in soziale Netze, private Blogs oder sonstige Communitys, schreibt man nicht weniger als sein Testament und entscheidet letztlich, was man der Welt von sich hinterlässt. Das sollte man nicht unterschätzen. Wer sich dieser weitreichenden Folgen bewusst ist, überlegt sich wahrscheinlich ziemlich genau, ob er eine Fotoserie mit den Cocktails der letzten Nacht in seinem Blog online stellt. Sollte er tags darauf mit Restalkohol im Blut unsanft mit einer Eiche kollidieren, fügt sich für die Welt ein schlüssiges Bild zusammen.

Die Regel »Über die Toten nur Gutes« lässt sich nur schwerlich durchhalten, weil Google für solche Fälle bisher keinen Suchfilter hat. Ein Manko, wie ich finde. Es fehlt ein Dienst, der die menschliche Verwesung aufs Internet überträgt, indem er nach und nach alle Daten eines Verblichenen aus dem Netz tilgt. Ich wüsste dafür sogar einen Namen: »Google Grave«! Kleine Maden-Apps, sogenannte »iMaggots«, zersetzen dabei sukzessive Bilder, Videos, Texte und sonstige Spuren im Internet, bis am Ende nur noch ein digitaler Grabstein, das »Facetomb« übrig bleibt: ein letztes Foto mit Familienstand, Geburts- und Todestag und dem im sozialen Netz angegebenen Lebensmotto. Auch Letzteres sollte man sich also gut überlegen, denn ein Zitat von Schiller ist für diesen pietätvollen Einsatz wahrscheinlich besser geeignet als »Alles hat ein Ende, nur die Wurst hat zwei«.[48]

#48 Facebook versetzt die Profile seiner verstorbenen Mitglieder derzeit in einen sogenannten »Gedenkzustand«. Dabei wird das Konto sozusagen eingefroren; Angehörige und Freunde können jedoch Gedenkbeiträge an der Pinnwand des Verblichenen hinterlassen. Außerdem verhindert Facebook das erneute Login des toten Users, was natürlich interessante religiöse Fragen aufwirft. Gäbe es ein Leben nach dem Tod, wäre das zwar schön, könnte aber über Facebook nicht mehr mitgeteilt werden. Eigentlich schade. Eine Reinkarnation im sozialen Netz erfordert eine leidige Neuanmeldung. Jesus Christus hätte also nach der Auferstehung seine Himmelfahrt nicht als Veranstaltung im alten Account posten können. Er hätte sich neu registrieren und seine Freundesliste mühsam ganz neu bestücken müssen. Bei Jesus nicht ganz so schlimm: Der hatte schließlich nur zwölf, naja strenggenommen nur 11 Freunde. Dennoch macht die Login-Blockierung von Profilgräbern Sinn. Es wäre schon ziemlich erschreckend, wenn die tote Uroma plötzlich bei Ihren Urlaubsfotos auf »Gefällt mir« klickt. Online-Zombies braucht nun wirklich kein Mensch.

# DIE UNERTRÄGLICHE LEICHTIGKEIT DES ONLINESHOPPINGS

Während Branchen wie Zeitungsverlage oder Bestattungsunternehmen noch keinen schlüssigen Weg gefunden haben, um im Internet Geld zu verdienen, prosperiert der Online-Warenhandel in beängstigendem Maße. Mal ehrlich, wann haben Sie zuletzt etwas aus dem Otto-Katalog bestellt? Hand aufs Herz? Eben.

Kenner der Materie formulieren deshalb sehr drastisch, dass der klassische Versandhandel toter sei als ein gepfählter Vampir im Sonnenlicht. Neckermann und Quelle, jahrelang schon als Untote umhergewankt, haben mittlerweile das Zeitliche gesegnet, und lediglich oben genannter Graf Dracula von und zu Otto wehrt sich mehr oder weniger erfolgreich gegen die Vampirjäger aus dem Internet. Allerdings sind die Zeiten definitiv vorbei, da die achtköpfige Familie im Sonntagsstaat am Briefkasten stand und voller Vorfreude auf den Fahrradbriefträger wartete, der dem Familienoberhaupt lächelnd den bibeldicken Otto-Katalog überreichte. Dort, wo diese Sippe sich einst versammelte, klebt jetzt ein Aufkleber: »Keine Werbung – sonst gibt's aufs Maul!«

Ich kann mich noch an Zeiten erinnern, in denen Mutter und Schwester sich um den dicken Kommerzfolianten stritten und ihn über Wochen in Beschlag nahmen, bevor ich ihn aus dem Altpapier fischen und die Wunder der Dessousangebote studieren konnte. Für Ersteres hat man heute Onlineshopping, für Letzteres Youporn.[49]

Was es bei Otto nicht gab, gab es nicht. Heute gibt es im Netz nichts, was es nicht gibt. Bis vor ein paar Jahren bestellte man im Internet klassischen Versandhandel-Kram wie Klamotten, Bücher oder Bild- und Tonträger. Der allgemeine Trend, die Aufgaben des täglichen Lebens immer mehr ins Internet zu verlegen, scheint nun aber auch den samstäglichen Großeinkauf zu verdrängen. Von Müsli über Fotos bis hin zu Hygieneartikeln und Frischfleisch lässt sich im Netz alles bestellen – oftmals sogar mit einem Quentchen Innovation extra: Socken, Obst und Wurstwaren werden im Abo feilgeboten, Zerealien[50] lassen sich im BTO (Built-to-Order-Verfahren)[51] individuell zusammenstellen, und jeder, der eine Schraube locker oder nicht mehr alle Tassen im Schrank hat, kann sich via Amazon Ersatz liefern lassen. Das ist natürlich bequem und wirkt auf den ersten Blick vernünftig und effizient.

Die Kehrseite der Medaille ist, dass man sich in echten Su-

---

#49 Wenngleich der Versuch, Dessous auf Youporn zu bestellen, nicht von Erfolg gekrönt wird. Ich hab's probiert.

#50 Hierbei handelt es sich um einen Bullshit-Begriff aus der Müsliwerbung. Abgeleitet vom englischen »cereals«, wurde der Begriff eingedeutscht, bezeichnet laut Duden aber ursprünglich nicht die locker-flockige Frühstücksfreude, sondern ein altrömisches Fest zu Ehren der Landwirtschaftsgöttin. Man stellt sich natürlich sofort wilde Orgien mit Wein, Weib und Gesang vor, bei denen statt glasierten Affenohren und eingelegtem Lama-Anus auch milchüberströmte Getreideflocken gereicht wurden.

#51 Klingt saumodern, lässt sich aber in jedem Hotel ab drei Sternen morgens im Frühstücksraum begutachten. Dort nennt es sich »Müsli-Station«. Die Lieferzeiten liegen hier mit ein bisschen Eigeninitiative und handwerklichem Geschick unter den Lieferzeiten von z. B. mymuesli.de! Na? Bock auf eine kleine Orgie im Ibis?

per- oder Baumärkten mangels Suchmaske einfach nicht mehr zurechtfindet. Wer einmal die Frechheit besessen hat, einen Mitarbeiter der Abteilung für Farben und Lacke nach Tapezierbedarf zu fragen, wünscht sich spontan die rechtschreibsensitive Produktsuche seines Online-Händlers zurück. Im Supermarkt meines Misstrauens musste ich mich letzthin sogar ausrufen lassen, weil ich auf der Suche nach Geflügelfonds mehrere Stunden orientierungslos zwischen Gewürzabteilung und Kühlbereich umhergeirrt bin. Meine Frau konnte mich dann ziemlich aufgelöst, glücklicherweise aber unversehrt an der Wursttheke abholen, wo sich die hilfsbereiten Fleischfachverkäuferinnen um mich gekümmert und mit kostenlosen Lyoner-Happen am Leben gehalten haben. Da wurde mir bewusst, wie sehr mir meine exzessiven Internetbestellungen die Fähigkeit zum selbständigen Einkauf geraubt hatten. Noch heute zittere ich gelegentlich, wenn ich meinen Warenkorb nicht mit einem Klick aufrufen, sondern stattdessen mit einem Euro losketten muss. Durch ein intensives Übungsprogramm, zuerst zu Hause mit dem Kaufladen meines Sohnes, dann in kleineren Super- und Drogeriemärkten, gelingt es mir langsam wieder, ohne fremde Hilfe zu shoppen. Mittlerweile kann ich den Einkaufswagen auch wieder als analoges Pendant zum Webbrowser verstehen und entsprechend nutzen.[52]

Meine Frau kam und kommt mit der Einkaufssituation im Alltag besser zurecht, spürt aber auch die Auswirkungen übermäßigen Onlineshoppings: Als umtriebige eBay-Nutzerin versucht sie häufig, andere Einkäufer an der realen Supermarktkasse zu überbieten. Manchmal beobachtet sie Waren stundenlang, um

---

#52 Nerd-Gag: Der Einkaufswagen als Browser-Äquivalent hat den großen Sicherheitsvorteil, Cookies nur dann zu akzeptieren, wenn man sie bewusst hineinlegt.

dann erst kurz vor Ladenschluss zuzuschlagen. Das hat schon zu etlichen Missverständnissen mit Kaufhausdetektiven geführt, die glücklicherweise ohne schlechte Bewertung durch den Verkäufer beigelegt werden konnten.

Ich weiß zwar nicht, ob man bei solchen Phänomenen schon von Volkskrankheiten sprechen kann, aber immer mehr Menschen scheinen davon betroffen zu sein, zwanghaft alles und jedes im Netz bestellen zu müssen. Als Grund wird neben der offensichtlichen Bequemlichkeit auch häufig Zeitersparnis genannt. Die Frage ist, ob es sich um eine tatsächliche oder gefühlte Zeitersparnis handelt.

Der Vorgang sieht für gewöhnlich doch so aus: Nachdem das Paket in Abwesenheit geliefert wurde, muss man

a) beim Nachbarn zu Kreuze kriechen,

b) die nächste Packstation aufsuchen oder

c) einen Nachforschungsantrag bei der Post stellen.

Hält man das Paket dann tatsächlich in den Händen, wird das Wohnzimmer zur Umkleidekabine, in der man eine der drei bestellten Größen (eine wie immer, eine kleiner, eine größer) anprobiert. Dann merkt man: »Shit, nur die Größere passt. Kann doch gar nicht sein.« Ist aber so. Also müssen die anderen beiden wieder verpackt und zurückgesendet werden. Während man den Paketschein und das Retoure-Formular ausfüllt, fällt der Blick in den Spiegel, und man denkt sich: »Hmm, ist zwar die richtige Größe, aber auf dem Bild im Netz sah es schöner aus«, woraufhin man auch das passende Teil zu den beiden anderen Rückwaren packt. Und wenn man dann zum dritten Mal zur Postfiliale schlendert – beim ersten Gang war zu, beim zweiten geschlossen – hat man das gute Gefühl, keine Zeit mit sinnlosem Shopping in der örtlichen Fußgängerzone verschwendet zu haben. Toll, oder?

Produkte statt über den Einzelhandel vor Ort lieber günstiger im Netz zu beziehen, ist unglaublich verlockend. Ohne vernünftig über Garantie oder Gewährleistung nachzudenken, hat man bei eBay China das neue Internetradio geordert und versucht nun verzweifelt, die Systemsprache von Mandarin zumindest mal auf Englisch umzustellen. Ein Umtausch des Geräts ist unterm Strich teurer, als es den Hasen zu geben, also dürfen die Langohren es haben. Und schon hat man wieder Geld zum Browserfenster rausgeworfen.

Das scheint es uns aber wert zu sein. Sagen zu können, man habe den Blu-ray-Player direkt beim Werksverkauf in Taiwan geordert, macht Eindruck: »Media Markt? Pah, ich bin doch nicht blöd!« Dass das so klar nicht ist, merkt man spätestens dann, wenn man auf dem Zollamt hockt, Wartenummer 97 gezogen hat, die Anzeige aber erst auf 14 steht. Da ist sie wieder: die gesparte Zeit beim Online-Einkauf.

Und dennoch: Wie ein Hund, der hinter Autostoßstangen herrennt, als ginge es um die Wurst, stürzen wir uns auf alle Online-Portale, die mit der wunderschönen Zahl »24« geschmückt sind. Immobilienscout24.de, autoscout24.de, elektrowelt24.de, kaminholz24.de, zahngold24.de, dickewürste 24.de – alles ist 24: Wir haben nonstop für unsere Kunden geöffnet! Toll! Das ist natürlich völliger Schwachsinn. In den seltensten Fällen ist ein solcher Onlineshop tatsächlich 24 Stunden besetzt. Das wird vor allem bei Beschwerden deutlich, wenn man merkt, dass die Hotline täglich noch nicht einmal für 24 Minuten besetzt ist.

Warum aber betont die Onlineshopping-Branche ihre »Öffnungszeiten« so penetrant? Weil sie das alte Konzept der Dauerwerbesendungen im Fernsehen damit ins Internet überträgt. Es gibt sie ja auch heute noch, diese TV-Werbung für CD-Sets mit 47 CDs der 870 schönsten Hits der 70er Jahre, vorgestellt von Ilja Richters Körperwelten-Figur. Da sitzt man also um 02:36 Uhr nachts vor der Glotze und wird von der Werbeschleife ins Delirium gedudelt. In solch einer geistigen Verfassung kommt einem natürlich auch der »Miracle Suck«-Staubsauger mit verschiedenen Aufsätzen zum Haareschneiden plötzlich total sinnvoll vor, und man greift zum Telefon.

Eine jahrhundertealte Teleshopping-Weisheit besagt: »Wer übermüdet genug ist, kauft selbst dem senilen Chuck Norris jeden Trimm-dich-Blödsinn ab.« Dieses Prinzip machen sich nun alle 24er-Shops zunutze und propagieren den Nachteinkauf. Nicht umsonst zwingt der Gesetzgeber Offlineshops, zu nachtschlafender Zeit die Ladengeschäfte geschlossen zu haben. Man schützt die Konsumenten so vor sich selber, da eine vernünftige Kaufentscheidung montagmorgens um 4 Uhr schlechterdings unmöglich ist. Wer zu dieser Zeit noch wach ist, erwirbt aus lauter Verzweiflung sogar Eichensetzlinge auf samenbank24.de, selbst wenn er nur eine Wohnung mit Balkon hat.

Die Gefahr ist groß, nach Mitternacht in einen Kaufrausch zu verfallen, den man am nächsten Tag bitter bereut. Davon bekommt man, ähnlich wie von zu viel Alkohol, einen sogenannten Kater24. Der schmerzt zweimal: Einmal beim Blick auf den Kontostand, und das zweite Mal, wenn der Paketbote den Plunder anliefert. Natürlich kann man alles zurückschicken … aber dieser Bauchtrainer … mmm … wenn Chuck Norris den benutzt …

Verstehen Sie mich nicht falsch, auch ich bin nicht vor diesem Wahnsinn gefeit. Mehr als einmal saß ich mit dem Telefonhörer in der Hand nachts vorm TV, weil schlecht synchronisierte Amerikaner mir Wundermesser und Saftpressen aus der Raumfahrt andrehen wollten. Konnte ich da meistens noch früh genug auflegen, ertappe ich mich jetzt immer öfter dabei, wie ich mitten in der Nacht auf amazon.de meinen Warenkorb fülle. Das Internet hat im Gegensatz zum Fernseher nämlich einen entscheidenden Vorteil: Es weiß über uns Bescheid.[53] Und wie.

Sobald Sie das erste Mal in einem Onlineshop eingekauft haben, versucht man Ihren Einkauf mittels eines Algorithmus zu analysieren und Ihnen Vorschläge zu machen, welche Produkte für Sie darüber hinaus von Interesse sein könnten. Je öfter Sie shoppen, umso genauer lernt der Webshop Sie kennen, und umso schwerer wird es, sich gegen die Angebote zu wehren. Alter Schwede, was wurde ich schon von Amazons perfide treffgenauer Verkaufsförderung in die Ecke gedrängt und habe Dinge gekauft, von denen ich bis dato nicht wusste, dass ich sie haben möchte. Die Fantastischen Vier rappten einst: »Das Geld, das du nicht hast, kauft dir das, was du nicht willst.« Man müsste diesen Satz für meine Begriffe folgendermaßen updaten: »Mit Geld, das du nicht hast, kaufst du dir das, von dem Amazon sagt, dass du es willst.«

Egal ob Bücher, DVDs, Musik, Süßigkeiten oder Gartengeräte: Es gibt keine Produktgruppe, zu der Amazon nicht weitere Vorschläge unterbreiten würde – süffisant und hinterfotzig betitelt mit »Ihnen könnten auch diese Artikel gefallen«. Atemlos klickt man sich durch die personalisierte Angebotspalette und bringt nur noch »Scheiße, ja! Muss ich haben!« über die zitternden Lippen. Da heißt es dann beispielsweise »Sie kauften ein Moskitonetz. Wie wäre es noch mit einem Tropenhut und einem Überlebensmesser?« Und schon eine

---

#53 Das mag für den ein oder anderen jetzt ein Schock sein, aber TV ist ein einseitiges Medium, das man passiv konsumiert. Selbst wenn Sie noch so sehr beim Fußballspiel fluchen, wird Ihre Mannschaft dadurch nicht angespornt. Sollten Sie jahrelang vor jeder TV-Show in Ihren feinsten Zwirn gestiegen sein, um für Thomas Gottschalk oder Stefan Raab adrett und hübsch auszusehen – es war für die Katz!

DHL-Lieferung später kauern Sie wie Indiana Jones im heimischen Schlafzimmer unterm Moskitonetz und warten auf die Gelegenheit, Stechmücken mit dem Survivalknife den Hals durchzuschneiden.

Diese Genialität in der Kaufberatung endet aber abrupt, wenn man zum Beispiel ein Geburtstagsgeschenk für sein Patenkind kauft. Man bestellt ein Winnie-Puuh-Zaubermobile und wird fortan über Tage und Wochen mit Winnie-Puuh-Kuscheldecken, -Kinderrucksäcken, -Nachtlichtern und -Pflastersets penetriert. Vor lauter Verzweiflung kauft man irgendwann etwas davon und ist am Ende möglicherweise sogar froh, sich ein Tigger-Pflaster auf die Überlebensmesserschnittwunde kleben zu können.

Bei Amazon gibt es eine weitere interessante Rubrik mit dem Titel »Kunden, die diesen Artikel gekauft haben, kauften auch …«. An dieser Stelle findet man bei der Suche nach einem Sonnenschirm beispielsweise den entsprechenden Ständer, die Schutzhülle oder die Balkonhalterung. Das ist weder verwunderlich noch sonderlich bemerkenswert. Wer aber hätte gedacht, dass uns Amazon dort hin und wieder einen aufschlussreichen, wenngleich auch erschreckenden Einblick in die deutsche Seele erlaubt?

Wer online einen Alu-Baseballschläger kaufen möchte, erfährt unverholen, dass »Kunden, die diesen Artikel gekauft haben«, auch Pfefferspray, Lederhandschuhe und Sturmmasken erworben haben. Da kann man schon mal Gänsehaut bekommen, oder? Schon vor Jahren geisterte diese Tatsache als kurioses Onlineshopping-Phänomen durch die Netzgemeinde, und ich habe es bisher für eine Internetlegende gehalten. Weit gefehlt – auch aktuell lässt sich das Equipment für vermummte Schlägertrupps bequem aus den Amazon-Vorschlägen zusammenstellen.

Andere Zusammenhänge sind gesellschaftlich zwar weniger erschreckend, lassen einen aber umso ratloser zurück. Wieso haben hinreichend Menschen, die den Suppentopf »Ravenna« kauften, sich auch eine 240-GB-Festplatte zugelegt? Dachten die Kunden vielleicht, dass nach einer italienischen Tomatensuppe eine Festplatte die richtige Hauptspeise sei? Wieso haben Onlineshopper, die Gartenhandschuhe kauften, gleichzeitig einen Zweierpack Damenslips erworben? Gibt es da einen Fetisch, von dem ich nichts weiß? Findet demnächst wieder das große Oben-ohne-Pflanzen im Kleingartenverein statt?

Es sind diese Mysterien, die mich immer wieder durch diese Rubrik scrollen lassen, auf der Suche nach den Abgründen unserer menschlichen Natur.

Besser als heute kannte das handeltreibende Gewerbe seine Kunden an keiner Stelle der Menschheitsgeschichte. Statistisch gesehen weiß Amazon besser als der eigene Ehepartner, welches Weihnachtsgeschenk das richtige ist. Gäbe es sie, Herr und Frau Amazon müssten sich am Heiligabend keine Gedanken darüber machen, wo sie ihren Braten essen. Sie würden mit Einladungen überschüttet. So etwas kann selbst funktionierende Ehen ins Wanken bringen und die Frage »Was hat Amazon, das ich nicht habe?« aufdrängen.[54]

Es beruhigt daher ungemein, dass man es hier trotz allem immer noch mit mathematisch-statistischen und damit ziemlich sturen Softwaresystemen, und nicht mit Menschen zu tun hat. Nirgendwo merkt man das deutlicher als bei inhaltsspezifischer Werbung, auch »contentsensitiv« genannt. Sie kennen das: Man liest einen Artikel über den neuesten Werwolf-Horrorfilm, und das »intelligente« Werbesystem platziert auf der gleichen Seite eine Anzeige für Hundefutter und das Nacht-

#54  Die Antwort ist erschreckenderweise: »Fast alles!«

licht »Vollmond«. An solchen Fällen lässt sich die verhältnismäßig plumpe Systematik dieser Technik erkennen. Wenn dann die Nachricht über einen Flugzeugabsturz mit Werbung für ein Reiseportal verziert wird, kann man das schon als zynisch empfinden. Da wird so manches Unglück eiskalt in ein Verkaufsargument verwandelt: »Golfspieler von Blitz getroffen – Buchen Sie einen Golfurlaub in der Sonne«. Schüttelt man zunächst noch entrüstet den Kopf, ertappt man sich im nächsten Moment, wie man sich über Golfressorts in den Vereinigten Arabischen Emiraten informiert.

Das Leben geht eben weiter – zumindest wenn Sie nicht im Gewitter an Loch 17 stehen.

## Man sieht den Wald vor lauter Büchern nicht

Es gab mal eine Zeit, da war die Menschheit unterteilt in Jäger und Sammler. Die älteren Leser werden sich sicherlich erinnern. Heutzutage beschränkt sich das Jagen auf Schnäppchen und Stechmücken, aber gesammelt wird immer noch – und zwar alles. Alles, was nicht verdirbt oder stirbt, wird von Menschen in Setzkästen sortiert, in Kisten gesteckt, in Keller gestopft oder auf Dachböden geräumt. Also kostet diese Leidenschaft in der Regel nicht nur Geld, sondern auch Platz. Versuchen Sie mal, Flipperautomaten oder antike Baumaschinen in einer 50-m$^2$-Zweizimmerwohnung zu sammeln!

Aber auch klassisches Sammelmaterial wie Bücher nimmt einen nicht unerheblichen Platz ein, vor allem wenn man nicht nur »Lustige Taschenbücher«[55] und G.-F.-Unger-Western

---

#55  Hach, was war ich immer neidisch, wenn jemand die vollständigen Buchrückenbilder mit allen Disneycharakteren hatte. Mal schauen, ob ich die bei eBay kriege.

sammelt, sondern prachtvolle Enzyklopädien und Folianten. Bibliotheken sind daher nicht umsonst in mehreren Räumen, ach was, teilweise ganzen Gebäuden untergebracht. Häuser voller dicker Bücher, Druckerzeugnisse mit richtigen Seiten und Buchstaben, in denen man zwar manuell blättern muss, sie dafür aber nicht aufzuladen braucht.

ANNO 1850

ANNO 2013

Man sollte schleunigst noch einmal mit der gesamten Familie einen Ausflug in eine Universitätsbibliothek oder eine städtische Bücherei machen, denn die Tage dieser Einrichtungen sind gezählt. Ich behaupte, dass die Bibliothek aus Stein, Zement und Holz ein Relikt der Vergangenheit ist, vor allem weil man sie so schlecht mit sich rumtragen kann.

Heute hat fast jeder Bibliotheken aus Nullen und Einsen dabei, auf iPod, E-Book-Reader oder Smartphone – und nicht nur Bibliotheken für Bücher, nein, auch für Musik und Fotos. Und das alles im Taschenformat. Wer heute etwas auf dem Speicher unterbringen möchte, muss keine Leiter mehr anstellen, sondern nur noch ein USB-Kabel anschließen.

Tolle Sache!, mag man allein schon angesichts der enormen Platzersparnis denken, aber je größer die Datenmengen werden, desto klarer wird einem, warum das Physische, die Körperlichkeit eines analogen Buches auch seine Vorteile hat: Es stört – und das ist auch gut so. Ein richtiges Buch liegt oder steht drohend im Raum und ruft uns buchstäblich zu: »Lies mich. Du hast mich gekauft oder geschenkt bekommen, also lies mich gefälligst!« Ist ein elektronisches Buch aber erst mal auf dem Kindle abgelegt, lässt es sich bequem vergessen. Da hat man dann in digitaler Sammelwut fünfzig, hundert oder gar tausend Bücher beisammen und kann noch nicht mal mit der Bücherwand angeben. Heute heißt es: »Mein Kindle speichert mehr Bücher als dein Tablet-PC.« Lächerlich, gerade so, als ob Impotente mit der Länge ihres Gemächtes prahlen würden.

Der Sammelleidenschaft sind also keine physischen Grenzen mehr gesetzt.[56] Es kann gut sein, dass die Verbannung der

---

#56 Gut, man kann zwar immer noch nicht unbegrenzt Flipperautomaten und Baumaschinen sammeln, aber wenigstens Bilder davon. Ist doch immerhin etwas.

Bücher auf Festplatten von Lesegeräten letztlich dafür sorgt, dass mehr Bücher gekauft, kurioserweise aber weniger gelesen werden. So wird der Buchsammler dem Nerd immer ähnlicher, der kiloweise Actionfiguren erwirbt und nicht damit spielt, sondern sie originalverpackt ins Regal stellt. Natürlich hat man auch früher beileibe nicht alle Bücher gelesen, die im Regal standen, aber man wurde wenigstens abends immer an das viele bedruckte Papier erinnert, wenn man die Fernsehfernbedienung aus dem Regal fischte, die man vor den Kindern auf Goethes Gesamtwerk versteckt hatte.

Seien wir mal ehrlich: So eine Fassade aus Buchrücken in der Schrankwand hat nach wie vor eine gewisse Anziehungskraft, eine Ästhetik des Wirrwarrs. Mein gesamtes Leben lang bin ich in Häusern und Wohnungen immer wieder Büchersammlungen in allen Größen, Farben und Formen begegnet. Die Reaktion darauf ist immer die gleiche. Man lässt den Blick über das Chaos aus Schriftarten und Buchformaten schweifen, legt den Kopf schief, um die Buchtitel lesen zu können, bleibt schließlich irgendwo hängen und spürt den Drang, das Buch aus dem Regal zu nehmen.

Durch den Siegeszug elektronischer Bücher werden diese jahrhundertealten gesellschaftlichen Gepflogenheiten nach und nach unmöglich oder zumindest unhöflich. Es war einst gute Sitte, einen interessierten Blick auf die Büchersammlung zu werfen, während der Gastgeber Kekse und Kaffee aus der Küche holte. Macht man das heutzutage, muss man sich dafür rechtfertigen, wieso man unerlaubt auf fremden iPads oder Kindles rumfingert. Versetzen Sie sich mal in die Lage: Sie kommen mit Snacks ins Wohnzimmer zurück und sehen, wie Ihr Gast interessiert auf Ihrem Laptop herumklickt. Wenig schuldbewusst sagt er: »Wollte nur mal eure Plattensammlung durchschauen. Nicht schlecht«, und fügt lächelnd hinzu:

»Es kam übrigens gerade eine Mail von Eurem Steuerberater. Wenn ihr die gelesen habt, hört ihr ab sofort nur noch The Cure.«

Flippte man früher, die großformatigen Cover bewundernd, mit dem Finger durch die kiloschwere Vinylkollektion, war das Peinlichste, was man als Gast finden konnte, ein James-Last-Album (»Let's dance Nr. 14«) oder die Weihnachts-LP von Roger Whittaker. Heute eröffnen sich nebenbei ungewollt Einblicke in das Privatleben, die weit über den individuellen musikalischen Geschmack hinausgehen. Also lässt man das zumeist bleiben.

Das führt dazu, dass über Musik fast nicht mehr gesprochen wird. Vorbei sind die Zeiten, in denen man die Vieldeutigkeit auf dem Cover der Nirvana-CD »Nevermind« zum Anlass genommen hat, um die Musik kulturell und politisch einzuordnen und angetrunken, aber redselig über den Status quo der Welt zu diskutieren. Viel schlimmer noch: Man hört die Musik heute schlicht nicht mehr, die man sich im MP3-Format kauft. Ich beobachte das an mir: Ich lese eine positive Rezension, höre eine interessante Single oder sehe ein Musikvideo auf YouTube und kaufe daraufhin das Album einer Band. Anschließend lege ich die Titel in meiner Datenbank ab und vergesse völlig, dass ich sie besitze. Das fällt mir erst dann wieder auf, wenn ich versehentlich die gleiche CD ein weiteres Mal gekauft habe, worauf mich mein Computer beim Import mit dem leicht zynischen Hinweis »Wollen Sie wirklich Duplikate importieren?« hinweist.

Und es wird nicht besser: Ich kann Ihnen schon jetzt nicht mehr alle Titel und Alben nennen, die ich in den letzten zwei Wochen beim Online-Händler erworben habe, aber ist Selbsterkenntnis nicht der erste Schritt zur Besserung? Ja, ich bin ein Junkie. Ja, ich sollte eine Selbsthilfegruppe gründen: die Anonymen MP3-Sammler.

»Hallo, ich bin Tobias. Ich besitze 24.000 Songs und habe

bisher erst 4000 davon gehört. Gott, gib mir die Kraft, die Titel zu hören, die ich besitze, nur die zu kaufen, die ich auch mag, und die Weisheit, zu wissen, welche ich schon habe.«

Es ist so unerträglich leicht, sich binnen Minuten mit dem neuesten Stoff einzudecken. Ehe man es sich versieht, hat man Tausende von Titeln auf Knopfdruck verfügbar und hört letztlich doch nur immer die gleichen Songs. Mit der CD oder Schallplatte war es wie mit dem Buch: Sie forderte schon durch ihre bloße Existenz im Wohnzimmerregal Aufmerksamkeit ein. Die Nullen und Einsen auf der Festplatte hingegen sind extrem geduldig, und es ist ihnen im Grunde völlig gleichgültig, ob der Lesekopf der Festplatte über sie hinwegrast oder nicht.

Egal, ob Ihre digitale Droge Fotos, Bücher oder Musik ist, Sie verkaufen Ihre Seele an den Mephisto des Netzes, der Ihnen zwar unendliche Speicherkapazität, aber nur eine überschaubare Fähigkeit zur Verarbeitung gibt. Und wo wir schon wieder bei Goethe sind – lassen wir den guten, alten Heinrich Faust es doch noch mal neu formulieren: »Habe nun, ach, MP3s, E-Books und Fotografien durchaus gesammelt, mit heißem Bemüh'n. Da steh ich nun, ich armer Wicht, und seh die Welt vor lauter Daten nicht.«

Warum aber mache ich, ach was, machen wir alle diesen Onlineshopping-Wahnsinn mit? Ganz einfach: Das Gewerbe hat sich im Netz neu erfunden und zu einem Statusobjekt für zukunftsgewandte Pioniere stilisiert. Denn letztlich gibt einem der exzessive Netz-Einkauf zumindest das Gefühl, am Puls der Zeit zu sein. Man drängelt nicht mehr mit dem technikfernen Pöbel an den analogen Ausverkaufstischen herum, sondern ist ein vollwertiges Mitglied der Internetgesellschaft. Man ist ein Onlineshopper24 und hat Anschluss an die Zukunft. Tolle Wurst!

# Revolutionäres Reisen

Aber halt – es gibt Hoffnung! Jawohl, es lohnt sich, auch mal gegen den Datenstrom zu schwimmen und vielleicht den vermeintlich uncooleren Weg einzuschlagen, und sei es nur im Geheimen. Denn so etwas offen zuzugeben, kostet Überwindung. Ich möchte hier mal mit gutem Beispiel vorangehen, obwohl meine Frau mich davor gewarnt hat: »Du kannst das in der Öffentlichkeit nicht erzählen.« Ich mache es trotzdem.[57]

Jawohl, meine kleine Familie hat ein Tabu gebrochen. Ich bekenne mich hier und jetzt zum ultimativen Sündenfall: Wir haben unseren letzten Sommerurlaub nicht im Internet gebucht – sondern im Reisebüro. Da! Jetzt ist es raus.

Jüngeren Menschen muss man natürlich erst einmal erklären, was ein Reisebüro ist: Kinder, es handelt sich dabei um ein Ladengeschäft, in dem ein Mensch, der das beruflich macht, den Computer für euch bedient. Es ist also »betreutes Surfen«[58]. So muss man nicht selber stundenlang am Rechner sitzen, kann sich entspannt zurücklehnen und bekommt unter Umständen sogar einen Kaffee.[59]

Selbst wenn wir – und da bin ich mir mit meiner Frau einig – uns die Gratisgetränke wegdenken, war der altmodische Buchungsprozess im Reisebüro einfach toll. Gut, die Reise war

---

#57 Trommelwirbel!

#58 Wie schon erwähnt, war Peer Steinbrück Vorreiter bei dieser Art der Internetnutzung. Schließlich ließ er auch schon Surfen und Twittern, als das viele Menschen noch selber taten. Der Peer, der Peer – ein echter Visionär!

#59 Natürlich nur, wenn das geplante Reiseziel weit genug weg ist – sonst gibt es Wasser. Im Prinzip ist ein Reisebüro also ein Internetcafé, in dem die längst überfällige Trennung von Internet und Café bereits vollzogen wurde, so wie die Trennung von Amt und Mandat oder von Staat und Kirche.

trotzdem scheiße, aber wir wussten diesmal, wer verantwortlich war. Vorbei die Diskussion, ob meine Frau oder ich die falschen Klicks getätigt oder die Bewertungsforen nicht ausführlich genug studiert hatte. Wir konnten ganz klar sagen: Der Urlaub ist ein kompletter Reinfall, und Schuld hat die dumme Sau aus dem Reisebüro. Mit einem gemeinsamen Feindbild kann man sich über die Baustelle vorm Hotelzimmerfenster viel gelassener aufregen. Herrlich! Hier sieht man also überdeutlich: Wir haben technologisch einen Schritt zurück, aber praktisch einen nach vorne gemacht.

Und es gibt noch weitere interessante Aspekte beim Buchen im Reisebüro: So war es für uns zunächst etwas verwirrend, dass uns der analoge Urlaubsdienstleister telefonisch mitteilte, dass wir die Reisebestätigung per E-Mail zugeschickt bekommen würden. Das ist ja in etwa so, als würden Sie in der Buchhandlung ein Buch anlesen, um dann anschließend den Autor über Facebook zu bitten, es Ihnen zuzufaxen. So etwas nennt man einen Medienbruch. Ein Medienbruch entsteht also nicht, wenn Sie sich mit den Füßen im Kabelsalat unterm Computertisch verheddern und die mobile Festplatte vom Tisch reißen, sondern wenn Sie ein Online-Formular ausdrucken und dann handschriftlich ausfüllen oder, einfacher gesagt, wenn Sie auf ein Telefonat mit Rauchzeichen antworten. Klingt unlogisch oder zumindest inkonsequent, aber warum sollte man nicht ab und zu mal die Medien brechen? Via Rauchzeichen kann man wenigstens niemanden anschreien und auch nicht angeschrien werden. So lassen sich auch schwierige Gespräche kultiviert führen.[60]

---

#60 Aus diesem Grund haben wir uns über den offline gebuchten, per E-Mail bestätigten und mit Wut verbrachten Urlaub via Online-Formular beschwert. Das war in diesem Fall definitiv die pazifistischere Variante.

Dennoch ist der Medienbruch derzeit in etwa so chic wie die weiße Tennissocke im Lederslipper oder Cordhosen mit Schlag. Up to date ist nur, wer sein Leben auf Teufel komm raus und ungebrochen digital gestaltet. Wer heute etwas auf sich hält, erzählt dem älteren deutschen Ehepaar unter dem benachbarten Sonnenschirm am Goldstrand von Bulgarien, dass man die Reise zwar nicht für'n Appel und ein Ei, dafür aber online mit einem iPad von Apple gebucht hat. Das klingt natürlich erst mal so locker und leicht, wie Kate Moss nach der Schrothkur aussieht, ist aber ein echter Kreuzweg für den Urlauber am Puls der Zeit.

Denn auch hier ist, ähnlich wie beim Onlineshopping, Zeit- und Geldersparnis eine Illusion, vergleichbar mit dem Wonderbra: auf den ersten Blick beeindruckend, doch hinter der Fassade lauert die mehr oder weniger ernüchternde Realität. Eine typische Online-Buchungssession erfordert Blut, Schweiß und Tränen und kann sich je nach Reisepräferenzen über Tage, ja Wochen hinziehen.

Alles beginnt mit dem an sich harmlosen Plan, einen Sommerurlaub für sich und die Lieben zu buchen, was einen direkt zum oberflächlichen Angebote-Scanning auf ltur.de, neckermann.de, tui.de, weg.de, abindenurlaub.de, woichgernean.com und hieristesbestimmtganz.net führt.

Schon bei diesen ersten, unschuldigen Versuchen, potentielle Reiseziele zu finden, setzt man in der Benutzeroberfläche dieser Seiten mehr Häkchen und Sternchen, als eine Grundschullehrerin in vier Schuljahren. Der Held des Films »WarGames« hackt sich mit seinem PC ins Pentagon, was im Grunde nicht viel komplizierter gewesen sein kann, als online einen Last-Minute-Urlaub auf Djerba zu buchen.

Man klickt sich durch zahllose Dropdown-Menüs, aktiviert Suchoptionen aller Art und grenzt über Schieberegler die

Suche ein. Dabei gibt es Suchfilter für Preise, Verpflegung, Bewertungen, Entfernungen zum Strand, zum Flughafen oder zum nächsten deutschen Restaurant, Tapetenfarbe der Zimmer, Parkett, Fliesen oder Teppich, und Durchschnittspreise fürs Pils. Darüber hinaus kann man die Hotels auch nach Wellness- und Freizeitangeboten sortieren, ja manche Websites erlauben sogar ein Filtern anhand der weltumstürzenden Frage, ob die Pool-Landschaft der Bettenburg eine Wasserrutsche vorhält oder nicht. Die Tatsache, dass diese Option tatsächlich angeboten wird, lässt vermuten, dass sie für einen größeren Kundenkreis von Relevanz ist.

»Schau hier, Hase! Tolles Haus, guter Preis, klasse Essen, dazu muskulöse Masseure, Milchbäder und Siebentausend-Quadratmeter-Pool!«

»Aber Schatz, das kommt nicht in Frage. Die haben keine Wasserrutsche!«

Hat man in mühevoller Arbeit nun eine Liste mit probaten Angeboten aus dem Reiseportal herausgehackt, macht man sich daran, sie nochmals einzeln unter die Lupe zu nehmen. Hier finden sich dann im nicht ganz so klein Gedruckten altbekannte Verarschungsfaktoren wie »200 Meter Fußweg zum Strand«, die mit Sternchen versehen sind und mit »durch den Tunnel direkt vorm Hotel, der unter der siebenspurigen Schnellstraße verläuft« näher beschrieben oder mit »dort wartet dann ein Bus, der Sie die restlichen 14 Kilometer transportiert« ergänzt wird.

Viele Angebote haben also einen Haken, den man nicht durch vorheriges Setzen eines solchen eliminieren kann. Die Liste wird weiter eingegrenzt, und man begibt sich in einem anderen Browserfenster auf die gnadenlosesten Websites im Netz, die vom Schockfaktor kurz hinter medizinischen Foren und Online-Singlebörsen angesiedelt sind: Hotelbewertungsportale. Tripadvisor.com oder holidaycheck.de bieten Bewertungen von Gästen, die tatsächlich vor Ort gewesen sind. Man findet dort nahezu jedes Hotel – natürlich auch das, für welches man sich nach Stunden mühevoller Suche (alles passt, und es hat auch eine Wasserrutsche) entschieden hat.

Diese Portale arbeiten mit sogenannten »Weiterempfehlungsraten«. Hat ein Hotel eine fünfzigprozentige Weiterempfehlungsrate, sagt jeder Zweite sinngemäß: »Hey Alter, bleib lieber zu Hause, als in dieses Drecksloch zu fahren.« Landet das in Browserfenster 1 ausgewählte Hotel auf dem Portal in Browserfenster 2 bei nur siebzig Prozent, gerät man natürlich wieder ins Grübeln. Will man in den schönsten Wochen des Jahres nur zu rund zwei Dritteln zufrieden sein? Und schon kommt wieder Bewegung in Browserfenster 1, weil man nun alle potentiellen Urlaubshotels auf ihre Weiterempfehlungsrate abklopft.

So arbeitet man sich sukzessive hoch auf 85 Prozent und mehr, macht dann aber natürlich den Fehler, nicht die 850 positiven Bewertungen zu lesen, sondern sich mit den 150 negativen zu beschäftigen. Man liest auf diesen internationalen Websites dann Dinge wie »Kakerlaken im Bad und Ameisen auf der Terrasse«, oder »All guests were German. What a dump!«, und muss nun abwägen: »Mmmm … mit Ameisen und Kakerlaken können wir leben, aber mit Deutschen?«

Eine schwierige Entscheidung, denn vor allem die deutschsprachigen Kommentare auf diesen Websites sind nicht dazu geeignet, das Klischee vom nörgelnden Deutschen zu widerlegen: »Haare im Bad«, »Pool ist zu kalt«, »Das Wetter in der Anlage war zu schlecht« und »Bei Ankunft kein Pfefferminzbonbon im Glas an der Rezeption«. Die Liste der kleinen und großen Versäumnisse der Hoteliers ist schier endlos, und man wartet eigentlich nur auf eine negative Bewertung wie »Es war alles viel zu gut. Zu wenig Konfliktpotential. Was ist schon ein Urlaub ohne Ärger.«

Hat man dann endlich ein Hotel gefunden, das in Browserfenster 1 alle Bedingungen erfüllt und in Browserfenster 2 mit einer akzeptablen Bewertungsstruktur ausgestattet ist, steht er kurz bevor: Der Klick auf den magischen Button »JETZT BUCHEN«! Wer nun denkt, gleich ist es geschafft, der irrt. Animierte Statusbalken weisen den aufgeregten Selbstbucher darauf hin, dass nun bei den Veranstaltern die Verfügbarkeit der ausgewählten Reise gecheckt wird. Eine gefühlte Ewigkeit blinken graue Quadrate oder rosafarbene Flugzeuge über den Bildschirm und erhöhen die Spannung, als ginge es um das Überleben der Familie. Und dann: »Leider ist Ihre ausgewählte Reise nicht mehr verfügbar. Weiter suchen?«

Damit beginnt das Prozedere von vorne, und man fragt sich spontan, was man nur getan hat, um diese Gottesstrafe zu erhalten. Die griechische Mythologie muss umgeschrieben werden. Warum den armen Sisyphos Steine den Berg hochrollen, wenn man ihn auch online eine Reise buchen lassen kann?

Hat man nach unglaublichen Anstrengungen dann eine Bleibe gefunden, die eine, von allen Online-Nörglern bestätigte, achtzigprozentige Zufriedenheit verspricht, ist tatsächlich alles recht einfach. Die Voucher und Tickets kommen per Post – Holla! Ein Medienbruch – und eh man es sich versieht, sitzt man im Flieger, dann im Transferbus und schließlich im Hotelzimmer, das man sich so mühsam verdient hat. Alles scheint so zu sein wie gebucht: Das Zimmer ist schön, der Meerblick wunderbar seitlich, das Essen ein Traum, der Bierpreis korrekt – bis es einen beim Schlendern durch die Hotelanlage trifft wie ein Schlag in die Magengrube: Die Wasserrutsche ist kaputt.

Konsequenterweise müsste man jetzt den Hausmeister um

einen Werkzeugkasten bitten, im Netz nach einer Reparaturan-leitung für defekte Wasserrutschen googeln und die schönsten Wochen des Jahres schraubend in der Wartungsklappe des Poolbereichs verbringen. Warum das konsequent ist? Nun, man übernimmt doch schon durch das Buchen am heimischen Computer sehr viele Tätigkeiten, die wir uns in früheren Zeiten gerne haben abnehmen lassen. Die Entscheidung der kleinen Familie Mann, sich bei der Urlaubsplanung professionelle Hilfe im Reisebüro zu holen und damit eigentlich ins letzte Jahrtau-send zurückzukehren, war der Ausdruck des simplen Bedürf-nisses, Verantwortung abzugeben. Ein Bedürfnis, das online nicht gerade en vogue ist – im Gegenteil.

# AQUAKULTUREN IM GÄSTEBAD – WAS MAN OFFLINE MIT ONLINE-WISSEN MACHT

Als das Internet im Rahmen der Mitmachwelle zum Web 2.0 und von immer mehr Menschen auch tatsächlich gestaltet wurde, ließ sich nur erahnen, welche Auswüchse diese Do-it-yourself-Revolution einmal haben würde. Mittlerweile ist die Welle der Eigeninitiative wieder zurück in die analoge Welt geschwappt. Das Internet vermittelt die schöne Illusion, dass man sich alle Fertigkeiten der Welt, von doppelter Buchführung bis hin zu Kernbohrungen, einfach so herunterladen kann.

Nehmen wir als Beispiel einen realistischen, aber absolut fiktiven Fall[61]: Man hat beim Uhrmacher für viel Geld seine Automatikuhr reinigen lassen und denkt sich beim Bezahlen grummelnd: »Was der kann, kann ich ja wohl schon lange.« Und siehe da: Natürlich gibt es im Netz eine Anleitung, sogar ein Beispielvideo dazu. Pah, was ist schon ein traditioneller Handwerksberuf wert in der schönen neuen Online-Welt? Eine kurze Internetrecherche später sitzt man mit dem TCM-Feinwerkzeugset von Tchibo am Esstisch und sortiert die Zahnrädchen seiner Omega Speedmaster nach der Größe. Ob die Uhr jemals wieder läuft, ist inzwischen zweitrangig. Man hat sich

#61 Ehrenwort! Die Geschichte ist ausgedacht! Wirklich!

der Aufgabe gestellt, der Herausforderung die Stirn geboten, und dazu alle Online-Möglichkeiten ausgeschöpft. »Nimm das, Uhrmacher!«

Natürlich ist die Uhr anschließend völlig im Arsch, und so kauft man eine neue – natürlich im Internet. Weil uns aber der Onlineshop, ein familiengeführtes Unternehmen mit Sitz in Guatemala, eine offensichtliche Fälschung (auf der Uhr steht »Ommega«, mit zwei »m«) schickt und uns darüber hinaus mit Vorkasse schön übers Ohr gehauen hat, stehen wir drei Wochen später wieder in unserem Stammuhrengeschäft und legen die Brocken des kaputtreparierten Weckers auf die Ladentheke:

»Hallo Herr Uhrmacher, kann man da noch was machen?«

»Nein. Die ist hin.«

»Shit! Ok, kann man dann bei der anderen hier vielleicht ein ›m‹ wegfeilen?«

Egal, wie sehr wir mit unseren begrenzten Fähigkeiten an den unbegrenzten Möglichkeiten des Internets scheitern, wir können es einfach nicht mehr lassen, Verantwortung von Profis und Spezialisten zu übernehmen, ach was, an uns zu reißen. Wir »ersurfen« uns die technischen Spezifikationen verschiedener Brotbackautomaten und beraten uns beim Kauf selbst, wir vermessen unsere Körper anhand einer Online-Tabelle und bestimmen damit in eigener Regie unsere Konfektionsgröße, und wir klicken uns auf der Suche nach dem individuellen Pauschalurlaub durch endlose Suchmasken, um uns dann via Ergebnisliste in die Ferien zu scrollen ... Verzeihung ... zu trollen. Warum? Es kann und sollte doch nicht jeder Mensch bei sich selbst eine Darmspiegelung durchführen, nur weil er einen Blog dazu gelesen und das Equipment online geordert hat. Oder etwa doch?

Im Grunde hat das Netz dazu geführt, dass wir eine seit der Steinzeit ständig verfeinerte Arbeitsteilung wieder partiell aufheben. Da muss doch die kritische Frage erlaubt sein, ob es den modernen Menschen überhaupt gäbe, wenn die Jäger im Paläolithikum während der Arbeitszeit Online-Grillrezepte gesammelt hätten? Wo und wie wären wir heute, hätte Diogenes, statt zu philosophieren, seine Zeit lieber als Anbieter auf faesserscout24.de verbracht? Muss die Effizienz einer Gesellschaft nicht zwangsläufig leiden, in der es der neueste Schrei ist, dass sich Verwaltungsfachangestellte im Internet die Anleitung zum Bremsscheibenwechsel runterladen und dann ihren Polo auf die bei eBay geschossene Hebebühne fahren? Das kann unter Umständen ähnlich fatale Folgen haben wie ein Online-Bombenbaukurs.

Jeder will seines Glückes Schmied sein, auch wenn er den Hammer nicht halten kann. Dieses Bedürfnis ist anscheinend so sehr verankert in uns Menschen, dass die »Schmiede-Angebote« des Internets nur allzu dankbar angenommen werden. Ob etwas sinnvoll ist oder nicht, ist eigentlich bedeutungslos. Die Geschichte hat gezeigt, dass all das, was möglich ist, früher oder später auch gemacht wird. Mit Elefanten über die Alpen? Gigantische Pyramiden und Tempel bauen? Achttausender besteigen? Giftige Kugelfische essen? Mit Skistöcken durch den Sommerwald laufen? Wird gemacht! Seit jeher tun wir sinnlose Dinge mit großer Begeisterung, einfach nur, weil's geht.

Diese nicht ungefährliche Mischung aus Tatendrang und Langeweile führte früher lediglich dazu, dass Männer Modelleisenbahnen gebastelt und Frauen Salzgebäck modelliert haben. Heute surft man ein bisschen herum, und schon züchtet Mutti im Gästebad Biolachse, während Vati im Heizungskeller sein eigenes Bier braut.

Vermeintlich sinnvolle Aufgaben aller Art kommen da natürlich wie gerufen. Gilt es eine Fußbodenheizung zu installieren oder das Dach zu isolieren, wird alle Energie, mit der seinerzeit die H0-Loks lackiert wurden, dahin umgelenkt. Selbst ist der Mann.

Wozu also noch den Elektriker rufen, um den Starkstromanschluss für den Küchenherd zu legen. Wie's geht, steht doch im Internet. »Kann nicht so schwer sAAAAAAAAAAAAH!«

Ein Zitat, das Dieter Wedel zugeschrieben wird, lautet: »Warum leckt ein Rüde sich die Eier? Weil er's kann!« Die Frage ist nur, ob wir Rüden uns dabei irgendwann versehentlich die Hoden abbeißen oder nicht.

# Das Depp/Scheiß-Kontinuum

Die soziale Interaktion wird durch die Do-it-yourself-Revolution massiv reduziert. Wer überlegt denn heute noch ernsthaft, wen in seiner Bekanntschaft er nach Erfahrungen mit Glaswolle beim Dämmen des Speichers fragen könnte? Den Opa anrufen und ihn nach seiner jahrelangen Expertise in der Pflege von Tomatenpflanzen interviewen? Da wird doch lieber schnell das Netz konsultiert und mit Hilfe eines YouTube-Videos das eigene Pflänzchen ausgegeizt. Ein Erfahrungsschatz wird nur noch dann gehoben, wenn er zuvor im Internet versenkt wurde.

Sollte man also ein Interesse daran haben, seine Lebenserfahrungen zu teilen, gilt es, sich schleunigst einen Blog zuzulegen, um die Erkenntnisse ins Netz zu hacken. Diese Wikisierung unseres Lebens hat sicher den großen Vorteil, dass so eine Datenbank mit allerlei Weltwissen entsteht, wie es einst nur großen Bibliotheken vorbehalten war. Die Leichtigkeit, mit der man Teil dieser Wissensmaschine werden kann, ist dabei Fluch und Segen zugleich.

Natürlich gibt es Kulturpessimisten und eitle Wissenschaftler, die diese extrem basisdemokratische Komponente des Internets belächeln – zum Schutz der eigenen Existenzberechtigung. In solchen Kreisen wird die Online-Weisheit gerne als die Cola light des Wissens bezeichnet. Die deutschen Talkshows sind voll von Unken aller Art, die aus verschiedensten Gründen die Angst vor dem Internet schüren. Letztlich geht es aber nur darum, reaktionäre Propaganda unter dem Motto »Früher war alles besser«[62] zu machen und damit Bücher zu verkau-

---

[62] Eine Aussage, die ich immer wieder auf den Prüfstand gestellt habe, bis ich zu einer überraschenden Erkenntnis gelangt bin: Früher war nicht alles besser. Wir haben nur gedacht, die Zukunft, also unser Heute, wäre geiler. Insofern müsste der Spruch korrekt heißen: Früher war Heute noch besser.

fen.[63] Wahr ist: Jeder Depp kann jeden Scheiß ins Netz stellen. Allerdings wird dieses Depp/Scheiß-Kontinuum von Websites wie Wikipedia relativ einfach unter Kontrolle gebracht. Dort macht man sich eine allgemeingültige Internetregel zunutze: Auf jeden Depp kommt mindestens ein Klugscheißer.

Und so entbrennt ein Kampf zwischen Deppen und Deppen, Klugscheißern und Klugscheißern sowie Deppen und Klugscheißern, bis am Ende jeder Scheiß hundertfach überprüft, korrigiert beziehungsweise neutralisiert wurde. Im Idealfall ist alles, was nun da steht, auch unwiderlegbar wahr. Ist das nicht der Kern traditioneller wissenschaftlicher Arbeit?[64] Dank des Internets bedarf es dazu keiner neuen Bücher, die teuer gedruckt und mühsam veröffentlicht werden müssen, sondern nur einer Website, die in Sekundenschnelle auf dem neuesten Stand ist.

Stellen Sie sich vor, Archimedes, Albert Einstein, Marie Curie, Isaac Newton sowie Hunderte unbekannte Deppen und Klugscheißer hätten zusammen ein Physik-Wiki erstellt – wir würden unsere Energie mittlerweile absolut sauber aus Exkrementen gewinnen und hätten gelernt, Raum und Zeit an Montagen oder in Verkehrsstaus durch Krümmung zu reduzieren.

Natürlich ist die problemlose Verfügbarkeit von umfassenden Informationen eine wunderbare Errungenschaft des Internets. Man muss aber darauf hinweisen, dass mit manchem Expertenwissen möglicherweise nur Experten etwas anzufan-

---

#63 So warnte uns vor nicht allzu langer Zeit der Gehirnforscher Manfred Spitzer vor »digitaler Demenz«. Ich selbst warne nicht davor, sondern umarme sie. Lieber digitale Demenz als analoge Ignoranz. Wie dichtete ich schon anno 2009 in einem meiner Lieder: »Das ist nicht schlimm, das ist Fortschritt, das ist sogar genial: Ja, selbst Demenz ist mittlerweile digital.«

#64 Also bevor es Mode wurde, jeden Scheiß hundertfach zu kopieren, abzuschreiben und als Doktorarbeit zu veröffentlichen.

gen wissen. Die Interpretation der abgerufenen Auskünfte bleibt blöderweise oft am Laien vor dem Bildschirm hängen. Das kann traumatische Folgen haben.

Ein Beispiel: Haben Sie schon einmal online nach Krankheitssymptomen gesucht? Damit öffnet man die Büchse der Pandora. Auch ich dachte mir einmal:»Komm, ich spar mir die Praxisgebühr und googel mir eine Diagnose zusammen.« Auf wiekrankbinicheigentlich.de[65] hatte ich nach meinen Problemchen gesucht:»erhöhte Temperatur, beschleunigter Puls, kalter Schweiß, Zittrigkeit und Schmerzen im Oberbauch«. Tipp! Klick! Enter! Scroll! Schockierender Befund: Eierstockentzündung. Bei mir läuteten alle Alarmglocken. Ich dachte:»Klar. Kann doch sein. Steht immerhin im Internet. Und außerdem hat danach ja noch nie jemand geschaut. Vielleicht fühle ich mich deswegen einmal im Monat so verletzlich.«

Was soll ich Ihnen sagen, ich habe sofort den Termin beim Gynäkologen ausgemacht. Das gab ein Hallo im Wartezimmer, vor allem bei den andern beiden Männern. Mit diesen Netzrecherchen habe ich an mir im Laufe der Jahre auch noch Hodenkrebs und Multiple Sklerose, Narkolepsie[66], Borreliose und Diabetes mellitus diagnostiziert. Bestätigt hat sich glücklicherweise nichts davon. Durch den übermäßigen Konsum von Online-Medizinforen hat sich allerdings mein langjähriges Leiden an einer typischen Männerkrankheit verschlimmert: pathologische Hypochondrie.

Oh ja, man kann sehr schnell in die Panikspirale rutschen, wenn man seinen trockenen Husten als Sounddatei in die Community von netdoktor.de stellt und User pharmafreak927

---

#65 Hüstel, hüstel … diese Seite ist mittlerweile abgeschaltet. Böse Zungen behaupten, es hätte sie nie gegeben.

#66 Narkolepsie ereilt Sie übrigens auch, wenn sie häufig Beckmann schauen.

das mit den munteren Worten »Alter, sieh zu, dass du noch schnell deine Angelegenheiten regelst« kommentiert. Medizinische Foren, also die wilde Mischung aus Profis, Amateuren und komplett Hirnlosen, die dort über Symptome und Behandlungsmethoden diskutieren, zeigen oft auf, wo Meinungsfreiheit allmählich keinen Sinn mehr macht.

## Googlelitis vulgaris

Den Experten aus Fleisch und Blut kann das Internet in vielen Bereichen also nicht ersetzen. Der Beruf des Arztes wird so schnell nicht aus der Mode kommen, vor allem auch, weil das Netz selbst ganz neue Krankheiten erschafft. Eine der schlimmsten dieser Netzkrankheiten ist die sogenannte »Googlelitis vulgaris«. Da mittlerweile große Teile der surfenden Bevölkerung davon befallen sind, möchte ich Ihnen die Möglichkeit zur Selbstdiagnose geben und die Symptome schildern: Sie wollen zum Beispiel nur mal eben schnell googeln, wie viel Wasser Ihr Ficus benötigt. Drei Stunden später befinden Sie sich auf einer Website über die Kubanische Revolution und Ché Guevara und fragen sich: »Wie zum Geier bin ich denn hierhergekommen?« Trotzdem surfen Sie noch zwei Stunden weiter und schwupps … ist der Ficus eingegangen.

Dieses schlafwandlerische, ja delirante Umherirren von Link zu Link ist eine Epidemie, die sich über die globalen Datenleitungen verbreitet hat wie Würmer auf ungeschützten Windows-Rechnern. Doch ganz so neu ist auch diese geistige Fehlfunktion eigentlich nicht. Selbst im gänzlich offlinen Leben ist Ähnliches schon seit Jahrhunderten zu beobachten:

Die Gurken sind alle, und man möchte im Keller Nachschub holen. Schon beim Hinabsteigen der Treppe versickert das Ziel der Mission im Hirn. Sobald man im Vorratsraum steht, fragt man sich: »Gott, was wollte ich noch mal?« Die Gurken sind vergessen, aber wo man schon mal unten ist, hängt man halt im Waschkeller die Wäsche ab. Während man schließlich den Korb in den ersten Stock trägt, fällt der Blick – tadaa – auf das leere Glas Gurken auf der Küchenarbeitsplatte.

Das ist zutiefst menschlich. Neu ist bei der Googlelitis nur, dass man sich durch den technischen Fortschritt nicht mehr von der Stelle bewegen muss, um orientierungslos durchs Leben zu fallen.

Es reicht, auf einen Bildschirm zu starren. Wenn man dann noch bedenkt, dass so das Risiko, auf der Kellertreppe zu stürzen, stark minimiert wird, ist die Verwirrung vorm PC eigentlich ein Schritt in eine bessere Zukunft.

## DIE SUCHT ZU SUCHEN –
## GOOGELN, BIS DER ARZT KOMMT

Im Jahre 1998 kam etwas über die Welt, von dem damals niemand gedacht hätte, dass es nicht nur der Dreh- und Angelpunkt des Internets werden sollte, sondern auch die stärkste bewusstseinserweiternde Substanz seit der Erfindung von LSD. Die Rede ist natürlich von Google.

Mit Google kann man zwar weder Farben schmecken noch Töne riechen, findet aber mit ein paar Klicks einen Blog von jemandem, der weiß, wie das geht. Wer immer schon einmal wissen wollte, welches Aroma Blau hat und wie ein zweigestrichenes C möpselt, braucht nur seinen Browser zu öffnen. Die Suche im Netz war zwar auch zur Zeit von Googles Geburt nichts Neues, aber bis dahin sahen Suchmaschinen so aus, als ob eine völlig durchgeknallte Werbeagentur testen wollte, wie viele Werbebanner und Anzeigen auf einen handelsüblichen Computermonitor passten.

So musste man erst mal auf der ganzen Seite suchen, wo zwischen den Grafiken, Animationen und Newstickern die Suchleiste versteckt war. Tippte man dort nun so etwas wie »Bartgeier« ein, musste man in den Suchergebnissen die passenden Treffer zwischen Werbung für Rasierschaum, Rasierklingen und Urlaub in den Pyrenäen suchen. Kurzum: Man musste, um erfolgreich zu suchen, noch jede Menge – nun ja – suchen.

Google machte das plötzlich alles radikal anders, indem es die Suchseite auf das absolut Notwendige beschränkte: Google-Schriftzug, Suchleiste, fertig! Ansonsten war www. google.com weiß – einfach nur wunderbar blütenweiß! Ich weiß noch, dass man am Anfang immer dachte, es sei etwas kaputt, weil der bis dahin gewohnte Bannerwahnsinn ausblieb. »Das ist noch nicht fertig geladen, oder?« Doch. Und wie.

## Onkel Googles Hütte

Die ganze Welt war nach dem pixeligen Overkill der Yahoos und AltaVistas ungefähr so begeistert von der googeligen Einfachheit wie der Großstädter von einer romantischen Almhütte auf einer saftigen, grünen Bergweide. Die Bedürfnisse des Googelnden wurden umgehend, stringent und fast werbefrei befriedigt, so dass manch einer völlig zu Recht fragte: Womit verdienen die eigentlich ihr Geld? Unter uns: Viele fragen sich das noch heute.

Man fürchtete, dass Google irgendwann vor der Haustür stehen würde, um die Recherchegebühren der letzten Jahre einzusammeln. Dass es mit Google Streetview dann fast so weit gekommen ist, steht auf einem anderen Blatt – und zwar in diesem Buch ein paar Seiten weiter (Seite 128).

Durch die simple Handhabung und die Konzentration auf das Wesentliche ist Google heute das Tempotaschentuch oder der Tesafilm unter den Suchmaschinen. Die Erfinder haben es geschafft, den Namen ihrer Innovation als allgemeingültigen Begriff für den Suchvorgang im Netz in unserer Sprache zu verankern. Weltweit wird daher nicht umständlich »im Internet gesucht«, sondern schlicht »gegoogelt«.

Mit streng geheimen Algorithmen[67] und Verfahren aus der Raumfahrt generiert Google perfekte Suchergebnisse, so dass man tatsächlich Antworten auf annähernd jede Frage findet, die sich ein menschliches Wesen stellen kann.[68] Ob allerdings die richtige dabei ist, das muss der Suchende schon selbst entscheiden. Google hat zwar alle Antworten parat, nimmt uns aber nicht das Denken ab. Damit ist Google im Prinzip wie Jedi-Meister Yoda: »Was mein Freund du suchst, gib in die Leiste du ein. Was du findest, zu bewerten von dir ist.«

Selbst vor komplexesten Fragen schreckt Google nicht zurück. Der Sinn des Lebens? Kein Problem: Google liefert Ihnen nicht nur den passenden Wikipedia-Eintrag, etliche Foren und Blogs zum Thema, sondern auch erquickliche YouTube-Videos und Bilder vom Lebenssinn. Man muss schon ein ziemlich fixer Fotograf sein, um den zu erwischen.

Tippt man »Leben nach dem Tod« ein, erfährt der Websurfer in all seiner Sterblichkeit, wie das Klima da so ist, und welche Bücher er unbedingt mitnehmen sollte.

Gerade Letzteres erscheint mir enorm wichtig: Stellen Sie sich mal vor, Sie stehen in der Pool-Landschaft des Paradieses und haben nix zum Schmökern dabei.[69] Man sollte sich das tatsächlich gut überlegen, bevor man die Ewigkeit mit »Fifty Shades of Grey« und der Januarausgabe von *Wild und Hund* rumkriegen muss, die man sich vom totgeschossenen Jäger

#67 Hat nichts mit Unterwasserballett zu tun.

#68 Nur den Anachronismus, dass wir immer noch peinlich unterregulierte Finanzmärkte auf der einen und hoffnungslos überregulierte Campingplätze auf der anderen Seite haben, konnte ich mir bisher auch mit Google nicht hinreichend erklären.

#69 Noch größer ist allerdings die Gefahr, keine Liege mehr zu bekommen, weil Gerüchten zufolge viele Senioren diese schon vor dem Ableben mit Handtüchern reserviert haben.

auf der Nachbarliege ausgeliehen hat. Bei solch minutiöser Vorbereitung, die uns durch etliche Blogs und Websites zum Thema erleichtert wird, ist die Entscheidung zwischen Himmel und Hölle nur noch eine Frage verschiedener Packlisten, frei nach dem Motto: »Es gibt kein schlechtes Jenseits – nur schlechte Kleidung.«

Dank Google bekommt die Beschäftigung mit dem Tod letztlich den Charakter einer Weltreise-Planung. Selbst Buchen kann man den allerletzten Trip nach einer kurzen Recherche von A bis Z. So findet man zahllose Möglichkeiten, um aus diesem Leben zu scheiden, und mit einem weiteren Klick eine bunte Auswahl an Bestattungsunternehmen. Auch wenn der Reiseleiter, ein gewisser Herr Sense Mann[70], eintrifft, bevor man den Sinn des Lebens finden konnte – selbst das ist kein Weltuntergang. Schließlich hat man sich zwischenzeitlich ein paar Sinn-Bilder zusammengegoogelt.

## Den Kopf in der Wolke

Gleichwohl nutzt man die allwissende Suchmaschine natürlich nicht täglich zur Klärung existentieller Fragen wie dem Farbproporz in Gummibärchentüten. Ein hoher Prozentsatz der Google-Abfragen widmet sich dem Allgemeinwissen, der all-

#70 Ich habe das mal gegoogelt: Ich bin mit ihm weder verwandt noch verschwägert.

täglichen Lebenshilfe, der Nachrichtenlage oder wissenschaftlichen Erkenntnissen. Auf diese Art und Weise verschwindet nach und nach die häufigste aller Antworten aus unserem Wortschatz: »Ich weiß es nicht.« Die ultimative Kapitulation vor einer Fragestellung ist heute wohl eher: »Sorry, ich hab es selbst bei Google nicht gefunden.« Ähnlich wie es dank des Taschenrechners seit Jahrzehnten kaum noch eine Veranlassung gibt, tatsächlich Kopfrechnen zu können, gibt es dank Google auch keinen Grund mehr, etwas zu wissen.

Der moderne Mensch merkt sich nichts mehr und lagert so sein Lang- und Kurzzeitgedächtnis ins Internet aus. Wir haben buchstäblich den Kopf in der Wolke beziehungsweise in der Cloud, wie man heute sagt. Hatte es früher vielleicht noch einen gewissen Reiz, die Aufstellungen der deutschen Elf von 1954 bis heute auswendig zu können,[71] macht dergleichen mittlerweile nur noch Sinn, wenn man im »Quiztaxi« oder bei »Wer wird Millionär?«[72] sitzt.

In allen anderen Fällen kann man bequem und umstandslos jegliche Information aus dem Netz abrufen. Die Hauptstadt

#71  Sie sagen, es gab dafür eigentlich nie eine Veranlassung? Was, wenn Sie eines Tages in die Fänge eines Psychopathen geraten, der Sie in Stücke schneiden möchte, wenn Sie ihm nicht den Torwart der Nationalmannschaft bei der WM '74 nennen können? Aus dieser Situation kommen sie heute im Gegensatz zu früheren Zeiten locker mit jedem handelsüblichen Smartphone raus. Gut, für den Fall, dass Sie keinen Empfang haben sollten, merken Sie sich einfach ab jetzt, dass es »die Katze von Anzing« Sepp Maier war.

#72  Eine interessante und dem Internetzeitalter gerechte Variante dieser Spielshow könnte »Wer googelt sich reich?« sein. Dabei tragen die Kandidaten einen Internet-Wettkampf in mehreren Runden aus. Neben Disziplinen wie Speed-Googeling, eBay-Watching und Extreme-Chatting wird das große Finale mit AAG bestritten. Bei dieser »Alles außer Google«-Disziplin sind die Finalteilnehmer gezwungen, strikt ohne die Hilfe von Google Informationen aus dem Netz zu ziehen. Spätestens dann wird man erwachsene Männer weinen und Frauen durchdrehen sehen. Emotionen pur! Interesse am Konzept? Hey, RTL, ihr habt meine Nummer!

der Nördlichen Marianen? Google – Boom – Saipan! De Niros erster Film? Google – Wikipedia – Boom – »Drei Zimmer in Manhattan«! Der König vom Inselstaat Fatschulla? Google – Häh? – Keine Treffer: Muss erfunden sein![73]

Allerdings muss man im Rahmen der Sucherei auch feststellen, dass man oftmals gar nicht so visionär und originell ist, wie man denkt. Hin und wieder ist man der stolzen Überzeugung, dass diese oder jene Frage, die man ans Internet richtet, so noch nie jemand gestellt hat – und landet plötzlich auf gutefrage.net, wo exakt diese vermeintlich einmalige Frage nicht nur gestellt, sondern auch schon von unzähligen Individuen beantwortet wurde.

»Ist Pflanzendünger schädlich für Eichhörnchen?« Vor Google hätte man entweder beim örtlichen Veterinär oder Gärtner angerufen, um dann das schmeichelhafte »Das hat mich noch nie jemand gefragt!« zu hören. Es machte sich das wohlige Gefühl breit, Vordenker und Visionär in Sachen Eichhörnchensicherheit bei der Pflanzenpflege zu sein. Heute ist man einer von vielen, die zwischen tierischem und pflanzlichem Artenschutz abwägen und mit dieser Sorge online gehen.

Doch nicht nur das menschliche Ego, nein, auch die Kreativität geht flöten. Fragte einen früher der vierjährige Sohnemann, was denn der Unterschied zwischen Obst und Gemüse sei, war man förmlich gezwungen, sich eine Antwort aus den unvernetzten Fingern zu saugen. »Also, Eva hat im Paradies in einen Apfel gebissen und sich mit Blättern bekleidet. Damit ist Obst alles, was lecker ist, und Gemüse das … ähm … was man sich auch anziehen kann.« Da saß dann der Sohnemann mit einem Pfirsich in der Hand und einem Brokkoli auf dem Kopf

#73 Anmerkung des Autors: Ja, ist er. Ich überlege allerdings, dazu einen Wikipedia-Eintrag anzulegen. Wer macht mit? Lasst uns ein Königreich erfinden!

und hatte buchstäblich etwas, an dem er knabbern konnte. Heute setzt man sich gemeinsam vor den PC und findet zwar die echte, aber oftmals ziemlich unkreative Wahrheit.[74]

Sorgt das auf der einen Seite für eine Bullshit-freie Kindheit, eliminiert es auf der anderen Seite mit wenigen Klicks eine jahrhunderteałte Legendenbildung, die zur Kindheit gehörte wie Windeln, Rasseln und Rolf Zuckowski: Sowohl Osterhase, als auch Weihnachtsmann, Schnuller- und Zahnfee sind Google-bedingt vom Aussterben bedroht. Diese vier liegen sich mittlerweile wahrscheinlich vor Angst zitternd in den Armen und fürchten den Tag, an dem das Kind den Computer selbst bedienen kann.

#74 Wikipedia lehrt uns, dass diese Unterscheidung kultureller Natur ist und damit nicht eindeutig getroffen werden kann. Sie sehen, eine für Kinder nur bedingt geeignete Antwort.

Schon die simple Suche nach der E-Mail-Adresse des Weihnachtsmanns zwecks zeitgemäßer Wunschzettelübermittlung kann den googelnden Halbwüchsigen aus der Matrix gutgemeinter Lügen herausführen. »Mama, Papa! Google sagt, es gibt keinen Weihnachtsmann. Ist das wahr?« ist noch die harmloseste Konfrontation. Plötzlich müssen sich die Eltern für die nächtliche Entwendung der Babynuckel und die Aussage, der Weihnachtsmann könne keinen echten Hund bringen, weil die Rentiere sonst scheuen, rechtfertigen. Und ehe man sich versieht, hat findiger Juristennachwuchs eine Sammelklage auf Google+ koordiniert und zerrt unzählige Erziehungsberechtigte wegen »Enteignung unter Vorspiegelung falscher Tatsachen« vor den Europäischen Gerichtshof.

Eine ähnliche Problematik bedroht auch die Religionsgemeinschaften dieser Welt. Naturgemäß scheuen diese eine glaubenskritische Google-Recherche ihrer Anhänger wie der Teufel das Weihwasser.

Genauso wie Luthers Bibelübersetzung dem Nicht-Klerus Zugang zur heiligen Schrift verschafft hat, bietet Google den Noch-Gläubigen Zugang zu Kritik, Gegenmeinung und Alternative. Google nagelt seine unzähligen Thesen an die digitalen Kirchenpforten der Welt und ist dadurch mit seiner bunten Weltanschauung so etwas wie der neue Protestantismus.

Auch allzu weltliche Glaubenssysteme wie Staats- oder Wirtschaftsformen werden von Google auf eine harte Probe gestellt. Nicht umsonst bemühen sich vermeintlich demokratische, vor allem aber autokratische und diktatorische Systeme um Zensur oder Verbot der Wahrheiten aus dem Netz.

Doch das wird immer schwerer. Es »leakt« an allen Ecken und Enden, und selbst der Heilige Vater musste mehrfach feststellen: Gott vergibt – doch das Internet nie! Halleluja! Selbst der Vatikan ist davor nicht gefeit. Sauereien aller Art lassen sich selbst mit zwanzig »Vater unser« und vierzig »Ave Maria« nicht mehr wegbeten. Da der Beichtstuhl unserer Zeit mittlerweile im Internet steht, lässt sich auch die Unfehlbarkeit des Papstes regelrecht zerklicken. Heute brennen auf den Scheiterhaufen im Netz gerade jene, die in früheren Zeiten salbungsvoll das Feuer für andere entzündet hätten – das ist die wahre Inquisition 2.0.

Ich möchte Google hier keinesfalls mit dem gesamten Netz gleichsetzen, da Google zwar im Internet, nicht aber das gesamte Internet in Google verfügbar ist. Dennoch ist es für unzählige Normal-User die ultimative Schalt- und Schnittstelle, wodurch die Suchmaschine mit dem globalen World Wide Web verdammt große Schnittmengen aufweist. Man könnte sogar fast behaupten: Das, was Google nicht ausspuckt, existiert praktisch auch nicht.

Wenn Google morgen das Saarland aus allen Suchabfragen filtert, sind spätestens übermorgen große Teile der Weltbevölkerung davon überzeugt, dass es das Saarland tatsächlich nicht gibt. Ein attraktiver Gedanke zwar, dennoch werden hier Gefahren deutlich, die allen Machtsystemen innewohnen. Auch wenn man es gerne übersieht: Google ist ein privatwirtschaftliches Unternehmen und unterliegt nur bedingt der Kontrolle von Staat, Kirche und Frank Plasberg. Hinter dem unfehlbaren Netzpapst »Google dem Ersten« stehen ziemlich menschliche Kardinäle, die ihre Macht über die Algorithmen allzu leicht missbrauchen könnten.

Was, wenn die Unternehmensführung aus Gier und freien Stücken beschließt, den unliebsamen Konkurrenten aus den Suchlisten zu tilgen oder zahlungskräftige Firmen bei Produktsuchen an die Spitze der Suchliste zu schieben? Was, wenn Regierungen oder sonstige Organisationen den Suchmaschinenbetreibern mittels Pferdeköpfen in den Betten und allabendlichen Drive-by-Shootings Angebote zur »Suchlisten-optimierung« machen, die sie nicht ablehnen können?

Wenn der Netzdienst Google ein Superheld wäre, könnte er nur Spider-Man sein. Und wie heißt es da sehr schön: »Aus großer Kraft folgt große Verantwortung.« So kann man sich nur wünschen, dass Google weiterhin eher der gute Spidey ist, als zum bösen Green Goblin zu werden. Ich fürchte, wir müssen wachsam bleiben.

## Wenn Google zwischen uns steht

Erziehung, Religion oder Gartenarbeit – Google findet mittlerweile in sämtlichen Bereichen des menschlichen Lebens Anwendung. Nicht selten googelt man heute den potentiellen Geschlechts- oder Lebenspartner vor dem ersten Date und macht damit einen klassischen Backgroundcheck, wie man ihn von Geheim- oder Nachrichtendiensten kennt.

Gibt es anzügliche Fotos von ihm oder ihr? War sie mal Stangentänzerin im »Tanzvulkan Magma«, wegen Heiratsschwindel im Knast oder gar Callcenter-Mitarbeiterin bei 1&1? Ist er Pitbullzüchter in Schwerin, Abmahnanwalt für Ed Hardy oder nächste Woche zu Gast beim »Supertalent«, weil er auf den Hoden pfeifen kann – den Hoden seines Pitbulls?

Google gibt also selbst Antworten auf Fragen, die man niemals gestellt hat. Die dunklen Schatten der Vergangenheit fallen auf die aktuellen Suchergebnisse, und so lassen sich weder eine Mitgliedschaft in der Jungen Union noch in der Flatulenz-Selbsthilfegruppe verschweigen.

All das kann man heute ganz bequem schon in der Beziehungsanbahnung sondieren und bewerten. Theoretisch muss man sich also gar nicht mehr im herkömmlichen Sinne kennenlernen. Es reicht, die Namen auszutauschen – so sind Romanzen viel effizienter zu planen. Vom Lieblingsessen über mögliche Gesprächsthemen bis hin zu sexuellen Vorlieben lässt sich mit einer cleveren Onlinerecherche ein Fahrplan für das Techtelmechtel, quasi eine Agenda für die Liebe erstellen.

Hat der oder die Zukünftige Tabu- oder Reizthemen? Es reicht, wenn man einen alten, kritischen Blogeintrag der Angebeteten zu Stuttgart 21 findet, um zu wissen, dass Witzchen über protestierende Schwaben, Baugroßprojekte und die Deutsche Bahn mit Bedacht gemacht werden sollten. Verläuft das Date trotz aller Vorbereitung unbefriedigend, reicht eine Bemerkung wie »Nimm's nicht persönlich, aber du siehst aus, als hätten sie dir bei 'ner Demo die Augen rausgespritzt«, um das unliebsame Treffen zwar nicht schmerzfrei, dafür aber flugs zu beenden.

Taucht der potentielle Partner in einer Fotoserie der Wochenend-Amateurgruppe »Lateinamerikanische Tänze Wuppertal e.V.« auf, kann eine Bemerkung wie »Mein Becken zwingt mich förmlich dazu, jetzt Merengue tanzen zu gehen« auf direktem Weg zu Verlobung, Heirat und Kindern führen. Hat man die Amazon-Wunschliste seines Dates gefunden, kann man sogar mit dem Gastgeschenk nicht mehr falschliegen. Dank Google sind die Tage gezählt, an denen man Sätze wie »Ich hoffe, du magst Setzkastenfiguren« sprechen musste. Selbstbewusst kann man stattdessen sagen: »Hier ist der Klappspaten, den du dir schon immer gewünscht hast. Habe ich von deiner Liste weggekauft.«

Hoffnungslose Romantiker werden jetzt möglicherweise ein Hohelied auf das Geheimnisvolle, das Unbekannte im Partner singen, das einer Beziehung erst den nötigen Pep gibt. Nun ja, für den einen ist es ein Geheimnis, für den anderen vielleicht eine böse Überraschung.

Wir leben in einer Welt, in der es mittlerweile eine Binsenweisheit ist, dass wir weder Natur noch Wirtschaft wirksam beeinflussen können. Wie schön ist es dann zu wissen, welches Wesen und welche wirtschaftlichen Verhältnisse uns in der mittel- bis langfristigen Beziehung erwarten. Wo man heute für jede Videotheksmitgliedskarte Grundstücke als Sicherheiten vorweisen muss, ermöglicht Google uns nichts weniger als die Schufa-Abfrage der Liebe.

Auch Wartung und Pflege einer Beziehung werden ungemein erleichtert. Wie steht es um unsere Ehe? Kann man googeln. Hat der Partner nämlich ein Profil bei neu.de, sollte man sich einen guten Scheidungsanwalt suchen.

So weit muss es aber nicht kommen: Oftmals reicht ein Blick in die Google-Statistik des Gefährten, um aktuelle Bedürfnisse und Probleme ausmachen zu können. Diese kleine Liste von kürzlich verwendeten Suchbegriffen hat eine größere Aussagekraft als jeder tabellarische Lebenslauf. Hat der Ehepartner nach »BDSM« und »günstige Reitpeitschen« gesucht, sollte man nicht verzagen, sondern den Heizungskeller für ein schwarzes Lederkreuz und die dazu passende Streckbank freiräumen. Findet der Gatte in der Google-Chronik der Liebsten »fruchtbare Tage berechnen« oder »Folsäure«, wird es allerhöchste Zeit, die Familienplanung zu thematisieren.

Wo einst bedeutungsvolles Schweigen zwischen zwei Partnern herrschte, das es zu interpretieren galt, verkürzt Google die Reaktionszeit auf die sonst so geheimen Signale:

»Nein, nein …« *(Tiefer Seufzer und sorgenvoller Blick gen Horizont.)*

Warum noch rätseln und raten, wenn man googeln kann, was mit Schatzi los ist?

Was aber, wenn Schatzi gar nicht bei Google zu finden ist? Damit ist er oder sie mindestens genauso verdächtig wie

Menschen ohne Facebook-Profil oder Führerschein. Das sehen mittlerweile auch Arbeitgeber so, die ihre Bewerber googeln. Es werden immer mehr Fälle bekannt, in denen Firmen einen Berufsanwärter aufgrund seiner Absenz auf Google und Facebook für verdächtig halten und eher die Staatsanwaltschaft einschalten, als ihn zu engagieren. Es grassiert offenbar die Angst, sich einen Internetschläfer einzufangen, der jahrelang ein netzloses Dasein in WLAN-freien Räumen verbracht hat, nur um nach der Einstellung dreckige Web-Bomben mit Bildern, Videos und Texten aus Kindheit, Pubertät und freiwilligem sozialen Jahr ins Web explodieren zu lassen.

Eine übertriebene Vermutung? Die Wissenschaft ist sich in der Bewertung der auffällig Unauffälligen offensichtlich ebenso uneinig wie Politik und Medien. Selbst die, die Wissen schaffen, werden zuweilen vom Unwissen geschafft. Anders Breivik, der Attentäter von Oslo war Heavy-User und dermaßen präsent im Netz, dass der Hobby-Apokalyptiker und Sonntagssurfer Hans-Peter Uhl von der CSU festhielt, solche Taten würden im Internet geboren.

Klar, dass endlich jemand diesem Online-Dings einen Riegel vorschieben muss! Schickt einen virtuellen Sheriff rein, mit Gamsbart am Cowboyhut, einem Stoppschild am Revers und einer Trojanerpistole im Patronengurt. Schließlich macht das Internet gute Menschen böse und böse Menschen noch böser.

Ein Jahr später schießt James Holmes bis an die Zähne bewaffnet in einem amerikanischen Kino um sich. Alle Welt ist schockiert. Den Kulturpessimisten bleibt allerdings ihr »War ja klar, dass sowas passiert« im Halse stecken, als bekannt wird, dass Holmes im Netz praktisch nicht existiert. Google hilf! Kein Facebook-Profil? Keine Website? Keine militanten Forumsbeiträge? Was nun?

Die große Frage war, wo zum Geier der Irre von Denver

seine Tat geboren hat. Sie wurde letztlich per Kaiserschnitt beantwortet: Die Gewalt im Kino führe zur Gewalt im Kino – womit die Diskussion jede Menge 80er-Jahre-Nostalgie mit sich brachte.[75] Ganz klar obendrein: Videospiele sind immer Schuld, diese Ego-Shooter, die unsere Kinder abstumpfen und zu Amokläufern ausbilden! Auf den Scheiterhaufen mit den Machern! Und verbrennt die gefährlichen Bücher ... äh ... Spiele gleich mit!

Kleiner Haken: Medienberichten zufolge spielte Holmes gerne »Guitar Hero«, ein Spiel, bei dem man mit einer Plastikgitarre Rockmusik nachspielt – nicht gerade das, was Al-Qaida zur Mobilmachung auf ihren Playstations laufen lässt. »Aber war Rock 'n'Roll nicht schon immer Quell alles Bösen?«, wurde verzweifelt nachgeschoben. Und so war man bei der Debatte unweigerlich in den 60er Jahren angekommen, in einer Zeit also, als Google noch in Sachsen am Weihnachtsbaum hing.[76] Vielleicht ist der Gedanke meinem schlichten Gemüt geschuldet, aber möglicherweise ist weder der Netzexhibitionist noch der ungoogelbare Mensch verdächtig – sondern eher der mit dem Gewehr in der Kommode.

Als Frühwarnsystem für soziopathische Massenmörder taugt

---

#75 In Amerika verlief die Diskussion wie gewohnt surreal und an den grenzdebilen Waffengesetzen vorbei. Kurioserweise wurde sogar der Ruf nach laxeren Waffengesetzen laut. Auf der Seite der Waffennarren hieß es: Hätten mehr aufrechte Bürger im Kino eine Knarre dabeigehabt, wäre es erst gar nicht so weit gekommen. Nach dieser Logik ist also die Massenschießerei ein probates Problemlösungsmittel. Und schon bekommt man eine Ahnung, in welchem intellektuellem Klima Holmes seine Tat geboren hat.

#76 Verstehen Sie? »Kugel« auf Sächsisch? Blöder Gag, ich weiß, aber nicht ohne realen Hintergrund. Denken Sie an die Sächsin, die am Flughafen eine Reise nach Porto buchen wollte und wegen ihres Dialektes ein Ticket nach Bordeaux bekommen hat. Die deutsche Sprache in all ihren Färbungen hält immer wieder Überraschungen bereit.

Google also nur bedingt. Unveränderlich bleibt allerdings die Tatsache, dass die Anzahl an Google-Hits ein Gradmesser für Popularität und Bekanntheit ist. Das gilt für Politiker, A- bis Z-Promis und soziopathische Massenmörder ebenso wie für Schwingschleifer und Kaffeemaschinen.[77]

Anhand der Suchergebnisse lässt sich gut quantifizieren, wie sehr etwas gerade Gesprächsthema ist. »Bier« erhält 70 Millionen Hits und steht damit doppelt so gut da wie »Milch«, die mit knapp der Hälfte auskommen muss. »Prost!« möchte man sagen, die Milch der Katze geben und dafür sein »Herrengedeck« (374.000 Hits) wegkippen, wäre da nicht die traurige Erkenntnis, dass »Cola« mit 354 Millionen Treffern alle anderen Getränke in den Schatten stellt. Plötzlich versteht man die koffeinschwangere, fickerige Stimmung in der Welt und wundert sich auch nicht mehr darüber, dass viele Menschen »Adipositas« (3,2 Millionen Hits) immer noch für eine Oper halten. Dazu passt auch die Erkenntnis, dass »Bubble Tea«, dieses teebasierte Gebräu, das mit dem Erbrochenen von zuckerkranken Astronauten angereichert wird, mittlerweile 11 Millionen Hits für sich verbuchen kann, während »Limonade«, also der Klassiker unter den süßen Flüssigprodukten, mit 5 Millionen Hits am Rande der Bedeutungslosigkeit entlangstrauchelt. Unruhig machen einen auch 61 Millionen Ergebnisse für »Krieg«, bei 30 Millionen für »Frieden«. Dennoch

#77 Auch mein Kaffeevollautomat ist ein echter Star bei Google und führt sich bei mir zu Hause leider auch so auf. Diese Heißgetränk-Diva giert förmlich nach Aufmerksamkeit und hält mich mit unfreundlichen Display-Nachrichten auf Trab. Kaum ist die »Bohnenbehälter nachfüllen«-Nörgelei beseitigt, ist zuerst der Satzbehälter, dann die Tropfschale voll, was gekrönt wird von der Mutter allen Gemeckers: »Wasserbehälter ist leer.« Ich kann mit Fug und Recht behaupten, dass eine Katze weniger Pflege bedarf als diese Edelbohnenmühle. Gut, eine Katze macht wahrscheinlich auch nicht so einen guten Espresso.

ist mein Glaube an die Menschheit noch nicht verloren, weil »Liebe« mit 308 Millionen alles in den Sack steckt. Gut, nicht alles: »Sex« erigiert sich mit 3 Milliarden Hits an die Spitze und ist damit online deutlich leichter zu finden als offline. Irgendwie tragisch.

## Zeig mir, was du googelst, und ich sage dir, wer du bist

Wenn man eine Zeitlang intensiv Wörter und Namen in Googles Allerheiligstes getippt hat, fällt einem auf: Google weiß nicht nur alles besser – es ist sogar mitunter ein unangenehmer Besserwisser! Während man versucht, mit den richtigen Suchbegriffen der Antwort auf seine Fragen näher zu kommen, schlägt uns der Internet-Klugscheißer ständig Begriffe vor, die unsere Suche vervollständigen beziehungsweise verbessern sollen. Dieser Dienst heißt Google Instant.

Möchte man zum Beispiel zwecks Eliminierung eines morschen Baums im Vorgarten »Motorsäge«[78] recherchieren, spuckt uns Google, je nachdem, wie weit man mit dem Tippen vorangeschritten ist, unzählige Vorschläge auf den Bildschirm, die wir doch bitte gefälligst annehmen sollen. Man tippt »M« und schon legt Google wie ein Streber aus der ersten Bank los und ruft rein: »M? Was meinst du? Mobile? Maps? Media Markt?« Bei »Mo« sprudelt es weiter aus dem Ehrgeizling heraus: »Mo also! Dann meinst du Mobile. Hab ich doch gesagt. Nein? Also vielleicht Motorola? Oder Mobilcom?«

Dieses Spielchen setzt sich fort, bis man »Motorsä« einge-

#78 Wussten Sie, dass eine Motorsäge umgangssprachlich auch Fichtenmoped genannt wird? Köstlich, oder?

tippt und Vorschläge wie »Moto GP«, »Motel«, »Motorrad«, »Motosport« ignoriert hat. Dann weiß auch Google, dass es um »Motorsägen« geht, gibt sich aber keinesfalls geschlagen – im Gegenteil: Unverschämt entmündigt es den Suchenden, indem nicht »Motorsägen kaufen«, sondern »Motorsägenkurs« und kausal stimmig »Motorsägenschein« vorgeschlagen wird. Gerade so, als wolle es sagen: »Du glaubst doch nicht, dass du einfach so in deinem Garten rumsägen kannst! Mach erstmal ne Prüfung, du Vogel!« Man wartet förmlich auf eine Mail vom Google-Suchcenter, die uns mitteilt: »So lange du deine Suche unter unserem System ausführst, bleibt der Baum stehen!«

Bei Google zu suchen, fühlt sich an wie die unangenehme Mischung aus den Gesprächen mit einem hyperaktiven Wunderkind und dem eigenen Vater. Manch einer mag die Vorschläge von Papa Google sogar als praktisch empfinden, oder zumindest als leicht links liegen zu lassen. Ich kann jedoch das Praktische nicht erkennen, wenn mir auf der Suche nach »Posaune« zuerst die Vorschläge »Pro 7« und dann »Postbank« oder »Poster« entgegengeschmettert werden. Auch die Sache mit dem »links liegen lassen« ist häufig leichter gesagt als getan, wenn einem auf der Suche nach einem guten Dressing für Eisbergsalat zunächst imposante Bilder aus der Arktis oder erschreckende Artikel über das Abschmelzen der Polkappen feilgeboten werden.

Es gibt aber ein simples Rezept, wie man sich dagegen schützen kann. Genauso, wie man stets streng nach Liste und auf keinen Fall hungrig einkaufen sollte, muss man bei Google das Suchziel beherrscht und entschieden im Auge behalten. Sonst endet man so wie ich: im Stuhlkreis beim Motorsägenkurs der örtlichen Volkshochschule.

Fairerweise muss man allerdings zugeben, dass die Google-

Vorschläge nicht von ungefähr kommen, sondern die meisten Menschen, die diesen oder jenen Suchbegriff eingegeben haben, letztlich auch nach dem von Google Instant vorhergesagten Begriff suchten. Es ist eben alles Statistik – »It's an algorithm, baby!« Gibt jemand »Mot« ein, sucht dieser Jemand in der Regel eben nach »Motorrad« oder »Moto GP«, und nicht nach »Motorsäge«.

Interessant wird die ganze Sache dann, wenn die Suche nach Personen des öffentlichen Lebens durch Vorschläge konkretisiert wird. Gibt man zum Beispiel »Angela Merkel« in die Suchleiste ein, spuckt Google die Vorschläge »Angela Merkel Lebenslauf« und »Angela Merkel Steckbrief« aus, was bedeutet, dass sehr viele Menschen genau danach im Zusammenhang mit der Kanzlerin gesucht haben.

Wenn man schon nicht weiß, wo sie politisch hinwill, erfährt man so zumindest mal, wo sie herkommt.

Indem Google Instant sich aus den Suchanfragen der Googelnden nährt, kommt zum Vorschein, wie verdorben und schamlos das Volk im Internet sucht.

»Joachim Löw« wird bei Google zu »Joachim Löw schwul« und gar »Joachim Löw Frau«. Die Leute wissen also nicht, welches Geschlecht er hat, und wenn doch, sind sie unsicher, wie es ausgerichtet ist. Das interessiert die Menschen offenbar mehr als jegliche fußballerische Strategie des Bundestrainers.

Alles das, was man hinter der berühmten »vorgehaltenen Hand« diskutiert, wird gnadenlos in die Suchmaschinen getippt. So zeichnet die Suchmaschine ein zutreffendes Bild unserer Gesellschaft.

Bei Gundula Gause verrät der Vorschlag »Switch«, dass ihre eigene Parodie in der Pro7-Sendung begehrter ist als das Original, und die Frage, warum Klaus Kleber uns Zuschauer immer so schief anschaut, beschäftigt wohl nicht nur mich, da bei Google der Zusatz »Schlaganfall«[79] auftaucht.

Durch die ungehemmten Internetrecherchen der User kann Google die Essenz eines Prominenten zusammenfassen: Man googelt zum Beispiel »Klaus Kinski« und erhält »Ausraster« und »Jesus«, so als hätte der Mann Zeit seines Lebens damit verbracht, die Bergpredigt zu schreien. »Jopi Heesters« wird posthum mit »rauchen«, »Grab« und »Hitler« bedacht. Veronica Ferres[80] muss mit »Filme«, »Sexszenen« und »Tochter« leben. Jawohl, wer glaubt, dass Sexismus aus der modernen Gesellschaft getilgt wurde, braucht nur Barbara Schöneberger googeln und wird eines Besseren belehrt: Schon bevor man das Ende des Nachnamens getippt hat, schlägt Google als Ergänzung »hot«, »Brust«, »Po« und »Tanga« vor. Mesut Özil hingegen ist laut Google ein »Kurde« mit »Augen«. Mit am schlimmsten trifft es Boris Becker, den Google mit »Pleite«, »Tochter« und, oh Wunder, »Besenkammer« ergänzt.

Bettina Wulff, die ehemalige First Lady unseres Landes, klagte im September 2012 medienwirksam gegen Google und seine vorgeschlagenen Suchbegriffe. Wenn man ihren Namen eintippte, schlug Google »Escort-Service«, »Rotlicht« oder »Bordell« vor, weil in der Öffentlichkeit haltlose Gerüchte über eine

---

#79 Hier gibt das Netz allerdings zum jetzigen Zeitpunkt keine befriedigende Antwort. Ich dachte übrigens immer, Gundula Gause und Klaus Kleber seien Künstlernamen. Meine Nachforschungen haben ergeben, dass Gundula Gause wirklich so heißt. Klaus Kleber nicht, der heißt in Wirklichkeit Peter Pattex. Das haben die beim ZDF aber nicht erlaubt – wegen der Schleichwerbung. Geblieben ist nur die Alliteration. Und der schiefe Blick.

#80 Sie kennen doch die Ferres, oder? Das ist unsere große Volksschauspielerin, die alles wegspielt, was nicht bei drei auf dem Baum ist. Lieber männlicher Leser, sollten Sie über die Schauspielerei hinaus an ihr Interesse haben, muss ich Sie enttäuschen: Veronica ist buchstäblich vom Markt. Ein gewisser Carsten Maschmeyer hat sie sich gekauft.

schlüpfrige Vergangenheit existierten. Dagegen galt es vorzugehen. Gut zu wissen, dass im Hause Wulff die Wahrheitsfindung stets bei den wirklich wichtigen Dingen begann.[81]

Deswegen aber nun Google zu verklagen, ist ein bisschen wie im Mittelalter, als man den Überbringer schlechter Nachrichten eliminierte. Letztlich sind wir User es doch, die Blödsinn ins Netz stellen und auch noch jede Schlüpfrigkeit durchgoogeln, bis die einstweilige Verfügung kommt. Google ist damit nichts anderes als unser Spiegelbild, mit unserer ganzen niederträchtigen Weltsicht und unseren verwerflichen Surfgewohnheiten.

Würde Goethe also heutzutage vielleicht sagen: »Zeige mir, was du googelst, und ich sage dir, wer du bist«? Andererseits – was weiß Goethe schon? Ich halte es da mit einem anderen Dichter und Denker, nämlich Jesus, der sicherlich sagen würde: »Wer noch nie nach dreckiger Wäsche gegoogelt hat, der werfe den ersten Stein.« Schließlich macht es doch auch einen Heidenspaß!

---

#81 Der Medienrummel um die Klagewelle, die unter anderen auch gegen Günter Jauch und einige Blogger gerichtet war, traf ganz zufällig mit der Promotion ihres Buches »Jenseits des Protokolls« zusammen. Wirklich, ehrlich – ein purer Zufall. Zwinker, zwinker! Der Grund für dieses Buch war laut Bettina Wulff, dass sie nie wieder zu einem Medienereignis werden wollte. Kurios, dass sie uns kurz nach der Veröffentlichung dann von sämtlichen Zeitungen und Zeitschriften anschaute – außer vom Cover des *Playboy* und der *Wild und Hund*. Was Frau Wulff nicht bedachte, war der sogenannte Streisand-Effekt. Dieser beschreibt das Phänomen, dass ein Gerücht erst durch das lautstarke Dementi des Opfers vollends in der Öffentlichkeit ankommt und in diesem Fall noch mehr Menschen »Bettina Wulff Rotlicht« in die Google-Leiste eintippen. So sieht die traurige Realität diesseits des Protokolls aus.

DAS EHEPAAR MÜLLER TESTET DEN
NEUEN NETZTREND: GOOGLE DICH GEIL!

## Darth Google

Bei aller moralischen Ambivalenz – Google ist im Grunde
äußerst fair. Schließlich sitzt die komplette Menschheit im
gleichen Boot: Jeder googelt jeden, und jeder wird von jedem
gegoogelt – die einen mehr, die anderen weniger. Dabei werden wir von wohlgesinnten Zeitgenossen genauso durch die
Google-Suche gejagt wie von Finanzdienstleistern, Inkasso-
firmen oder zukünftigen Arbeitgebern.

Eine Frau, die sich im eltern.de-Forum nach dem ersten
noch sieben weitere Kinder wünscht, wird unabhängig von ihrer Qualifikation bei ihrer Bewerbung in die mittlere Führungs-

ebene bei McKinsey kaum Chancen haben. Ebenso ist ein Profil bei gayromeo.com für die Lufthansa wohl kein Problem, während es die Erfolgsaussichten für die Position eines Pfarrbüroleiters in Oberbayern wahrscheinlich drastisch verschlechtert.

Sollte das Familienministerium also vielleicht Kampagnen zur Internethygiene in lockerer Jugendsprache schalten, wie »Wer früher fiese Sachen klickte, ist in der Zukunft der Gefickte!«? Sollten die Kirchen in Zukunft statt vorehelichen Geschlechtsverkehr zu geißeln lieber am vorberuflichen Internetverkehr Anstoß nehmen? Darauf sage ich ganz entschieden: Jein! Denn wie schon zuvor beschrieben, ist auch die völlige Netzenthaltsamkeit mittlerweile ein schädliches Stigma.

Es ist wirklich zum Haareraufen: Wie man surft, surft man verkehrt. Politisch korrektes, moralisch tadelloses und Googlesicheres Surfen ist nahezu unmöglich, wenn man an die unendlichen schlüpfrigen Verlockungen denkt, die das Netz bereithält. Es liegt aber doch auch in unserer Natur, hin und wieder den Versuchungen von Geist und Leib nachzugeben! Ja, ich möchte eine Lanze brechen für eine ganz bestimmte, oftmals tabuisierte Google-Nutzung, die immer wieder für ein schlechtes Gewissen beim Surfen sorgt.

Ich sage es ganz frei heraus. Niemand braucht sich deswegen zu schämen. Alle Menschen tun es. Der eine öfter, der andere seltener. Es gibt Phasen, in denen auch ich es täglich tue. Manche sehen es als Begleiterscheinung der Pubertät, andere wiederum praktizieren es bis ins hohe Alter. Es kommt ganz darauf an, wie sehr man es nötig hat. Es betrifft Buben wie Mädchen gleichermaßen und ist ein völlig natürlicher Vorgang. Dennoch wird er von der Gesellschaft immer noch in die Schmuddelecke gestellt und als schmutzig, unmoralisch oder sogar schädlich bezeichnet. Man redet nicht darüber, selbst mit dem besten Freund oder der besten Freundin nicht. Dabei ist es ein zutiefst menschlicher Augenblick, in dem die kindliche Unschuld endet und man erwachsen wird. Aus Scham versucht man anfangs, diesem neuen Bedürfnis nicht nachzugeben, nur um zu merken, dass die eigene Natur stärker ist als jeder Wille. Die Neugier obsiegt, und schon sitzt man ganz mit sich allein im abgedunkelten Raum, hat das Zimmer abgeschlossen, um nicht überrascht zu werden, lässt seine schweißnassen Hände wandern und – googelt sich selbst.

Dieser Vorgang, also seinen eigenen Namen in das Suchfeld einer Suchmaschine einzugeben, um herauszufinden wie oft, wo und in welcher Art und Weise man im Internet auftaucht, bezeichnet man gemeinhin als Ego-Googeln. Wer in diesem Zusammenhang abschätzig von »digitaler Masturbation« oder »Onlinenanie« spricht, übersieht, dass schon seit Menschengedenken Wissenschaftler, Künstler und Philosophen auf der Suche nach sich selbst waren – und das ganz ohne Google. Deswegen scheiterten über die Jahrhunderte auch die meisten: Sie fanden sich nicht.

Heute googelt man sich und bekommt in Sekundenbruchteilen Hunderte, Tausende Ergebnisse, was wahlweise sehr erhebend, nicht selten aber auch äußerst niederschmetternd sein kann. Wer sich in Zeiten vor der Suchmaschine seiner selbst nicht sicher war, suchte Rat beim Psychologen. Heute landen dort viele, um mit den Antworten von Google fertigzuwerden.

## Schtriehtfjuh

Darf man Google-Dienste also überhaupt nutzen? Man darf nicht nur, man muss sogar. Unbedingt! Warum? Weil viele der Angebote einfach viel zu super sind, um sie nicht zu verwenden.

Google Maps ist großartig, der Google Kalender und Google Mail funktionieren prächtig, und die ureigene Suchfunktion erhöht die individuelle Lebensqualität mehr als ein kühles Blondes zum Feierabend. In diesem Sinne ist Google das Gleiche wie ein Gasgrill: Wenn Sie wissen, was Sie tun und wie es funktioniert, überwiegen die Vorteile, und das Risiko ist überschaubar. Wenn Sie allerdings in Ihrer Freizeit die Unterwanderung amerikanischer Geheimdienste planen, um deren dunkle Geheimnisse in die Weltöffentlichkeit zu »leaken«, sollten Sie zur Kommunikation mit den Komplizen möglicherweise nicht den Chatdienst Google Talk benutzen.

Wenn Sie aus Bequemlichkeit ihre TAN-Liste fürs Onlinebanking in die Google Cloud laden, ist nicht ausgeschlossen, dass Ihre Bankverbindung zur Finanzierung terroristischer Aktionen missbraucht wird. Plötzlich sind Sie ohne Ihr Wissen stolzer Besitzer eines Portiönchens waffenfähigen Urans und beschäftigen eine Gruppe pakistanischer Söldner auf 400-Euro-Basis. Jedes Passwort kann von bösen Mädchen und Buben geknackt und jeder Server gehackt werden, da muss die datenspeichernde Firma noch nicht einmal böse Absichten hegen. Im Leben wie im Internet kommt man um, es ist nur die Frage, wann und wie.

Angst ist also ein schlechter Berater, dennoch rufen derart unbegrenzte Möglichkeiten die Apokalyptiker aus ihren Löchern. So warnte uns unsere Verbraucherschutzministerin Ilse Aigner, in der Webszene auch iGner genannt, mit Nachdruck vor Google. Diese Webikone, die sich als stolze CSUlerin in Jesus-Christus-Manier für unser aller Sünden bei Facebook abgemeldet hatte, postulierte sinngemäß: »Google ist böse! Und Google kommt!« Damit entfachte sie eine regelrechte Volkspanik. Viele gutgläubige Menschen, die tatsächlich noch an Kompetenz in der politischen Klasse glaubten, waren zutiefst besorgt.

»Hast du gehört, was die Aigner gesagt hat?«

»Nein, was denn?«

»Die Googles kommen!«

»Wer?«

»Na, die Googles!«

»Wer ist das denn?«

»Das ist anscheinend so eine amerikanische Familie, die das Internet gekauft hat.«

»Ach, sind die nicht verwandt mit den Geschwistern Fääsbuck?«

»Genau.«

»Und die kommen?«

»Ja!«

»Herrgott, was machen wir da bloß?«

»Keine Ahnung! Kaffee und Kuchen?«

Es war also geklärt, welche digitalen Horden gegen die analogen Stadtmauern marschierten, nicht aber, wie man sich zu verhalten hatte, und schon gar nicht, was die Angreifer überhaupt vorhatten:

»Und was machen diese Googles?«

»Schtriehtfjuh!«

»Was?«

»Schtriiiiehtffjuuuh!«

»Und ist das böse?«

»Na, klar. Schließlich kann ich es nicht aussprechen.«

Auf einmal stand das böse Wort »Street View« im Raum und sah gar nicht gut aus.

»Was machen die da bei dem Schtriehtfjuh?«

»Ich hab gehört, die fotografieren unser Haus.«

»NEIN!«

»DOCH!«

»AHHHH!«

»VON AUSSEN!«

»OH GOTT! UND WAS MACHEN DIE MIT DEN BILDERN?«

»DIE STELLEN DIE INS INTERNEEEEETTTT!«

Da war es bei vielen Menschen aus, vorbei, und die Sache klar:

»Die stellen Bilder ins Internet? Da war mal was in der *Bild*. DAS IST NE SAUEREI! DAS SIND PEVERSE!«

Sicher – wer hat nicht schon von diesen widerlichen Immobilienfetischisten gehört, die sich in geheimen Internetforen treffen und scharfe Bilder von Häusern tauschen: »Tausche willige Stadtvilla gegen geile Doppelhaushälfte!« – »Suche lesbisches Loft mit offenem Kamin!«

Abstoßend! Am meisten Angst vor dem Internet hatten plötzlich die Menschen, die gar nicht ins Internet gingen. Wahrscheinlich, weil sie dachten: »Oh Gott, jetzt kommt das Ding zu mir.« Oder pragmatischer: »Die Googles kommen – und ich Depp hab nix mehr eingefroren.«

Über 240.000 Einsprüche gegen Google Street View gab es in Deutschland – und wahrscheinlich noch eine sehr hohe Dunkelziffer von Leuten, die nicht wussten, wie sie sich das Einspruchsformular aus dem Internet herunterladen konnten. Verzweifelte Menschen legten ihre Laptops auf Kopierer, kurz: Man hatte eine Scheißangst vor den Googles. Wobei es eigentlich keine Angst war, sondern eher Paranoia.

Kennen Sie den Unterschied zwischen Angst und Paranoia? Sie gehen an einem Hochhaus vorbei, während ein Umzugsunternehmen gerade mit einem Flaschenzug einen Steinway-Flügel in den 12. Stock zieht. Wenn Sie da drunter durchlaufen, haben Sie Angst. Wenn Sie jetzt aber Angst haben, obwohl kein Flügel da ist, haben Sie Paranoia. Die immer noch präsente Google-Paranoia resultiert aus der Tatsache, dass das Thema kompliziert ist und viele Menschen schlicht nicht durchblicken.

Daher ist es wichtig, sich mit den Fakten auseinanderzusetzen: Wenn Sie mit dem SUV durch ihre Nachbarschaft fahren, sehen Sie genau das Gleiche wie auf den Fotos im Internet – nicht mehr und nicht weniger. Dass Google einfach mal so die AGBs ändert und bei der Zusammenlegung von seinen Diensten Nutzerdaten nahezu unkontrollierbar verknüpft, das ist bedenklich, aber Google Street View ist als Teil von Googles Produktportfolio vergleichsweise harmlos. Jeder Atlas von 1939 ist gefährlicher. Dennoch war bisher kein Aufschrei entrüsteter Datensubjekte größer als im Falle von Googles pittoresken Panoramabildern. Politiker jeglicher Couleur wetterten gegen die »Datenkraken« aus dem Netz. Die Diskussion darüber, ob die Straßenfotos überhaupt dem deutschen Recht entsprächen, verunsicherten Bücherfreunde im ganzen Land: »Oh Gott, ich habe noch einen Bildband von Leipzig zu Hause. Mach ich mich damit jetzt strafbar?«

Über Nacht waren deutsche Häuserfassaden plötzlich schützenswerter als Humboldt-Pinguin, Juchtenkäfer und iberischer Luchs zusammen. Sogar die schwerstens gefährdeten rumänischen Hamster wären bestens behütet gewesen, hätten sie im Sommer 2010 ihren Urlaub in deutschen Vorgärten verbracht. Nun ja, zumindest hätten sie, unbehelligt von Google Street View, ausführlich FKK machen können. Ein gefährliches Gemisch aus Halbwissen, Viertelverständnis und Achtelinformation sorgte für zwar nachvollziehbare, aber unsinnige Bedenken beim deutschen Hausbesitzer: »Oh Gott, die Googles kommen zum Knipsen. Muss ich jetzt die Fassade neu streichen? Soll ja schön aussehen auf dem Foto. Und muss ich jetzt jedes Mal lächeln, wenn ich aus der Haustür gehe?«

Das ist auf jeden Fall zu empfehlen, es sei denn, man will mit übellauniger Fresse im Internet zu sehen sein, und jeder,

der es sieht, denkt sich: »Was für ein Depp. Der hätte ja wenigstens mal das Haus streichen können.«[82]

Und die ganze Panik nur, weil die tatsächlichen Zusammenhänge zu komplex sind, um sie dem Durchschnittsbürger in hirngerechten Happen, also in *Bild*-Schlagzeilen, zu kredenzen. Bei fast allen Internet-Themen, bei denen eine klare Farbzuweisung in Schwarz und Weiß schwierig ist, zeigen die Massenmedien, dass sie kein Grau in ihrem Tuschkasten haben. Was bleibt, ist die übliche Wahrheitsreduktion auf ein panikgeeignetes Mindestmaß. Und so bündeln die großen Boulevardblätter ihre Sachkenntnis in mannsgroßen Lettern auf den Titelseiten: »GOOGLE, DU SAU!«

Da es aber gemeinhin bekannt ist, dass großformatige Zeitungen eher kleinformatige Ansichten vorhalten und jegliche Panikmache zumindest einer weiteren Überprüfung bedarf, wendet man sich als aufmerksamer Leser den »seriöseren Medien« zu. Man greift also zu *Fokus*, *Spiegel* und vielleicht noch *Stern* und erhält endlich das, was man für sein gesteigertes Interesse verdient, also die Schlagzeile: »Google, du Sau.« Die intellektuellen Speerspitzen des investigativen Qualitätsjournalismus wie *Die Zeit* oder *Frankfurter Allgemeine Sonntagszeitung* gehen ihrem Anspruch gemäß noch viel, viel weiter und stellen in epischer Spaltenbreite die Frage, die schon lange gestellt werden musste: »Ist Google eine Sau?« Beantwortet wird das freilich nicht konkret, sondern eher philosophisch abstrakt, weil man dem Abonnenten ja nicht das Denken abnehmen möchte.

#82 Da Google fotografierte Gesichter verpixelt, ist die Angst ebenso wie die bescheidene Pointe völlig unbegründet. Andererseits gibt es Menschen, die so dermaßen grimmig schauen können, dass selbst digitale Verfremdung nur bedingt für gute Laune sorgen kann. Mein alter Deutschlehrer zum Beispiel ... Ach, lassen wir das.

Speziell im Schtriehtfjuh-Fall geriet bei aller Angst vor der entblößten Hauswand die eigentliche Sauerei der Googels in den Hintergrund: Google spähte im Rahmen seines Straßenshootings als »Kollateralschaden« drahtlose Netzwerke aus – laut Unternehmensleitung völlig unbeabsichtigt. Na klar! Kann ja mal passieren. Kennt doch jeder. Man läuft beim Sightseeing durch München, und schwuppdiwupp belauscht man Schwabinger Altbaubewohner durchs offene Fenster. So ist der Mensch halt, und auch Google ist nichts Menschliches fremd.

Ist Google also eine Sau? Ja, und was für eine! Der Aufschrei über die ausgespähten Netze war aber vor allem beim Volk nicht mehr als ein kleiner Rülpser nach Brezn und Bier: »Mir doch egal. Wir ham kein WLAN. Nur so nen Router.«

Autos, die Fotos schießen – die kann man sehen und halbwegs verstehen. Grund genug, dagegen zu protestieren. Funkwellen hingegen, die abgehört werden, sind unsichtbar und abstrakt, dem Laien also letztlich wurscht. Daher gehen Bürger gegen große Bauprojekte auf die Straße, aber gegen Vorratsdatenspeicherung noch nicht mal vor die Tür. Die Mehrheit hätte an Weihnachten außerdem wohl lieber den Innenminister auf dem verkrümelten Sofa sitzen als die Familie Google. Dabei bringen die Googles die wesentlich schöneren Geschenke mit. In Zeiten, in denen hier wie da ein sehr laxer Umgang mit Privatsphäre und persönlicher Freiheit gepflegt wird, kann man sich eigentlich nur wünschen, im nächsten Leben als Juchtenkäfer wiedergeboren zu werden. Dessen Lebensraum ist verhältnismäßig sicher. Es sei denn, die Bahn kommt.

# GEISTERFAHRER IM INTERNETKREISEL – NETZPOLITIK IN DEUTSCHLAND

Wenn ich mir heutige Diskussionen über Netzpolitik und die Zukunft des Internets anhöre, erinnere ich mich gerne an eine Episode aus meinem Studium. Ich saß in dieser Zeit viel zu oft in einem riesigen, spärlich besetzten Hörsaal und litt darunter, dass die Tage dunkel, trist und grau waren. Immer.

Verstehen Sie mich nicht falsch: Mein Studienort Mainz kann mit einem fast mediterranen Klima und jeder Menge Sonnentagen aufwarten, aber irgendein schlauer Mensch hatte sich beim Bau des Hörsaals wohl gedacht, dass Fenster total überbewertet seien. Da zu allem Überfluss weder die Vorlesungen, die in jenem Saal gehalten wurden, noch die allgemeine Arbeitsplatzsituation für Absolventen meines Studienganges gescheite Ein- und Aussichten boten, war das für meinen Geschmack ein bisschen wenig Perspektive. Der Hörsaal selbst war mit völlig überteuerter Technik ausgestattet, die seinerzeit niemand, schon gar kein Professor, bedienen konnte und wollte. Dass in dieser Atmosphäre tatsächlich die eine oder andere Erkenntnis geboren wurde, die ich auch heute noch für wertvoll halte, grenzt fast an ein Wunder.[83]

#83 Für die paar Erleuchtungen war das Studium aber um einiges zu lang.

Ich erinnere mich noch ziemlich genau: Ich saß auf meinem Holzstuhl, den Kopf mit der Stirn auf den Klapptisch gedrückt, dabei stoisch in Kauf nehmend, dass ich die Bleistiftzeichnung, die mein Sitzvorgänger auf der Platte angefertigt hatte (ein stilisierter Penis mit Augen), nun auf der Stirn tragen würde. Die heutige Vorstellung … Verzeihung … Vorlesung trug den Titel »Wirtschaftsinformatik und E-Commerce« – nur Hardcore-Optimisten und Irre hätten hier mit lebensverändernden Einsichten gerechnet. Der habilitierte Lehr-Entertainer, ein verhältnismäßig junger Professor mit einer schnoddrigen und bisweilen herablassenden Art, zimmerte brutal und ohne Umschweife folgenden Satz in die klimaanlagengeschwängerte Luft des Saales: »Wenn Sie noch keine E-Mail-Adresse haben, können Sie sich direkt wieder exmatrikulieren lassen.«

Bumm! Klar, heutzutage, wo selbst der Hund meiner Nachbarn und der örtliche Metzger eine E-Mail-Adresse haben,[84] ist das erschreckend trivial und … nun ja … schlichtweg wahr. Damals, anno 1998, sah das anders aus. Auch wenn ich ob der überheblich wirkenden Aussage damals empört war, ahnte ich in diesem Moment, dass das mit der elektronischen Post ein großes Ding werden könnte. Der eigentlich Hammer kam aber erst noch: Prof 1.0 (was schmeichelhaft gemeint ist – 2.0 war damals noch weit entfernt) legte nach, mit der These:

»Es gibt kein E-Business. Es gibt nur Business.«

Wow! Was ich seinerzeit nicht so richtig verstanden hatte, wird mir heute, mit rund vierzehn Jahren Internet mehr in den Knochen, immer klarer. Wenn man das Internet als eigenen Mikrokosmos, als von der »realen« Welt abgetrennten Teil, als »Wunderland am Ende des Kaninchentunnels« kennzeichnet, macht man einen kapitalen Fehler.

---

#84 Die beiden schreiben sich wohl auch des Öfteren.

Es ist genau wie mit dem Verkehrskreisel: Dieser ist in den letzten Jahren als probater Ampel- und Kreuzungsersatz immer mehr in das bestehende Straßennetz eingebaut worden und lässt sich örtlich, baulich und ideologisch nicht wirklich von der guten, alten Chaussee trennen. Klar gibt es Verkehrsteilnehmer, die Kreisel nicht mögen, weil sie sie für zu kompliziert und unübersichtlich halten, aber auf dem Weg zum Supermarkt muss man da eben buchstäblich durch. Es ist recht schwierig, über Verkehrskreisel zu sagen: »Ich mach da nicht mit, bei diesem Kreiseldingsbums. Sollen doch diese Kreiselfreaks unter sich bleiben.« Der Kreisel ist ein Teil unserer Realität geworden, ob man will oder nicht. Was das mit dem Internet zu tun hat? Alles!

Indem man das Netz auf einen Sockel stellt und als eigene Welt definiert, verleiht man ihm eine Aura von schwarzer Magie und Hexerei. Und da sind Inquisition und Hexenverbrennung nicht weit. Es gibt mannigfaltige Beispiele, in denen ein wildgewordener Mob aufrechter Offline-Bürger mit Forken und Mistgabeln die »Hexe Internet« aus dem globalen Dorf jagen wollte. Das ist in etwa so erfolgversprechend wie die Jagd des Bullterriers nach seinem kupierten Schwanz.

Wie bei allen entscheidenden sozialen oder technischen Erfindungen, die eine Gesellschaft umfassend beeinflussen, gibt es irgendwann zu jedem Yin ein Yang, einen Gegentrend, eine Antithese beziehungsweise erbitterte Gegner. Das ist oftmals verständlich und angebracht, wie beispielsweise bei Hexenverbrennung, dem elektrischen Stuhl oder der Atombombe, genauso oft aber völlig irre und unpassend, wie etwa bei gleichgeschlechtlicher Ehe, Mindestlöhnen und eben dem Internet.

In meiner Jugend waren Comichefte und das Fernsehen der Stoff, der der Meinung von »Experten« nach Hirne zu Brei werden ließ, dann waren es Videospiele, und heute ist es das Internet. Nur weil das Fernsehen immer mehr Menschen zeigt, deren Hirn zu Brei geworden ist, kann man der Mattscheibe diesen Brei noch lange nicht in die Schuhe schieben. Mal ganz abgesehen davon, dass »das Internet« genauso wenig existiert wie »das Fernsehen«. Es gibt QVC und Arte, so wie es Youporn und Wikipedia gibt.

»Das Internet« als böse zu bezeichnen, ist genauso blödsinnig wie die Aussagen »Polen klauen«, »Franzosen essen Frösche« und »Deutsche reservieren im Urlaub Liegen mit Handtüchern«. Sie würden überrascht sein, wie viele Deutsche mit geklauten Fröschen auf polnischen Handtüchern an französischen Stränden liegen, ohne auch nur eine Liege zu blockieren. Leider ist der Mensch ein oftmals bequemes und einfältiges Geschöpf. In unserer aufgeklärten, bunten Gesellschaft sollten Stereotypen eigentlich nur noch in der Hifi-Abteilung großer Elektronikmärkte arbeiten – aber dafür machen Klischees einfach zu viel Spaß.

Ich bin mir sicher, Ihnen fallen gerade im Moment etliche Polenwitze ein, die Sie als politisch korrekter Zeitgenosse niemals öffentlich vortragen würden, die aber dennoch ihr Zwerchfell in unanständiger Art und Weise reizen. Problematisch wird es, wenn diese Witzchen ernsthafte Ressentiments bei Ihnen erzeugen. Auch ich bekenne mich schuldig: Wir Komiker arbeiten täglich mit jeder Menge Vereinfachungen, Überspitzungen und Säcken voller Klischees – letztlich aber doch nur deswegen, weil wir die Welt ein kleines bisschen lustiger machen wollen.[85]

So ist ein Klischee eigentlich wie das Internet: Man kann es zum Guten oder zum Bösen benutzen. Der »typische« Internet-

#85  Schnüff! Tränchen! Schneuz!

gegner ist Oberstudienrat kurz vor der Pensionierung, trägt braune Cordanzüge, hat lichtes Haar, unregelmäßigen Bartwuchs, einen leichten Überbiss, säuerlichen Mundgeruch und hat bis heute nicht verstanden, wo man im Browser die Internetadresse eintippt. Na, wie fühlt sich das an, Ihr Kulturpessimisten? Genauso ungerecht behandelt muss sich das World Wide Web fühlen, wenn man es so dämonisiert, wie Ihr das tut! Also zieht euer Cordjacket aus, krempelt die Ärmel des Leinenhemds hoch und lasst euch vom Enkelsohn endlich den Internet Explorer erklären. Ehe ihr es euch versehrt, habt ihr nach Mitteln gegen Mundgeruch gegoogelt, die Website eines guten Kieferorthopäden gefunden, auf eBay weitere Cordanzüge ersteigert und einen Blogeintrag darüber verfasst, warum ihr früher Online-Gegner gewesen seid.

Die Menschheit muss das Netz endlich als etwas völlig Normales, Alltägliches sehen: Es gibt auf dieser Welt eben Hunde, Metzger, Verkehrskreisel, Hörsäle und auch das Internet. Ich gehe sogar noch weiter: Es wird Zeit, die Trennung von Welt und Internet aufzuheben. Wir brauchen eine Art umgekehrte digitale Säkularisation. Dann kann man sich endlich wieder vernünftig über digitale Themen unterhalten.

Folgerichtig ist denn auch festzuhalten:

1. Es gibt keine Online-Welt. Es gibt nur die Welt.
2. Es gibt keine Netzpolitik. Es gibt nur Politik.
3. Es gibt auch heute noch zu wenig Fenster in deutschen Hörsälen.

Natürlich hat mein damaliger Prof trotz seiner drastischen Aussagen den Titel seiner Vorlesung nicht geändert. »E-Business« blieb im Vorlesungsverzeichnis stehen – wahrscheinlich bis heute. Unsere Menschheitsgeneration ist einfach noch nicht so weit, die Mauern zwischen der Offline- und Online-Welt einzureißen. Gerade wir Deutschen mit unserer Geschichte[86] wissen ja, dass sogar Mauern in den Köpfen der Zeit höchst erfolgreich trotzen.

## Offline-Politiker vs. Online-Politik

Was mir persönlich am meisten Angst in Sachen Internet macht, sind Politiker, die Einfluss auf das Netz nehmen möchten und dabei eine fast schon vorsätzliche Ahnungslosigkeit an den Tag legen. Um im obigen Bild zu bleiben: Der Autofahrer, der nicht weiß, wie ein Verkehrskreisel zu benutzen ist, sollte

1. nicht einfach so reinfahren, da größere Schäden zu befürchten sind,
2. anderen besser nicht erzählen, wie sie sich im Kreisel zu verhalten haben und
3. erst recht nicht Einfluss auf die Verkehrsregeln nehmen, die in einem solchen Kreisel gelten.

Genau deswegen ist die Geschichte der deutschen Netzpolitik eine Geschichte voller Missverständnisse. Hans-Peter Uhl (CSU),[87]

#86 Dies ist eine Floskel, die in keinem Buch der Gegenwartsliteratur fehlen darf.

#87 Nach Hans-Peters Interpretation sind Klarnamenzwang im Netz, Verbot von Killerspielen und eine strikte Online-Überwachung der einzige Weg in eine bessere Welt, die er sich offenbar so vorstellt wie seinen Geburtsort Tübingen in den 50er Jahren. Und weil er diese Tübingisierung für ganz, ganz wichtig hält, sagt er manchmal Sachen, die er hinterher nicht mehr ganz so meint. Von Hans-Peter Uhl stammt zum Beispiel der tolle Satz, dass Deutschland glücklicherweise nicht von Piraten und Chaoten regiert würde. Ein Satz, bei dem ich nicht genau weiß, ob er der Wahrheit entspricht. Er sollte vielleicht mal eine Seniorensurfgruppe im Bundestag gründen – Name: CSU, für Chaotisch Surfende User.

Wolfgang Bosbach (CDU),[88] Ilse Aigner (CSU),[89] Hans-Peter Friedrich (CSU),[90] Ursula von der Leyen (CDU)[91] – da reden dann Menschen übers Netz, die Doppelklicks noch mit der Kneifzange machen. Menschen, die besorgt zum Arzt gehen und sagen: »Herr Doktor, mein Nachbar hat gesagt, ich hätte DSL. Geht das wieder weg?« Die rufen wirklich noch abends, wenn sie den Rechner ausschalten: »Schatz, ich fahr mal das Internet runter.« Ich weiß, dass sich jetzt auch der ein oder andere Leser fragt, wo beim letzten Satz der Fehler liegt – das ist aber nicht schlimm, solange er nicht in netzpolitische Entscheidungen eingebunden ist.

Gerade Ilse Aigner, die große Mahnerin in Sachen »Google«,

#88 Bosbach, eine der interessantesten Frisuren der CDU und seinerzeit Vorsitzender des Bundesinnenausschusses, war immer ein großer Befürworter sowohl der Vorratsdatenspeicherung als auch von Netzsperren. Gerade Letzteres macht deutlich, dass hier jemand dringend Nachhilfe in Sachen Internet nehmen sollte – vielleicht in Uhls Seniorensurfgruppe. Netzsperren sind nämlich in etwa so nützlich wie Hundeleinen aus Fleischwurst.

#89 Ilse Aigner, von mir aufgrund des herzerweichend erfolglosen Krisenmanagements in Sachen Dioxin-Eier liebevoll Eier-Ilse genannt, kämpft stets beherzt gegen die bösen Menschen bei Facebook und Google. Deswegen hat sie ihr Facebook-Profil auch gelöscht. Böse Zungen behaupten, sie hätte das nur gemacht, weil eh niemand ihr Freund sein wollte – außer Hans-Peter Uhl.

#90 Unser Innenhans, nie um einen halbwahren Satz verlegen, macht lustig da weiter, wo Schäuble aufgehört hat. Bundestrojaner, Vorratsdatenspeicherung, aber auch Terrorismus – es gibt kein innenpolitisches Feld, wo er nicht den Teufel in buntesten Farben an die Wand malt. Die Methode des Quick-Freeze, also das Schockfrosten von Verbindungsdaten, lehnt er ab, weil diese an seinem Hirn bereits erfolglos getestet wurde.

#91 Zensursula, Trägerin des Big Brother Awards, hat sich mit ihrem Vorstoß in Sachen Netzsperren in der Internetgemeinde unsterblich gemacht. Niemals hat sie begriffen, dass Netzsperren lediglich eine Art virtuelle Käseglocke sind – darunter stinkt es weiter, und wer naschen will, muss nur zugreifen.

wirkt ja so, als würde sie beim Onlinebanking versuchen, die EC-Karte in den CD-ROM-Schlitz zu stecken.

Und solche Menschen sind dann beteiligt an Prozessen, in denen es um Netzsperren, Online-Durchsuchungen, Bundestrojaner und Vorratsdatenspeicherung geht. Da wechselt sich bei mir Faszination mit blankem Entsetzen ab.

Beim Großteil der Bürger führt das zu zwei gegenläufigen Effekten: Zum einen werden staatliche Eingriffe ins Internet weitgehend kritiklos akzeptiert, da die selbsternannten »Spezialisten« aus der Garde der Politiker der Mehrheit das fatale Gefühl vermitteln, gut von ihnen vertreten zu werden. Zum anderen wird durch die »Das Internet ist böse«-Rhetorik die Angst vor allem Digitalen geschürt.

Dies wird zum Beispiel daran deutlich, wie wenig Widerstand sich gegen die letzte Volkszählung gebildet hat und wie unkritisch das gezählte Volk mit Vorratsdatenspeicherung umgeht. Nach einer ZDF-Umfrage hätten fast 70 Prozent der über 60-Jährigen keinerlei Probleme mit Online-Überwachung. Gut, da kann man auch Hasen zur Hufkontrolle bei Pferden befragen, aber mich erschreckt das.

Man hört hierzulande viel zu oft: »Die können bei mir ruhig gucken. Ich hab nix zu verbergen.« Kurios dabei: Am lautesten sagen das zumeist diejenigen, die, wenn überraschend Besuch kommt, noch schnell das Bad putzen, das Wohnzimmer aufräumen und einen Knick in die Sofakissen schlagen. »Was sollen denn die Leute sonst denken.« Jetzt ist aber so eine Festplatte im Grunde nichts anderes als ein vollgeschissenes Klo oder ein Sofa mit Kekskrümeln in den Ritzen, und wenn dann plötzlich der Staat unangemeldet zu Besuch kommt, was sollen dann *die* Leute erst denken?

Ich weiß, dass jetzt einige ausrufen wollen: »Ja, aber bei der Vorratsdatenspeicherung sollen ja vorerst nur Verbindungsdaten gespeichert werden. Das ist doch nicht so schlimm.« Aber auch das sind sensible Daten. Was passiert denn mit denen? Werden die »weggetuppert«? Eingemacht oder eingefroren? Nö. Ich sage es Ihnen: Diese Daten lagern dann bei Ihrem freundlichen Telekommunikationsdienstleister und beim Staat – zwei völlig vertrauenswürdigen Instanzen. Ein Werbespruch könnte lauten: »Die Vorratsdatenspeicherung wird Ihnen präsentiert von denselben Kappen, die schon den Bundestrojaner[92] versemmelt haben.«

Staatliche Überwachung geht doch schon offline schief, also im analogen Leben. Denken Sie mal an die FIFA unter den Staatsorganen, den Verfassungsschutz. Was für ein beängstigend tumber Haufen:

»Nee, sorry. Ich konnte keinen Bericht über rechte Gewalt schreiben. Ich hab doch kein Hakenkreuz auf der Tastatur.«

»Auch nicht unter ›Sonderzeichen einfügen‹?«

»Hach, da hab ich nicht gekuckt.«

Diese Verfassungsschützer waren ja teilweise so verwirrt, die wussten gar nicht mehr, welche Verfassung sie schützten: die vor '45 oder die danach.

Kapitale Fehler sorgten dafür, dass über Jahre eine rechte Terrorzelle ungeniert morden konnte, und unser Innenhans[93] stand vor der Sache wie der Ochs vorm Berg – oder, besser formuliert: wie der NPDler vorm Hauptschulabschluss – und erzählte was von Fehlern, die es zu untersuchen gelte. »Fehler«

---

#92  Es handelt sich dabei um eine Überwachungssoftware, die in der Verbrechensbekämpfung eingesetzt werden sollte. Computerexperten aber standen aufgrund fataler Programmierfehler die Haare zu Berge, da ein Missbrauch der Software nicht nur möglich, sondern sogar wahrscheinlich schien. Der Staat wäre demnach in einen Rechner eingedrungen und hätte hinterher buchstäblich die »Tür offen gelassen«.

#93  Namentlich Hans-Peter Friedrich

war in diesem Zusammenhang ein ziemlicher Euphemismus. Es gab Zeiten, da war jedes siebte NPD-Mitglied ein V-Mann vom Verfassungsschutz. Da hat sich der Staat schön braune Würstchen im eigenen Darm gezüchtet. Lecker! Als dann tatsächlich alle V-Leute abgezogen werden sollten, hatte ich damit gerechnet, dass sich die NPD von allein auflösen würde. V-Leute sind ja im Grunde das analoge Pendant zum Bundestrojaner: mies programmiert und nicht zu kontrollieren.

Aber auch beim Bundestrojaner zeigte der Innenhans seine Expertise in vorbildlichem Krisenmanagement. Man habe ihn ja von einer privaten Firma programmieren lassen. Das sei blöde gewesen und hätte zu kapitalen Fehlern bei diesem furchtbaren Stück Software geführt. Sein Fazit: »So etwas programmieren wir demnächst selber.«

Wunderbar!

Man konnte vorm inneren Auge schon Hans-Peter Friedrich mit seinen Mitarbeitern im Volkshochschulkurs sehen: »Hacken für Spacken«. Seien Sie mir nicht böse, aber ich werde irgendwie unruhig, wenn solche Typen dann mit dicken Wurstfingern am Fernmelde- und Briefgeheimnis herumdoktern – und das für eine erwartete Erhöhung der Aufklärungsrate um 0,06 Prozent.[94]

Irgendwie wirken staatliche Stellen im Umgang mit digitalen Werkzeugen ein bisschen wie ein Bauer, der Pestizide benutzt, ohne die Inhaltsstoffe zu kennen, und der sich dann wundert, dass plötzlich nachts die Feldhamster leuchten. Das mag zwar ganz putzig aussehen, ist aber irgendwie gegen die Natur.

Aus diesen Gründen beklage ich den selbst verschuldeten

#94 Laut einer BKA-Studie! Jawohl, das ergab eine Untersuchung des Bundeskriminalamtes.

Niedergang der Piratenpartei, denn zumindest mit dem Internet kennen die sich aus. Gut, bei anderen Themen ist der Erfahrungshorizont der Piraten noch viel … ähm … Horizont. Und ich weiß, was Sie sagen wollen: »Diese Typen, die sehen doch aus, als hätte man sie gerade aus dem Bett gezerrt. Strubbelig und verpennt.« Ok, aber frisch frisierte Ausgeschlafene, die Scheiße bauen, haben wir doch schon genug, oder?

Bei den Piraten menschelte es anfangs so angenehm. Sie gingen offen und transparent mit ihren Schwächen um: »Wir sagen offiziell nix, worüber wir nicht abgestimmt haben. Und wir haben noch über nix abgestimmt. Kommt aber. Und dann machen wir was. Wenn wir diskutiert haben. Vielleicht.«[95]

Die Piratenpartei ist für mich eine Mischung aus Bürgerbewegung, Pfarrgemeinderat und Stillgruppe – nur mit weniger Brüsten. Natürlich müssten die sich so langsam einmal eine klare Haltung zusammengoogeln, obwohl es anfangs auch ohne super lief. Darüber war niemand so überrascht wie die Piraten selber. Fast schockiert waren sie von den tollen Wahlergebnissen: »Ui, so viele Sitze? So viele Leute haben wir doch gar nicht.« Da wurde am Wahlabend plötzlich panisch telefoniert: »Gregor, kommst du vorbei? Wie? Du spielst gerade Playstation … Ja, ich weiß, das Level ist schwer, aber beweg deinen Arsch hierher!«

Wenn in Sachen Netzpolitik alle Etablierten sagen: »So geht's!«, dann braucht es diese neuen Politiker, die laut und deutlich »Ähm, geht's noch?« ausrufen. Aber nicht nur bei Urheberrecht, Leistungsschutzrecht, Netzpolitik und Datenschutz kann ein Pirat seinen Beitrag leisten. Die große Chance

#95 Die Piraten diskutieren ja basisdemokratisch und hochmodern in einer Art Internetforum. Dieses System nennen sie »Liquid Feedback«. Ein alter Hut – bei der CSU kennt man »Liquid Feedback« schon lange unter dem Namen »Freibier«.

ist doch gerade, dass ein Mitglied der Piratenpartei, ein Mensch wie du und ich, noch nicht korrumpiert und ideologisch festgelegt, simple Grundsätzlichkeiten sieht, die einem Berufspolitiker nicht mehr auffallen. Vielleicht schaut sich ein Pirat wirtschaftspolitische Vorgänge an und sagt: »Was? Wir geben mehr aus, als wir einnehmen? Ist das nicht scheiße? Das hat in unserer WG schon nicht funktioniert.«

Letztlich sorgen die putzigen Dreitagebart- und Kapuzenpulliträger nebst ihrer hornbebrillten weiblichen Belegschaft aus Grafikdesignerinnen und Medienstudentinnen zumindest dafür, dass die traditionellen Parteien Themen in ihre Programme aufnehmen, die sie vorher noch nicht einmal gekannt haben. Und es ist jemand da, der kritisch nachfragt, wenn das Bullshit-O-Meter bei komplexen Themen des neuen Jahrtausends zu hoch ausschlägt.

Leider befindet sich die junge Partei organisatorisch immer wieder in einem chaotischen Zustand mit Tendenz zur Selbst-

zerstörung. Insofern war es auf mehreren Ebenen realsatirisch, als die Polizei bei Markus Barenhoff, seinerzeit Vizechef der Piraten, Cannabispflanzen gefunden hatte und er daraufhin wohl in einem internen Papier des Innenministeriums unter dem Punkt »Organisierte Kriminalität« aufgeführt wurde. Was für ein Blödsinn: kriminell vielleicht! Aber organisiert?

## Trick 17 mit Selbstverarschung

Wie wenig unseren althergebrachten Volksvertretern etwa bei Fragen des Datenschutzes zu trauen ist, zeigte sich überdeutlich im Sommer 2012, als während der EM eine beispiellose Farce quasi unter Ausschluss der Öffentlichkeit stattfand. Das Volk berauschte sich zunächst am Spiel der deutschen Elf, stülpte die schwarz-rot-goldenen Patriotismus-Präservative über die Außenspiegel der Autos, regte sich über die Spieler auf, die die Hymne nicht mitsingen wollten, und zerriss sich am Ende über Löws unglückliche Strategie das Maul.

Kurzum: Man war sehr beschäftigt in Deutschland. Irgendein Kerl erzählte mal was davon, dass Religion Opium fürs Volk sei. In diesem Sinne sind Fußballspiele wohl mittlerweile zu den beliebtesten Gottesdiensten geworden. Es wird gesungen, es wird gebetet, das bengalische Feuer ersetzt den Weihrauch, der Glaube an die eigene Mannschaft stellt den an den Schöpfer locker in den Schatten, und am Imbissstand feiert man das gemeinsame Abendmahl mit überteuerten Frikadellen und Bier. Frei nach Kaiser Trajan: Gebt dem Volk Brot, Bratwurst und Spiele! Es ist nicht das erste Mal, dass die Bundesregierung diese Zeiten kollektiver Umnachtung dazu benutzt hat, um kontroverse Entscheidungen durch- und vor allem am Wähler vorbeizuboxen.

Das Prinzip ist immer gleich: EM 2012. Halbfinale Deutschland gegen Italien. Ein gewisser Herr Balotelli kickt die deutsche Nationalmannschaft unbarmherzig aus dem Turnier, was natürlich auch beim Public Viewing in der Bundestagskantine fieberhaft verfolgt wird. Die Volksvertreter sehen sich an, wie »unsere« Fußballer das Volk vertreten. Dumm nur, dass im Parlament gerade noch eine Entscheidung ansteht. Ohne große Hektik aufkommen zu lassen, winkt ein trauriger Rest von dreißig spaßbefreiten Abgeordneten in 57 Sekunden ein hanebüchenes Gesetz durch und sorgt dafür, dass »Datenschutz-Gau« plötzlich »Fortentwicklung des Meldewesens« heißt. Das klingt ja auch viel schöner. Fortan sollen Meldeämter unser aller Daten an Firmen verkaufen dürfen, was man auch durch einen Einspruch nur bedingt verhindern kann. Die beiden datengeilen Onkels Otto und Bertelsmann können ihr Glück wahrscheinlich kaum fassen und vergießen literweise Freudentränen.

Folgt nun spontane Empörung und Protest? Mitnichten. Wenn Gina-Lisa Lohfink heute mit irgendwelchen Fußballern Flaschendrehen auf der Nintendo Wii spielt, steht es morgen in allen Zeitungen. Um den politisch legitimierten Datenflohmarkt an die Öffentlichkeit zu zerren, brauchen die traditionellen Medien unglaubliche acht Tage. ACHT TAGE! Eine Sternstunde deutschen Qualitätsjournalismus. Nach neun Tagen ist dann auch die Opposition empört, und nach zehn Tagen rafft die Regierung selbst, was sie da hingewurschtelt hat. Durchsage in der Kita Bundestag: »Der schwarzgelben Gruppe sind Datenreförmchen durch die Lappen gegangen! Hat das denn keiner gemerkt, Kinder?«

Nein, ohne die ach so lächerlichen Blogger, Piraten und sonstigen Netzaktivisten hätte das Thema möglicherweise gar keine Aufmerksamkeit bekommen. Und plötzlich hörte man das parteiübergreifende Geseufze: »Zum Glück lässt sich die Chose im Bundesrat noch stoppen« – so wie zwei verkaterte Las-Vegas-Touristen, die am Morgen nach der nächtlichen Blitzheirat in der Casinokapelle ihre Ehe annullieren lassen.

Einzig die Herren Bosbach und Uhl verstanden zunächst wieder mal die Welt nicht mehr. Hans-Peter Uhl, der Fips Asmussen der CSU, auf Dauertournee mit seinem Comedy-Programm »Innen Experte – außen weich«, ließ verlauten: »Niemand hat die Absicht, eine Mauer … äh … Ihre Daten zu kaufen.«[96]

Bosbach hingegen, dessen Fresse selbst den putzigen Ronald Pofalla schon arg in Rage gebracht hat, stellte das alles sogar noch kackfrech als echte Innovation dar. Klar, ist doch toll: Das Einwohnermeldeamt wird zu einer Art Facebook mit unfreiwilliger Mitgliedschaft. Wolfgang, Hans-Peter und vierzig weiteren Adresshändlern gefällt das!

Wenn der Handel mit Daten nicht privatwirtschaftlich, sondern staatlich durchgeführt wird, ist man politisch tiefenentspannt. Auch medial hält sich in diesen Fällen die Entrüstung in Grenzen. Keine dreißig Zentimeter großen Buchstaben in der *Bild*, die der Leserschaft verkünden: »DATENSCHUTZMONSTER LAUFEN AMOK«, keine Post von Wagner: »Lieber Herr Bosbach, bisher konnte ich nicht verstehen, was Herr Pofalla an ihrer Fresse so abstoßend findet. Jetzt wünsche ich mir, dass er Ihnen beizeiten ordentlich eins in selbige reinbrezelt.«

Nichts dergleichen – es blieb relativ ruhig im Auge des Nachrichtensturms.

---

#96 Wie lustig diese Pointe tatsächlich war, konnte man dann im September 2012 auf *Spiegel Online* in einem Artikel lesen. Dort erfuhr der geneigte Bürger, dass viele deutschen Städte und Gemeinden jeweils über 12 Millionen Euro Umsatz mit dem Verkauf der Daten machen. Klingt für mich nach Gedrängel am Datenwühltisch und einem Bombengeschäft für den staatlichen Auskunfts-Walmart.

Ganz anders bei virtuellen Daten, die von äußerst realen Lobbyisten geschützt werden. Das von der Regierung mehrfach revidierte Leistungsschutzrecht für Online-Publikationen, auch Google-Gesetz genannt, ist dafür ein gutes Beispiel. Fast die gesamte Verlegerlandschaft, allen voran die sympathischen Schmierfinken der Springer-Presse, fühlten ihre hochwertige Leistung im Internet nicht ausreichend gewürdigt und stimmten in einen Klagechor ein, der monatelang die beiden Werke »So können wir nicht arbeiten!« und »Journalismus, quo vadis?« aus dem Zyklus »Menno« aufführte.

Worum ging es dabei? Man empfände es als unfair, ja als Sakrileg, dass Google in seinen Suchergebnissen Presseartikel auflistet und nichts dafür abdrücken müsse. Schließlich verdiene Google mit der Werbung auf seinen Ergebnisseiten Geld. Dass Google bei Google News gar keine Werbung schaltet – geschenkt! Dass jede Menge Leser erst über Google auf die Online-Portale der Zeitung kommen, lassen wir auch mal außen vor. Der eigentliche Hammer ist, dass die Zeitungswebsites problemlos so programmiert werden könnten, dass Google sie überhaupt nicht in die Ergebnislisten aufnimmt. Es lässt sich also vom furchtbar unfair behandelten Urheber mit simplen Codes festlegen, wie viel und ob Google überhaupt etwas von einem Artikel auf seinen News-Seiten listet. Dennoch legte die Bundesregierung im August 2012 einen Entwurf des Google-Gesetzes vor, nach dem Suchmaschinen und sonstige gewerbliche News-Aggregatoren für die Auflistung von Online-Artikeln Lizenzgebühren bezahlen sollen. Wohlgemerkt – wir reden hier von in der Mehrheit kostenlosen Online-Artikeln.

Lassen Sie mich ein etwas greifbareres Beispiel für diese krude Situation zeichnen und als Metapher für die zu vergütenden journalistischen Großleistungen einfach ein Getränk benutzen, das nach dem deutschen Reinheitsgebot gebraut wird: Bier. Nehmen wir also an, es gäbe einen Webservice namens Google Suff, bei dem deutschlandweit alle Biergärten aufgelistet werden, die Freibier ausschenken. Dazu fährt ein Suff-View-Auto durchs Land und checkt die Lage. Nach und nach fühlen sich nun die Biergartenbetreiber verarscht, weil – oh Wunder – niemand für das Freibier bezahlt. Obendrein können die Wirte nicht verstehen, dass keiner mehr regulär Bier kaufen möchte – nur weil es Freibier gibt. Ist ja auch wirklich kurios, das Ganze! Jetzt bekommt man in der Biergartenszene plötzlich mit, dass offenbar viele Freibiertrinker via Internet von Google Suff in die Biergärten gelotst werden. Man könnte als Gegenmaßnahme natürlich ohne Probleme ein Schild aufhängen, auf dem »No Google Suff« steht. Dadurch würde das Suff-View-Auto den entsprechenden Biergarten fortan ignorieren und nicht mehr in die Ergebnisliste aufnehmen. Auch blöd, denken sich die Biergartenbetreiber, weil dann weniger Freibiertrinker kommen, die ja auch noch Brezeln, Sauerkraut und Würste zum Freibier kaufen und obendrein die Plakate der Sponsoren anglotzen.

Logische Konsequenz: Man fordert Geld von Google Suff, damit Google auch weiterhin kostenlose Werbung für die Biergärten macht und damit letzten Endes Google das Freibier bezahlt. Und weil die Biergartenlobby die Politik offenbar in der Hand hat, macht die Regierung mit. O'zapft is! Prost!

Presseartikel, das Freibier des Internets in den Informationsbiergärten der Zeitungsverlage, sind natürlich eine schützenswerte Leistung, aber die Problematik so anzugehen, ist schlicht schizophren. Dieser Entwurf des Leistungsschutzrechtes war so irre, den musste man sich mit viel Freibier schönsaufen. Wir brauchen Google Suff offenbar mehr denn je.

Die Ironie bei der ganzen Sache: Der Stein des Anstoßes,

also vor allem Google News, listete kurz nach Veröffentlichung des Entwurfs in stoischer, programmierter Diensterfüllung jede Menge Artikel zum Suchwort »Leistungsschutzrecht« auf, die grob fahrlässig mit der Wahrheit hantierten. So konnte die Verlegerseite ausgerechnet mit Googles Hilfe in epischer Breite ihr Märchen »Vom tapferen Schreiberlein« verbreiten, das einen Riesen zu Fall gebracht, in Wahrheit aber auf einen Streich Fakten, Fairness und Verstand totgeschlagen hatte. Und für so einen Käse wollen die dann auch noch Geld haben.

Wenn Google nun irgendwann Ergebnisse ausblendet, um drohende Lizenzzahlungen zu vermeiden, sind die Leidtragenden zuerst wir Leser. Es wird schwerer, sich umfassend zu informieren. Letztlich werden auch die Zeitungsverlage merken, dass sie sich mit ihrer Lobbywumme selbst ins Knie geschossen haben, und zwar spätestens dann, wenn durch fehlende Google-Präsenz die Seitenaufrufe ihres Online-Auftritts zurückgehen und die Werbekunden anfangen zu meckern. Die ganze Angelegenheit ist ein Paradebeispiel für den berühmten Trick 17 mit Selbstverarschung. Warum aber tun sich ehrenwerte Journalisten das an? Warum ergeht sich eine sonst so investigative, wahrheitssüchtige Branche in kolossalem Selbstbetrug? Die Antwort ist einfach: Sie haben Schiss.

Warum? Na klar: Die Googles kommen!

## PSYCHOSE ALS CHANCE – ERFOLGREICH SURFEN AM RANDE DES NERVENZUSAMMENBRUCHS

Menschen sind durch den Wind. Die einen mehr, die andern weniger. Das war zwar schon immer so, ich glaube aber schon, dass die überwältigende Verfügbarkeit von Informationen dazu geführt hat, unser Betriebssystem der Psyche zu überfrachten. Die Folge ist, dass die Hardware unserer Körper nicht mehr vollständig kompatibel mit der Software des Lebens ist.

Ich muss Ihnen ja nicht erzählen, was neue Software auf alten Computern anrichtet. Unser Motto heißt ADS: »alle Daten sammeln«, aber dazu sind wir schlicht nicht in der Lage. Gänzlich unwissenschaftlich, also religiös, kann man formulieren: Gott hat die Festplatte seines Schöpfungssystems zum letzten Mal bei der Sintflut[97] formatiert und neu aufgesetzt. Das war vor … na ja … also ungefähr … Ach, es ist lange her. Demnach sind wir also die Menschheit 2.0, und wer sich ein bisschen mit dem Neusprech des Cyberzeitalters auskennt, weiß, dass diese Versionsnummer zumeist veraltet ist. Der Mensch 3.0 ist überfällig. Himmel, selbst das iPhone gibt es schon als Version fünf. In der heutigen Variante ist der Homo sapiens ein altertümliches Auslaufmodell. Wir sollten uns daher nicht beschweren,

---

#97  Die Älteren werden sich erinnern. Noah, Tiere, Pisswetter und so.

wenn wir mit dem von uns selbst geschaffenen Fortschritt nicht mehr mithalten können. Schließlich sind unsere technischen Geräte aktueller als wir selber. Es müsste endlich ein Hardware-Update für die Menschheit geben – also eine Sintflut!

Wer jetzt ruft: »Weltuntergang? Da mach ich nicht mit!«, sollte mal einen Blick auf die nackten Zahlen werfen: Es gibt Statistiken, die aussagen, dass wir heutzutage ca. 80 % mehr wissen als noch vor 15 Jahren. Von dem gesamten Wissen verstehen wir aber nur noch 50 %. Das macht uns weich in der Birne. Und die Statistik geht weiter. Etwa 74 % aller Deutschen

verstehen schon ihren Partner nicht. Die restlichen 26 % sind Singles. Das sind Zahlen, Daten und Fakten die ich … nun … mir selbst ausgedacht habe.

Sich Statistiken selbst auszudenken, ist in Deutschland seit 2010 absolut salonfähig. Es gibt dafür sogar einen Fachausdruck: Sarrazinistik[98], eine geistige Disziplin, die den Unwissenschaften zugerechnet wird. Aber selbst seriöse Psychologen werden mir bestätigen, dass die Zahl der geistigen Krankheiten stark zugenommen hat. Ehrenwort! Irgendwo im Internet ist mir, als ich nach Krankheitssymptomen gegoogelt habe, eine Liste mit modernen Geisteskrankheiten untergekommen. Ich muss gestehen, dass ich mich bei der ein oder anderen gefragt habe, ob das tatsächlich noch Krankheiten sind oder vielleicht schon klassische Evolution.

Beispiel gefällig? In Zeiten der sozialen Vereinsamung in Großstädten ist doch die multiple Persönlichkeitsstörung eher Chance als Krankheit. Schließlich hat man damit immer jemanden zum Quatschen daheim. Und Selbstgespräche verlaufen meist sehr harmonisch. Außerdem kann man in dem Fall nicht im Streit auseinandergehen – zumindest nicht ohne große Sauerei. Ich habe letztens allerdings gelesen, dass es auch in solchen Konstellationen Beziehungsprobleme gibt. Es soll schon vorgekommen sein, dass sich ein Schizophrener von seiner gespaltenen Persönlichkeit scheiden lassen wollte.

[98] Wer erinnert sich nicht an den semisympathischen Gelegenheitsgenetiker Thilo Sarrazin. Dieser fühlte sich einst befleißigt, in seinem Buch, ach was, in seinem literarischen Kampf »Deutschland schafft sich ab« latenten Rassismus wissenschaftlich zu untermauern. Ironie der Geschichte: Genetiker haben jüngst herausgefunden, dass Thilo Sarrazin selbst ein recht abschaffungswürdiges Konstrukt ist. Eine genetische Mischung aus Günter Grass, Jörg Haider und Karl Dall. Die Gene sind allerdings blöd verteilt, denn er schreibt schlecht, spricht schlecht und ist auch nicht lustig.

Find ich gar nicht so schlimm – schließlich behält er auf jeden Fall das Haus. Und Kinder sind meist auch keine da. Mein Credo ist es seither, alle geistigen Veränderungen, denen wir unterworfen sind, vor der Pathologisierung erst mal fair und ergebnisoffen auf Alltagstauglichkeit zu überprüfen.

Die Frage steht im Raum: Sind Gedankenflüchtigkeit, Weitschweifigkeit und Ablenkung am Ende vielleicht sogar gut für uns? Blödsinn, sagen Sie? Selbst ein seriöser Wissenschaftler wie Roberto Simanowski, Professor für Medienwissenschaft in Basel, vertritt die Meinung, dass die Zerstreuungen durch Facebook, Twitter und Co. das Beste sind, was der Menschheit seit Erfindung von Alkohol, Onanie und Briefmarkensammeln widerfahren ist. Nach seiner These muss der Mensch ständig beschäftigt sein, um sich nicht aus Langeweile philosophische, aber potentiell lebensbedrohliche Fragen zu stellen wie »Hat das Leben einen Sinn?«

Oh ja, Sie erinnern sich: Wer hat nicht schon einmal träge im Vorratskeller gestanden und sich gefragt: »Wo komm ich her? Wo geh ich hin?« – und dann die Gurken vergessen. Da sehen Sie es! Simanowski spricht von »Momenten der Untätigkeit«, in denen man als letzte Rettung vor zu viel Tiefgang sinnlos, aber ambitioniert auf dem Touchscreen seines Handys rumwischt, nur um nicht in »Todesangst« zu verfallen. Jeder, der schon einmal in Eisenhüttenstadt am Bahnhof auf den Nachtzug gewartet hat, weiß, was gemeint ist.

Wir alle kennen das Gefühl in der Stammpizzeria, wenn sich die telefonische Zusicherung, es würde nur zehn Minuten dauern, als unwahr herausstellt und die Combinazione wieder länger braucht als die Pizzas. Da steht man nun an eine unwirtliche Holztheke gelehnt und hat drei Minuten ungefüllter Zeit vor sich. Zu lang, um nur zu starren. Zu kurz, um endlich mal »Ulysses« zu lesen. Damals, in dunkler, grauer Vorzeit, als es noch kein mobiles Internet gab, war man in solchen Momenten gezwungen, seiner allzu menschlichen Sterblichkeit ins Auge zu schauen – also mangels Alternative auf die große Preisliste über der Essensausgabe. Und schon waren sie da, die ganz großen Fragen: Ist die Pizza Quattro Stagioni vielleicht eine Metapher für Geburt, Jugend, Alter und Tod? Muss ich für die Diabolo im Jenseits büßen? Dann erscheint plötzlich auch diese scheinbar harmlose Frage des Pizzabäckers hinter der Theke in einem anderen Licht: »Wer war der Chefsalat?«

Diesen völlig natürlichen, wenngleich unangenehmen Prozess kann man heute wunderbar wegsurfen. Wartezeit bietet die Möglichkeit, endlich wieder das Retinadisplay zu liebkosen. Das befreit von dunklen Gedanken, schrägen Ideen und tiefschürfenden Erkenntnissen. Wunderbar! Ist doch klasse, im Wartezimmer beim Arzt nicht mehr den abgegrabbelten Stern vom April 1983 (»Hitlers Tagebücher entdeckt«), einen alten IKEA-Katalog oder gar das »Volkskrankheit Nagelpilz«-Plakat mit seinen aussagekräftigen Fotos studieren zu müssen. Telefon raus, und schon holt man sich die ganze Welt ins Wartezimmer. Einen Fehler sollte man in solch einer Situation aber auf keinen Fall machen: im Netz nach seinen Symptomen suchen.

## Droge Smartphone

Entwicklung und Evolution des Mobiltelefons sind in erstaunlicher Geschwindigkeit abgelaufen, vor allem in Relation zu Vorgängen bei Plattentektonik und Handlungsverläufen in der »Lindenstraße«. Mitte der 80er in Deutschland gestartet als phallisches Exoten-Spielzeug für Notärzte, Zuhälter und überambitionierte Wertpapierberater, konnte es über die Jahre seinen Siegeszug unaufhaltsam fortsetzen.

In den 90ern wurde es Statussymbol bei privilegierten BWL-Studenten, und in den Nullerjahren war es dann nur noch ein Fetisch für großschnäuzige Abiturienten. Heute ist es etwas, ohne das weder Klein Thorben in die Kita noch Oma Erna zum Tanztee geht. Ein interessantes Gedankenspiel: Hätte das Handy weltweit diese Akzeptanz, wenn es auch heutzutage lediglich zum Telefonieren zu gebrauchen wäre? Würden wir wirklich ein elektronisches Gerät überall mit herumtragen, das geladen, gewartet und teuer bezahlt werden muss, nur um im Stau stehend eine Pizza bestellen zu können? Ich bin mir nicht sicher – und die Industrie war es sich auch nicht.

Um die Begehrlichkeit für den wankelmütigen Konsumenten aufrechtzuerhalten, wurde das Mobiltelefon sukzessive zu einer Art Schweizer Messer der Kommunikation hochgerüstet.[99] Zunächst konnte man kurze Textnachrichten senden und kleine Spielchen machen, bald E-Mails abrufen und im Internet surfen. Heute gibt es außer Teleportation und Computertomographie wenig, was das mobile Endgerät nicht kann. Es ist unter anderem Schnappschusskamera, Navigationsgerät, Musik- und Videoplayer, Taschenlampe, Schminkspiegel und, ja, auch das noch: Telefon.

Ohne Handy gerät der Aufenthalt in einer fremden Stadt zum Abenteuer, weil man Restaurants noch selber testen, Wege allein finden und sich ausschließlich mit sich selbst beschäftigen muss. Das größte Pfund, mit dem unser liebstes Multifunktionstool wuchert, ist definitiv seine Internetfähigkeit. Nach einer Studie des Hightech-Verbandes Bitcom gehen mittlerweile 43 % der Smartphone-Besitzer jeden Tag online,

---

#99  Wer jetzt ausruft: »Der Vergleich hinkt: Flaschen kann man mit Handys immer noch nicht öffnen!«, dem stelle ich gerne meinen Kumpel Thomas vor, der auch das schafft. Sein Geheimnis: Er macht das aus guten Gründen nicht mit seinem eigenen Gerät.

wohingegen nur noch 42 % täglich damit telefonieren. Hätte ein zeitreisender Teenager mit sich-selbst-bindenden Schuhen an den Füßen auf einem Skateboard ohne Rollen meiner telefonsüchtigen Schwester anno 1983 erzählt, dass es irgendwann Telefone zum Überall-mit-Hinnehmen gibt, hätte sie das vielleicht noch geglaubt. Dass die Leute damit aber nicht mehr jeden Tag telefonieren, hätte sie ihm niemals abgenommen. Sie hätte sarkastisch entgegnet: »Ja, klar. Und irgendwann erzählen uns die Autos, wo wir langfahren müssen.«[100]

Wer hätte gedacht, dass unser Kommunikationsverhalten sich so drastisch ändert. Weiterhin verrät die Bitcom-Studie, dass 92 % der Smartphone-User generell die Internetfunktion des Handys nutzen. Das heißt aber, dass 8 % die Finger vom mobilen Browser lassen, was mich ehrlich gesagt ziemlich schockiert. Das ist ja wie Cabriofahren,[101] ohne jemals das Dach zu öffnen, bei einer Flatrateparty nur Limo zu trinken oder ein MacBook von Apple mit Windows-Betriebssystem zu betreiben. Unvorstellbar, ja fast pervers. Ich bin aber zuversichtlich, dass sich auch diese Statistik im Sinne der Logik verändert und irgendwann jeder den Segen des überall verfügbaren Internets erkennt und genießt. Allein die Tatsache, dass keine Frage mehr unbeantwortet, keine Ungewissheit bestehen bleibt, ist doch ein großer Schritt zu mentaler Gesundheit und innerer Ausgeglichenheit.

Vorbei sind die Zeiten, in denen von Schummlern beim Spieleabend die Existenz neuer Mau-Mau-Regeln behauptet

---

#100 Wobei die Antwort des Zeitreisenden natürlich gewesen wäre: »Nein, nicht die Autos. Auch die Telefone.«

#101 Ich vermute übrigens, dass es eine geheime Direktive gibt, nach der Autohäuser Cabrios nur an Menschen mit erbärmlichem Musikgeschmack verkaufen dürfen.

werden konnte. Google sei Dank kann man solche Thesen mit dem Smartphone ruckzuck widerlegen. Schluss mit endlosen Assoziationsketten in der Kneipe à la:

»Wie hieß noch mal der Sänger, der in dem Film über Karaoke mitgespielt hat? Der mit Gwyneth Paltrow?[102]

»Mmmm … War das nicht Bruce Springsteen?« »Nee, Springsteen war doch lediglich kurz in dieser Nick-Hornby-Verfilmung zu sehen. Wie hieß die noch?[103] ›Lost in Translation‹?«

»Nein, der ist von Sofia Coppola.«

»Ach ja, war das der mit Steve Martin?«[104]

All das lässt sich selbst mit schlechtem Empfang in jeder Spelunke relativ schnell ermitteln. Endlich sind die Tage der Peinlichkeit gezählt, die auf einen wartete, wenn man im Club ein Lied gehört hatte, den Titel nicht wusste und es deswegen dem arroganten Schallplattendealer vorsingen musste:

»Es war irgendwas mit datta, datta, daaaaaa … learning bout the mouse!«[105]

Heute reicht es, das Smartphone für wenige Momente in die bassgeschwängerte Discoluft zu strecken und – Shazaam! – hat man mit Hilfe einer Musikidentifikations-App den Titel des Liedes ermittelt. Und während man noch dazu tanzt, kann der Song online gekauft und, so man Kopfhörer dabeihat, in einer

---

#102 Der Film hieß »Traumpaare – Duets«, und der Sänger ist Huey Lewis. Wie »Gwyneth« geschrieben wird, habe ich auch noch schnell gegoogelt. Zum mindestens fünfzehnten Mal in meinem Leben. Ich kann es mir einfach nicht merken.

#103 »High Fidelity«

#104 Nein. Bill Murray.

#105 Es scheint »Burning down the House« von den Talking Heads zu sein. Das langgestreckte »daaaaa« lässt allerdings vermuten, dass es sich um die Coverversion von Tom Jones und The Cardigans handelt.

Endlosschleife gehört werden. Frei nach Indeeps altem Tanz-flur-Kracher müsste es demzufolge heute heißen: »Last night my iPhone saved my life.«


## Die Geister, die ich anrief!

Derart vernünftig genutzt, hilft uns das multifunktionale Mo-biltelefon also durch den Tag, macht glücklich und befreit. Aber wie das mit Drogen so ist, droht auch hier der Missbrauch. In diesem Zusammenhang wird im Volksmund[106] gerne von Onlinesucht gesprochen, was aber rein medizinisch nicht der korrekte Terminus ist.

Wikipedia lehrt uns, dass das zwanghafte Online-Gehen mangels Schnupf-, Spritz- oder Rauchstoff von Wissenschaft-lern nicht als Sucht, sondern als »Störung der Impulskontrolle« bezeichnet wird, und – alter Schwede – das passt ja wohl wie die Flatrate zum Pornofan. Jeder, der ein multifunktionales Mobiltelefon besitzt, kennt ihn: diesen drängenden Impuls, sein Gerät in die Hand zu nehmen und zu streicheln. Nicht umsonst nennt HTC eines seiner Geräte »Desire« – Verlangen. Es ist, als würde uns das Handy zurufen: »Nimm mich. Benutz mich.«[107]

Oh, es ist die Hölle. Dieses fast spürbar juckende Gefühl, das sich unter der Hosentasche am Oberschenkel ausbreitet, wenn man schon ganze zehn Minuten die Mails nicht mehr gecheckt hat. Smartphone-Turkey! Die schier unstillbare Lust, sich die

#106 Vieles, was mit der Vorsilbe »Volks« versehen ist, so wie Volks-PC, Volksfern-seher (beide ALDI) oder Volks-T-Shirt (KiK), ist qualitativ minderwertig und meist zu billig. Da ist der Volksmund keine Ausnahme.

#107 Und mit dem entsprechenden Klingelton kann das sogar Realität werden: Für den »Brünstigen Blackberry« senden Sie 01 an 081569!

neuesten Schlagzeilen auf *Spiegel Online* anzuschauen oder den Verlauf der Online-Auktion zu überprüfen. Oder auch die orkanartige Neugier, die folgender Satz auf dem Display auslöst: »Gesine Müller hat 5 neue Fotos auf Facebook hinzugefügt«, oder, noch schlimmer: »Peter Wanderkäse hat dich in einem Beitrag markiert.«[108]

Diesem Drängen nicht nachzugeben, ist fast ein Ding der Unmöglichkeit. So wie in der Mythologie die Sirenen mit ihrem Gesang riesige Schiffe von ihrem Kurs abgebracht haben, werden auch wir auf unserer Odyssee durch den Alltag immer wieder von unserer Route gelockt, und sei es nur für ein Innehalten – natürlich ohne tatsächlich innezuhalten. Das können wir nicht mehr: Vorbei ist die Zeit, in der man auf dem Weg zum abendlichen Yogakurs kurz stehen blieb und den in allen Farben leuchtenden Abendhimmel mit den Worten »Hach, als hätte Gott seine Staffelei aufgebaut … Schön!« nur so, für seine eigene Erinnerung, ein paar selige Minuten betrachtete.

Heute muss jeder Sonnenuntergang, jede Morgenröte und jeder Milchschaum auf dem Latte direkt mit dem Handy fotografiert, mit Foto-Apps bearbeitet und dann getwittert, gepostet oder gemailt werden. Für das Individuum scheinen Eindrücke nur noch dann etwas wert zu sein, wenn jemand anderes auf »Gefällt mir« geklickt hat. Das Internet-Mantra »Pics or it didn't happen«[109] ist das Gebot der Stunde.

Selbst Sport- oder Kulturveranstaltungen scheinen oftmals nur noch dazu da zu sein, die Online-Fotostrecken von mor-

---

#108 Eine Nachricht, die vor allem dann für unangenehme Gefühle sorgt, wenn man mit Heiko am Vorabend den Junggesellenabschied verbracht und jüngst den Chef als Facebook-Freund akzeptiert hat.

#109 »Fotos her, oder es ist nie passiert.«

gen zu werden. Statt den Moment zu genießen, muss man Bilder schießen. Der durchschnittliche Rockfan verbringt bei Livekonzerten mehr Zeit mit Fotografieren oder Filmen als mit Pogotanzen.[110] Statt die Musik zu zelebrieren, versucht man möglichst umfassend zu dokumentieren, wie derbe man die Musik zelebriert hat. »Markus Headbanger hat 25 neue Fotos zum Album ›Alter, was haben wir gerockt‹ hinzugefügt!« Was früher das Feuerzeug in der Luft war, ist heute das leuchtende Display.[111]

Besonders irre wird die Situation, wenn man das Geschehen von der mittlerweile obligatorischen Großbildleinwand abfilmt und dann online stellt. Das bringt so viele Meta-Ebenen mit sich, dass selbst demjenigen schwindlig wird, der den Handlungsbogen aller drei »Matrix«-Filme lückenlos erklären kann.

Wie sehr uns das Mobiltelefon am Herzen liegt, konnte ich schon sehr intensiv an mir selber beobachten. Ich war bei einem Konzert des Schockrockers Marilyn Manson, in dessen Verlauf der skandalträchtige Sänger mit einem gewaltigen Fleischermesser die Plastikgeschlechtsteile einer Gummipuppe malträtierte und anschließend auf der Bühne seine Nase mit undefinierbarem weißen Puder bestäubte. All das konnte mich nicht wirklich erschüttern – blankes Entsetzen machte sich allerdings bei mir breit, als er einer Frau aus der ersten Reihe ihr emporgestrecktes weißes iPhone entriss und es mit einem »Fuck that piece of shit!« in einen stampfenden Pulk

#110 Klassikfreaks filmen offenbar deutlich weniger. Ob es an der hohen Konzentration des Rezipienten liegt oder schlicht am technischen Unvermögen, ist nicht klar. Auf jeden Fall sieht man deutlich mehr verwackelte iPhone-Filmchen von Justin-Bieber-Connaisseuren als von ekstatischen Lang-Lang-Fans.

#111 Insofern ist es nur konsequent und logisch, dass es eine Feuerzeug-App gibt, die auf dem Bildschirm die Flamme simuliert – in HD-Auflösung.

rockender Fans katapultierte. Das Ding war kaputt, so viel war sicher. Platt. Gesplittert. Zertreten. Tot. Ich konnte die Reaktion der jungen Handybesitzerin nicht sehen, aber es muss sie in ihren Grundfesten erschüttert haben. Ich war fertig. »Das hätte mein Handy sein können«, schoss es mir durch den Kopf. »Heute die, morgen du.«

Musste früher Ozzy Osbourne noch einer Fledermaus den Kopf abbeißen, um sein Publikum zu schockieren, reicht es heute also, ein Smartphone zu zerstören. Wobei ein defektes Mobiltelefon, PDA oder Notebook noch nicht die ultimative Horrorvorstellung ist: Der Verlust durch Vergessen oder Diebstahl trifft viele Menschen oftmals sogar härter als das plötzliche Verschwinden eines geliebten Haustiers. Kein Wunder – vor allem, weil der entlaufene Hund bei weitem nicht so viel über sein Herrchen zu erzählen vermag wie sein in der Bahn liegengelassener Blackberry. Wir vertrauen den Geräten mehr sensible Informationen an als unseren Lebenspartnern. Gut, im Gegensatz zu einer Beziehung bekommt man auch mindestens zwei Jahre Garantie.

Unsere Telefone sind mittlerweile tatsächlich smarter als wir. Die Sucht nach dem Touchscreen[112] greift dabei generationen-, geschlechter- und ständeübergreifend um sich. Egal ob Schüler, Azubi, Handwerker, Hochschulprofessor, Digital Native oder Rentner – alle werden mehr oder weniger davon erfasst. Und da soll noch einer behaupten, diese Entwicklung würde unser soziales Leben nicht beeinflussen.

#112 Die körperlichen Folgen äußern sich u. a. im sogenannten iPhone-Finger, dem technologischen Pendant zum Tennisarm. Weiterhin wird von ersten Fällen digitaler Bräune berichtet, bei der die Betroffenen die Helligkeit ihres Displays zu hoch eingestellt hatten.

# Menschen, die sich das Gesicht anleuchten

Schauen Sie sich mal in den Restaurants und Kneipen um – das heißt, natürlich nur, wenn Sie sich vom Bildschirm losreißen können. Wir sind eine Gesellschaft von Menschen geworden, die sich in dunklen Gasträumen das Gesicht mit ihrem Display anstrahlen und dadurch Erleuchtung finden wollen. Kein schnelles Bierchen mit den Kumpels, kein Weiberabend mehr, bei dem nicht alle Beteiligten abwechselnd oder gleichzeitig ihre Handys zücken. Da sitzt man dann in vertrauter Gruppe, schweigt und starrt auf sein Handy. Man redet nicht mehr miteinander, sondern chattet mit den Zuhausegebliebenen.

ANTON K. UNTERSCHÄTZTE DIE FOLGEN EINES LEEREN SMARTPHONE-AKKUS

»Ist doch schön, dass auch an die gedacht wird«, könnte man jetzt sagen. Aber kaum zu Hause bei den Lieben angekommen, beginnt man einen SMS-Dialog mit denen, die gerade noch mit einem in der Kneipe saßen. Es ist irre! Gespräche kommen anscheinend nur noch dann zustande, wenn wir ein technisches Gadget dazwischenschalten, so als würde die Nutzung von Mikroprozessoren und Funkmodulen einer Unterhaltung mehr Bedeutung verleihen. Es soll schon Fälle gegeben haben, dass auf einer Party die interessantesten Gespräche bei einem Hangout[113] auf Google+ geführt wurden, an dem die meisten der Gäste beteiligt waren. Da ging es onmehr ab als offline.

Und mal ehrlich: Wer hat nicht schon einmal während des romantischen Dinners das dringende Bedürfnis gespürt, aufs Klo zu gehen, um dort ungestört E-Mails abrufen zu können? Leicht verlegen kommt man zurück an den Tisch und sieht, dass der Partner die Zeit ebenfalls genutzt hat, um sich mit dem neuesten Schuss Daten zu versorgen.

In Bahnhofsnähe werden öffentliche Toiletten mit Leuchtstoffröhren ausgestattet, deren gefärbtes Licht es Heroinabhängigen unmöglich macht, ihre Venen zu finden. Wäre es in diesem Sinne nicht richtig und wichtig, in Restaurantklos mit Hilfe von Störsendern den Mobilfunkempfang zu blockieren? Ich kann sie schon sehen, die Datenfixer, die sich todesmutig aus dem Toilettenfenster lehnen, nur um sich ihre Dosis Internetempfang aus der Luft saugen zu können. Tödliche Stürze sind unvermeidbar, und die Familie ehrt den Verblichenen mit dem Grabsteinspruch: »Er hat sich downgeloaded. Möge er ruhen im ewigen Stand-by.«[114]

#113 Eine Art Gruppenchat im Internet.
#114 Also ich würde mir das zumindest so wünschen.

Selbst in kürzesten Gesprächspausen ertappt man sich beim verstohlenen Blick auf das mobile Endgerät. Und manchmal hält man es einfach nicht mehr aus und holt die »Sorry, muss kurz gucken, erwarte noch eine dringende Mail«-Ausrede aus der Mottenkiste.

Hin und wieder gerät man an ein Gegenüber, das beim fünften Mal sauer reagiert. Viel häufiger macht sich aber auch beim »Gesprächspartner« Erleichterung breit, weil er dann ja ebenfalls zum iPhone greifen darf. So kann man sich mit abwechselnden Smartphone-Unterbrechungen prima durch den Abend surfen, ohne eine sinnvolle Face-to-Face-Kommunikation gehabt zu haben. Das Vieraugengespräch weicht dem Zweidisplaygeplauder.

Wenn man sich mal ganz doll anstrengt und in Gesellschaft vom impulsiven Telefonbegrabbeln Abstand nimmt oder das Handy vielleicht sogar ganz mutig zu Hause lässt, wird einem das ganze Ausmaß der skurrilen Situation bewusst. Das entspricht dem Erlebnis, auf einer Studentenparty nüchtern zu bleiben:[115] über weite Strecken ekelhaft und unangenehm, zuweilen aber auch lustig und interessant. Mit derart ungetrübter Konzentration auf Freunde und Bekannte kristallisiert sich schnell heraus, wer von ihnen Gelegenheits- und wer Kettensurfer ist.

Aber gut aufgepasst – wie bei Süchtigen üblich, gibt es auch jene, die ihre Sucht geschickt vor der Öffentlichkeit zu verbergen wissen. Sie sind das Pendant zum Alkoholiker, der ausschließlich Wodka zu sich nimmt, um nur ja keine Fahne zu bekommen. Mit diesen versteckten Abhängigen, diesen Undercover-Usern, scheint man sich im Verlaufe eines Abends

---

#115 Oder als Helene-Fischer-Aficionado ein Marilyn-Manson-Konzert zu besuchen.

glänzend zu unterhalten. Schaut man sich nach dem Treffen allerdings deren Facebook-, Twitter- und/oder Foursquare-Timeline an, stellt man schockiert fest, dass sie in den vergangenen Stunden mehr gepostet haben, als man selbst in fünf Tagen. Das zeugt von bewundernswerter Geschicklichkeit, entbehrt aber nicht einer gewissen Tragik.[116]

Die wirklichen Härtefälle aber sind problemlos zu erkennen. Es sind die sogenannten iPhone-Autisten. Mit dieser Spezies ist im Grunde kein Offline-Kontakt mehr möglich. Disco, Kino, Restaurant, Theater – ja, selbst WM-Finale mit deutscher Beteiligung, Anti-Pelz-Demonstrationen nackter Models oder dressierte Nattern, die mit brennenden Mäusen jonglieren – nichts kann den iPhone-Autisten dazu bewegen, von seinem Gerät aufzuschauen. Man kann diese Menschen eigentlich nur mit einer Instant Message auf sich aufmerksam machen, und das, obwohl man nebeneinander sitzt, steht oder tanzt. Diese armen Geschöpfe schaffen es sogar irgendwie, sich unfallfrei durch Straßenverkehr und Fußgängerzone zu manövrieren. Vielleicht haben sie sich eine Art Ultraschallnavigation ähnlich den Fledermäusen angeeignet. Vielleicht gibt es dafür aber auch einfach nur eine App. Auf jeden Fall bekommen so die Blindenampeln in den Innenstädten eine weitere wichtige Aufgabe, wenn sie mit ihrem Piepen nicht nur Sehbehinderte, sondern auch displaysüchtige Handy-Starrer sicher über die Straße leiten.

Die Folgen derart exzessiven Smartphone-Konsums sind nicht selten soziale Isolation, körperlicher Verfall, Berufsverlust und mehrere tausend Facebook-Freunde. Als echter Freund

#116 Wahrscheinlich haben diese Menschen es sich antrainiert, ihre Handys ohne hinzugucken in der Hosentasche zu bedienen. Wie das funktioniert, kann man sich in Scorseses Film »The Departed« anschauen. Ja, ja, ja … oder es googeln … seufz!

sollte man den Kranken natürlich auf seinen Zustand hinweisen. Hat man als Wink mit dem Zaunpfahl über Google Calendar eine Termineinladung für ein Treffen der Anonymen Websurfer verschickt, wird der Betroffene seinen Zustand höchstwahrscheinlich leugnen und einem dies per Skype auch mitteilen. Ist er aber auch nach öffentlichen Facebook-Umfragen und diversen Gruppenchats mit anderen Betroffenen nicht von seiner Krankheit überzeugt, hilft nur die Schocktherapie: das Entreißen des mobilen Endgeräts.

Es ist allerdings meine Pflicht, Sie an dieser Stelle zu warnen: iPhone-Autisten reagieren darauf mit blinder Wut und körperlicher Gewalt, da der Vorgang von ihnen als Zwangs-Amputation empfunden wird. Seien Sie also vorbereitet auf harte Schläge und wüste Beschimpfungen. In Amerika kam es in einigen Fällen sogar zu spontanen Selbstentzündungen, und auf YouTube sind beunruhigende Videos aufgetaucht, in denen Werwolfsverwandlungen zu beobachten sind. In ganz tragischen Fällen sind sogar schon Kündigungen von Facebook-Freundschaften vorgekommen. Diese Worstcase-Szenarien dürfen Sie aber nicht davon abhalten, das Richtige und Wichtige zu tun. Sollten Sie sich selbst so eine Aktion nicht zutrauen, lassen Sie am besten Profis ran. Ich hätte einen Tipp: Marilyn Manson.

Ich selbst sehe mich mittlerweile als bekennenden Kettensurfer, ständig bemüht, meine Sucht auf ein akzeptables Maß zu reduzieren. So surfe ich in Gaststätten nur noch vor der Tür und versuche jedes Surfen bewusst zu genießen. Auf öffentlichen Plätzen, an Bahnhöfen und Flughäfen suche ich brav die ausgewiesenen Surfbereiche auf, die sogenannten Hotspots, die Pendants zu Raucherzonen. Seit ich mein mobiles Surfen derart zurückgeschraubt habe, geht es mir besser.

Ich muss beim Treppensteigen nicht mehr zum E-Mail-Checken stehen bleiben, und mein Datenkontingent reicht bis zum Monatsende. Die Lage ist ernst, aber nicht hoffnungslos. Ich vermute daher, dass sich der Exzess öffentlicher Internetbenutzung früher oder später sogar von selbst regulieren wird. Wie schon gesagt: Zu jeder gesellschaftlichen Bewegung bildet sich eine Gegenbewegung. Schon heute gibt es Menschen, die voller Stolz ihren zehn Jahre alten Nokiaknochen auftragen, mit dem man »nur« telefonieren kann, und man spürt als iPhone-Nutzer dieses Gefühl aus Nostalgie und Neid, wenn sie von einwöchigen Akkulaufzeiten schwärmen.

Man sollte die Gruppendynamik als Regulativ nicht unterschätzen. Es gab ja auch mal Zeiten, zu denen es üblich war, sich bei feierlichen Banketts mit einer Feder im Hals zu kitzeln. Irgendwann fanden das alle zum Kotzen. Genauso wird es den Smartphones im Restaurant ergehen.

# VERLORENE SEELEN AUF DEM SPEICHERSTICK – VOM FLUCH UND SEGEN DIGITALER FOTOGRAFIE

Angefangen bei der Höhlenmalerei über die Fresken der Antike, die prächtigen Ölgemälde der Renaissance, die Vedutenmalerei des Barock bis hin zu den abstrakten Gemälden der modernen Kunst: Die Menschheit war stets bemüht, sich selbst und die Welt bildlich festzuhalten.

Im 19. Jahrhundert kam mit der Fotografie eine weitere Möglichkeit dazu, diesem Bedürfnis nachzugehen. Das erste uns bekannte Foto stammt von Erfinder Joseph Nicéphore Nièpce und ist natürlich fernab heutiger Ideale. Es zeigt verrauscht, unscharf und damit nur schwer erkennbar ein mittelmäßig interessantes Motiv: den Blick aus Nièpces Arbeitszimmer. Ein Wunder? Damals vielleicht!

Fotos in dieser Qualität erhalte ich nahezu täglich via E-Mail von meinen Schwiegereltern. Regen auf dem Balkon, Schnee in den Wipfeln, Grillwürste auf heißem Rost – anscheinend gibt es nichts mehr auf dieser Welt, was nicht fotografierenswert ist. Der ungebrochene Siegeszug der digitalen Fotografie ist damit Fluch und Segen zugleich. Da in prädigitaler Zeit ein Film maximal 36 Bilder hatte, die allesamt entwickelt und auch noch bezahlt werden mussten, überlegte man sich damals vorm Abdrücken jedes Foto ganz genau. Es musste vor allem gute Gründe für das Knipsen geben: »Ok, Oma. Ein Foto, aber nur, weil es vielleicht das letzte ist.« Heute besucht man die Oma, und bevor man »Gibt es Kuchen?« sagen kann, hat die rüstige Dame einen fünf bis zehn Mal mit ihrer Handykamera fotografiert.

In manchen Kulturen existiert der Glaube, dass mit jedem Foto ein Stück der Seele des Fotografierten verlorengeht. Wenn das tatsächlich wahr sein sollte, verbringen wir alle unser Leben nach dem Tod auf einer Speicherkarte. Ob man dann immer noch froh über eine hohe Auflösung ist?

Natürlich hat es auch sein Gutes, dass man heute nach Herzenslust alles und jeden ablichten kann, aber diese Möglichkeit sorgt letztlich dafür, dass das Foto an sich seine Wertigkeit verliert. Es ist eine traurige Realität, dass Tausende und Abertausende Bilder in gewaltigen Archiven auf unseren Computern versauern und uns gnadenlos die Festplatten vollmüllen. Auf einmal bekommt das gute alte Fotoalbum mit Klebeecken oder transparenter Folie wieder jede Menge Charme. Es zwang einen zu Auswahl und damit kritischer Reflexion des eigenen Werkes. Ich habe meinen Schwiegereltern deswegen jüngst die Faustregel an die Hand gegeben, nur noch solche Bilder weiterzuschicken, die sie auch in ein Fotoalbum einkleben würden. Seitdem sind die Bilder von Grillgut seltener geworden.

Die, auf denen ich drauf bin, allerdings auch.

## Diashows des Grauens

Im stetigen Kreislauf technischer Moden kehrte außerdem ein Trend zurück, den man für zu Recht vergessen gehalten hat: Diashows. Kam in den 70ern oder 80ern jemand mit zwei Kassetten voller Dias zu dir nach Hause, konnte man das Schlimmste noch mit den Worten »Sorry, der Projektor ist kaputt« abwenden. Selbst das tragbare Diagerät ließ in einem solchen Fall Raum für eine Rettung: »Ups, wir haben keine Leinwand. Und weiße Wände erst recht nicht.«[117]

Heutzutage schleppen die Leute ihre Laptops an, womit das Unheil unaufhaltsam seinen Lauf nimmt.

Der wohl schlimmste Satz, der von einem Hobbyfotografen gesprochen werden kann, wenn er dir nach seinem Urlaub einen Besuch mit seinem mobilen Computer abstattet, ist: »Wir haben noch nicht aussortiert.« Wenn er dann noch eine alte Digitalkamera ohne automatische Fotoausrichtung benutzt hat, sorgt die Aussage »Und gedreht habe ich die Bilder auch noch nicht« für zusätzlichen Horror. Man kann sich nun drauf einstellen, mehrere Stunden seinen Kopf den horizontalen und vertikalen Bildern hinterherzudrehen, bis der Nacken seinen Dienst versagt. Das führt dann zu Dialogen wie folgendem:

»Ich habe ein steifes Genick vom Wasserskifahren.«

»Wasserskifahren? Kannst du das denn?«

»Nein, ich habe Fotos davon angeschaut.«

Gerade die bildliche Dokumentation des Jahresurlaubs wird durch digitale Fotografie zunehmend pervertiert. Die exzessive Ablichtung von Neuschwanstein, Kollosseum oder Freiheitsstatue ist schon lange keine exklusive Gruppenpsychose japanischer Reisegruppen mehr. Immer mehr Menschen kommen aus der Sonne nicht mehr mit Bikini- oder Badehosenstreifen nach Hause, sondern mit Abdrücken von der digitalen Spiegelreflexkamera im Gesicht:

»Wo seid ihr gewesen?«

»Weiß ich nicht, muss ich auf der Festplatte nachschauen.«

---

#117 Was in den 70er und 80er Jahren absolut plausibel war. Beweise gibt es zuhauf, in Form von Fotos mit psychedelisch tapezierten Zimmerwänden.

Das alles klingt zwar schlimm, ist aber noch verhältnismäßig harmlos gegen einen weiteren Bereich zügellosen Fotografierens, der nichts weniger bedroht als die körperliche und geistige Unversehrtheit unserer Kinder: Wir jungen Eltern fotografieren unseren Nachwuchs zu Tode. Von manchen Halbwüchsigen werden innerhalb kürzester Zeit so viele Fotos geschossen, dass man daraus ein Daumenkino erstellen kann.

Von mir selbst gibt es nur einen Bruchteil der Aufnahmen, die mittlerweile von meinem Sohn existieren. Und ich bin froh darüber, denn seien wir mal ehrlich: Babyfotos gleichen sich wie ein Ei dem anderen. Bemützte Ballonköpfe auf wulstigen Fleischbergen werden schlafend mit den schrumpeligen Füßen voran fotografiert. Willkürlich auf, unter oder vor das schlafende Menschenkind drapierte Stofftiere sollen den emotionalen Gehalt des Motivs noch steigern. Im Prinzip ist man damit lediglich sechzehn Jahre vom Betrunkenen-Dekorieren entfernt.

Das Ergebnis sind Fotos, die eigentlich nur Eltern »süß« finden können. Das werden die einstigen Babys, wenn sie irgendwann erwachsen sind, übrigens genauso sehen. Babyfotos taugen dann nur noch für lustige Diashows bei runden Geburtstagsfeiern, durch die man den Jubilar mittels alter Schnappschüsse (besonders beliebt: Klein-Horst auf dem Töpfchen) der Lächerlichkeit preisgibt.

Insofern gehöre ich noch zur glücklichen Generation der Wenig-Geknipsten und Unter-Abgelichteten. Aber von wegen glücklich: Alter Schwede – sind selbst diese paar Kinderbilder von mir niederschmetternd. Ich war ein furchtbar hässliches Kind.[118] Ich hatte beispielsweise – wie sage ich es vorsichtig? –

---

#118 Auch wenn meine Mutter mir da vehement widerspricht. Mein Vater übrigens nicht.

ein Haupt, das seiner Umwelt in überproportionalem Verhältnis gegenüberstand.[119] Haare Fehlanzeige. Ebenso kein Kinn, kein Hals und jede Menge überflüssige Haut – ich war optisch eine Mischung aus Franz-Josef Strauß und einem chinesischen Faltenhund. Die allerschlimmste Aufnahme entstammt einer Serie, die in einem Pixyfoto-Studio[120] von mir geschossen wurde. Auf dem Bild sieht man mich glatzköpfig, in einem rot-blauen Nicki-Strampelanzug, wie ich die Gummifigur einer zum Elefanten mutierten Maus umklammere und feist grinse. Und die Gummifigur hat bessere Proportionen als ich.[121]

Das Foto würden Sie jetzt bestimmt gerne sehen, oder? Sie Katastrophentourist! Ok, dann blättern Sie mal um.

Na? Zu Ende gelacht und wieder zurück auf dieser Seite, Sie Gaffer? Dieses monströse Bild stand sehr lange Zeit auf dem Piano im Flur meiner Eltern. Immer wenn Besuch kam, fiel der Blick der Gäste automatisch auf diese Fotografie. Kommentiert wurde sie zumeist mit folgenden sensiblen Worten: »Boah, ist das der Toby? *(Prust.)* Der hatte ja einen fetten Kopp!«

Traumatisch. Dennoch muten wir digitalen Dauerknipser unseren Kindern zu, in Zukunft mit Unmengen solch kompromittierenden Bildmaterials zu leben. Was das für die Psyche der nachkommenden Generation bedeutet, vermag ich mir nicht auszumalen.

Die Fotoflut führt dazu, dass heute jede Phase des Lebens

#119 Ich hatte einen dicken, fetten Kopf!

#120 Das Konzept von Pixyfoto basierte auf einer Art Drückerkolonne, die vor Kaufhof und Hertie vor allem junge Eltern mit »kostenlosen Probeaufnahmen« in das Studio locken sollten. Dort wurde dann klar, dass zwar alles umsonst, aber keinesfalls kostenlos ist. Wollte man die unentgeltlich erstellten Aufnahmen mitnehmen, musste es in der Kasse klingeln.

#121 Über den Rüssel will ich nicht reden.

detailliert dokumentiert wird. Junge Menschen werden unbarmherzig auch in der Pubertät abgelichtet – mit 14 Megapickeln, Verzeihung, -pixeln. Alte Menschen müssen sich hochaufgelöst den Furchen des Lebens stellen. So steht HD nicht nur für »High Definition«, sondern häufig auch für »Haut defekt«. Es ist ein Jammer!

## Vorschämen oder retuschieren?

Eine unumstößliche Wahrheit gilt für digitale, analoge, schwarz-weiße oder farbige Bilder gleichermaßen:

Auf alten Fotos sieht man scheiße aus! Immer!

Entweder hat man eine grausame Haarfrisur oder fiese Klamotten, nicht selten sogar beides. Man schaut sich diese ollen Schnappschüsse an und denkt: »Habe ich denn keine Freunde? Wieso hat mir damals niemand gesagt, wie beschissen ich aussah?«

Und dann sieht man Bilder von seinen Freunden. Damit ist der Fall dann klar. Vokuhila-Matten, ribbelige Wollpullis, Spandexhosen, Acid-washed-Jeans, neonfarbene Stirnbänder oder asymmetrische Brillengestelle – man hält das alles erst mal für eine gute Idee.[122] Ich garantiere Ihnen, wenn ich Sie jetzt fotografiere, wird Ihnen das Foto in zehn Jahren peinlich sein. In dem Moment, wenn jemand auf den Auslöser drückt, kann man also direkt anfangen, sich »vorzuschämen«. Die digitale Fotografie sorgt dafür, dass aus einzelnen Aufnahmen optischer Verfehlungen eine lückenlose Dokumentation eines modisch verpfuschten Lebens wird.

---

[122] So gesehen ist die Aussage »Mensch, du hast dich ja gar nicht verändert!« eigentlich ein guter Grund, seinem Gegenüber eine reinzubrezeln.

*Der Autor anno 1976*

*So, genug gelacht? Dann bitte weiterlesen!*

Wie werden wir mit dieser Wahrheit umgehen? Wie lange werden wir in Zukunft vor den Kleiderschränken verbringen, wenn wir danach streben, nicht mehr nur für das Hier und Jetzt adrett zu sein, sondern auch für die nächsten zwanzig Jahre? Ist das überhaupt möglich?[123] Sie merken schon, es geht

#123 Natürlich könnte man dieselben Klamotten einfach über Jahrzehnte auftragen. Eine Strategie, die sich vor allem unter Oberstudienräten und städtischen Verwaltungsmitarbeitern großer Beliebtheit erfreut. Nach den Gesetzen der Mode wäre man so in regelmäßigen Abständen immer mal wieder »in«. Zugegeben wäre man die meiste Zeit »out«, der unschlagbare Vorteil ist aber, dass einen alte Fotos nicht überraschen können.

hier um absolut existentielle Fragen, die durch die zunehmende Digitalisierung immer bedrohlicher werden.

Und es kommt noch dicker: Während uns die Digitalfotografie durch die gigabyteweise aufgetürmten hässlichen Wahrheiten das Leben schwermacht, sorgen die neuen Möglichkeiten der Bildbearbeitung am Computer dafür, wunderschöne Unwahrheiten zu schaffen. Was früher nur Profis vorbehalten war, kann dank erschwinglicher Hard- und Software heute von jedem ambitionierten Computerbesitzer problemlos durchgeführt werden.

Selbst Tante Klaras haarige Warze kann per Mausklick entweder gänzlich entfernt oder zumindest enthaart werden. Ebenso ist das Hüftgold der Gattin kinderleicht zu reduzieren, der Bierbauch des Mannes zu planieren, und Pubertierende können Hautunreinheiten nicht mehr nur analog ausdrücken, sondern obendrein digital wegklicken. Es ist sogar ohne großen Aufwand möglich, das schwarze Schaf der Familie gänzlich vom Gruppenfoto zu tilgen. Scheidungen, Erbstreitigkeiten und sonstige Familienschmach lassen sich buchstäblich wegretuschieren.[124]

So hört man heute statt des ungemein harten »Ich werde dich enterben« immer öfter nur noch das locker-flockige »Ich lösch dich vom Weihnachtsfoto.« Die Möglichkeiten hierbei sind buchstäblich grenzenlos.

Selbst wer noch nie die Ortsgrenze von Neukirchen-Vluyn überschritten hat, kann sich Urlaubsfotos einfach selber basteln und sein Bild in eine Fotografie der Copacabana hineinmontieren. Wer keine Freunde hat, benötigt nur den Schnappschuss eines x-beliebigen Junggesellenabschieds, um sich mit

---

#124 Der neue Terminus hierfür ist »photoshoppen«, was auf das legendäre Bildbearbeitungsprogramm Photoshop zurückzuführen ist.

ein bisschen Geschick auf den Schoß der Stripperin zu »photoshoppen«.

Und es wird noch besser: Selbst wenn Sie schon einmal an der Copacabana waren, aber mieses Wetter hatten, können Sie rückwirkend mit ein paar digitalen Filtern die Sonne aufs Bild und in die Herzen der Betrachter bringen. War Ihnen die Stripperin bei Ihrem Junggesellenabschied nicht gut genug bestückt? Brüste vergrößert man mit geeigneter Software besser und schneller als jeder Schönheitschirurg – und das ganz ohne Skalpell und Betäubung.[125]

Sie finden das unmoralisch? Also nicht Brüste zu vergrößern, sondern via Bildbearbeitung Erinnerungen den eigenen Wünschen anzupassen? In Konversationen praktiziert das der Mensch schon seit Anbeginn der Zeit. Es liegt in unserer Natur. Angler machen den 300-Gramm-Hering zum 5-Kilo-Wels, pubertierende Jungs fügen bei Saufgeschichten immer noch vier bis fünf Kisten Bier hinzu, und selbst die Jünger Jesu werden die ein oder andere Anekdote ein wenig spektakulärer berichtet haben, als tatsächlich passiert.[126]

Damit jetzt keiner behaupten kann, ich würde den Hang zur Übertreibung klischeehaft als rein männliches Phänomen darstellen: Allein die Existenz von Make-up, Push-up-BHs, Haar-

#125 Über die Suchbegriffe »Brüste«, »vergrößern« und »Photoshop« finden Sie auf YouTube geeignete Lehrvideos. Ähäm, ich hatte das mal für einen Freund recherchiert.

#126 Unter dem Moto Pimp-My-Messias haben die Jünger reale Ereignisse möglicherweise etwas magischer gemacht, als sie es tatsächlich waren. Vielleicht kannte Jesus lediglich den örtlichen Weinhändler und konnte nach Ladenschluss noch eine Kiste Roten organisieren. Schon hieß es missverständlich: »Er hat Wasser zu Wein gemacht.« Eventuell war Gottes Sohn auch imstande, einen göttlichen Kaffee zu kochen, was alle aber etwas übertrieben mit »Der kann Tote zum Leben erwecken« kommentierten. Wir werden es nie erfahren, glaube ich.

Extensions und falschen Wimpern zeigt, dass es sich um ein geschlechtsübergreifendes Phänomen handelt. Kurzum: Praktisch jeder hat sich selbst schon mal in geselliger Runde pointierter oder positiver dargestellt und damit ein geschöntes Bild von sich in die Welt gesetzt.

Insofern gibt uns der technologische Fortschritt nur Werkzeuge an die Hand, um dieses uralte menschliche Bedürfnis zu befriedigen. Natürlich wird das mittlerweile hoffnungslos übertrieben: Models mit Körpern, die so schon aussehen, als wären sie am Computer modelliert worden, gaukeln uns Schönheitsideale vor, die am Computer modelliert wurden. Hüften werden geschmälert, Beine verlängert, Wangenknochen angehoben, Schlupflieder entschlupft, das fliehende Kinn erfolgreich eingefangen – und so ein gefährlicher Druck aufgebaut.[127]

Auf den Titelblättern zahlloser Fernsehzeitungen und Klatschblätter grinsen uns Prominente an, die so anmuten, als hätte man ihnen Frischhaltefolie übers Gesicht gezogen oder mit einer dünnen Schicht Heißkleber sämtliche Poren geschlossen. Es ist ein Zeichen der Zeit, die Zeichen der Zeit zu vertuschen.[128] Die Überästhetisierung des eigenen Bildnisses wurde wahrscheinlich aber auch schon im 16. Jahrhundert praktiziert: So mutmaßen Experten bis heute, dass die liebliche Mona Lisa ein Selbstbildnis von Leonardo da Vinci sein könnte, und jeder,

---

#127 Das Diktat der Beauty-Industrie treffe vor allem und am härtesten Frauen, hört man immer wieder. Mitnichten, denn aktuell geltende Schönheitsideale sind für Frauen wesentlich leichter zu erreichen als für Männer. Um irgendwann dem Cover der *Men's Health* nahezukommen, muss der Mann Tausende Sit-ups machen, Gewichte stemmen und unzählige Trainingseinheiten absolvieren. Frauen hingegen müssen einfach nur aufhören zu essen.

#128 Frauen und Männer rennen auf der Flucht vor dem Alter mittlerweile gleichermaßen zum plastischen Chirurgen. Früher ließen sich Frauen die Dinger verjüngen – und Männer suchten sich junge Dinger.

der ihn kannte, weiß, dass er eigentlich ein ziemlich hässlicher Vogel war – vor allem ein männlicher. Nicht auszumalen, was der gute, alte Leonardo mit einem leistungsfähigen Desktop-Rechner und Photoshop angestellt hätte.

Showbusiness und Politik[129] – überall sind Auswüchse der digitalen Retusche zu sehen. Auf Wahlplakaten sieht Rainer Brüderle plötzlich aus, als sei er Dirk Niebels jüngerer Bruder, und der örtliche Bürgermeisterkandidat wirkt auf dem Flugblatt so jugendlich frisch, dass man ihn bei seinem tatsächlichen Anblick am Wahlkampfstand in der Fußgängerzone fragen möchte, ob er zwischenzeitlich einen Unfall gehabt hat.

Natürlich wird Bildbearbeitung viel zu oft übertrieben, aber stellen Sie sich mal eine Welt vor, in der uns die völlig ungeschönten Spitzenkandidaten an jeder Ecke auf Plakatwänden das Fürchten lehren. Da schau ich mir doch lieber vierundzwanzig Stunden lang alte Kinderbilder an.

In diesem Sinne kann verantwortungsvolle Bildbearbeitung irgendwie auch eine Rettung für unsere Demokratie sein – selbst wenn die Gefahr besteht, dass lange Nasen verkürzt werden.

#129  Ob diese beiden Begriffe tatsächlich voneinander zu trennen sind, sei dahingestellt.

# DER NEWS-TSUNAMI –
# NACHRICHTEN AUF DER FLUCHT

Eine der größten Errungenschaften, die uns das Internet gebracht hat, ist die schier unerschöpfliche und in Echtzeit ablaufende Berichterstattung über die kleinen und großen Ereignisse in der Welt.

Saßen Nachrichtenwebsites einst als Baby auf dem Kindersitz des Newsmobils, sitzen die Online-Ableger gedruckter Zeitungen mittlerweile am Steuer. Auf der Rückbank halten sich die Print-, TV- und Radioformate panisch die Augen zu, weil das ungezogene Internet-Gör, statt umsichtig den Wagen zu lenken, in wilde Raserei verfallen ist. Reichte es vor ein paar Jahren noch, mit der gebotenen Ruhe über Neuigkeiten zu berichten, scheint heute das Bestreben zu dominieren, Katastrophen oder Skandale schon auf die Website zu zaubern, bevor sie überhaupt passiert sind. Die Frage ist nicht mehr, wer die besten Informationen hat, sondern wer sie am schnellsten als Eilmeldung über seine Startseite raushauen kann. »Angela Merkel im Krankenhaus? Raus damit. Swooosh … Ach, sie holt nur Kuchen beim Krankenhauskonditor? Egal!« Recherchieren wird offenbar zunehmend als nicht mehr zeitgemäß angesehen:

»Isses denn wahr?«

»Egal, es muss schnell online.«

So wird manchmal die gesamte Bevölkerung von nur grob

recherchierten Halbwahrheiten in den Wahnsinn getrieben. Beispiel gefällig? Eine schöne Tradition der Journaille ist das hemmungslose Hochschreiben von Seuchen und Epidemien, das in zuverlässiger Regelmäßigkeit die Titelseiten von Druck- und Online-Erzeugnissen ziert. Ob Rinderwahnsinn, Killer-, Vogel- oder Schweinegrippe – irgendwas ist immer drauf und dran, die Welt in den sicheren Untergang zu reißen. Wenn gar nichts mehr geht, werden unter der Überschrift »Himmel hilf! Borreliose und FSME sind zurück!« großformatige Bilder von diabolisch grinsenden Zecken unter die Leute gebracht. Und wir machen jedes Mal wieder mit. Selbst wenn man sich noch so sehr vornimmt, sich diesmal nicht impfen zu lassen, ruhig zu bleiben und sich erst recht splitternackt über die Waldwiese zu rollen – irgendwann kriechen einem die tausend Schlag-zeilen ins Hirn und stochern mit ihren Ausrufezeichen dort herum, wo das Panikzentrum sitzt. Oftmals stellt sich hinter-her heraus, dass der ganze Bammel auf falsch interpretierten Statistiken, missverstandenen Interviews und aufgeblasenen Einzelfällen basierte.

So auch bei einer der gefährlichsten Epidemien, die uns in den letzten Jahren heimgesucht hat: EHEC. Dieser Erreger hatte aber auch wirklich alles, was ein bakterieller Bösewicht braucht: unaussprechlicher Name, knackige Abkürzung, Über-tragung durch Lebensmittel und ein bis dato unbekannter Verlauf. Der Osama bin Laden unter den Darmbakterien hatte anscheinend nur ein Ziel: ein 9/11 im Verdauungstrakt anzu-richten!

So etwas ist natürlich ein feuchter Traum für jeden Publizis-ten. Der enterohämorrhagische Escherichia coli (EHEC), der für das hämolytisch-urämische Syndrom (HUS) verantwortlich zeichnet, wurde so im Jahre 2011 zum absoluten Superstar – und das, wie ich glaube, aufgrund mangelhafter Recherche.

Meine Theorie ist folgende: Bei der Pressekonferenz des Robert-Koch-Instituts[130] sagte wahrscheinlich einer der Sprecher etwas lax: »Wir suchen PANISCH nach den SCHURKEN«, und die anwesenden Journalisten, in einem Ohr das Bluetooth-Headset mit Standleitung zur Redaktion, haben sich schlicht verhört:

»Was hat er gesagt? SPANISCHE GURKEN?«

»Hab ich auch verstanden. Wollen wir noch mal fragen?«

»Nein, muss schnell online.«

So tickerten die spanischen Gurken als Übeltäter über alle Kanäle, und siehe da: Die Angst vor den südländischen Killergurken[131] griff um sich. Kurioserweise hatte plötzlich jeder Schiss wegen EHEC – und das, ohne daran erkrankt zu sein. Aufgebrachte Firmenmitarbeiter verlangten in ihren Kantinen Herkunftsnachweise für Kürbisgewächse und bestanden auf einen Sprachtest für Sättigungsbeilagen. Der verängstigte Mob forderte lautstark die Aufhebung des Asyls für ausländisches Gemüse und flüchtete sich mit Parolen wie »Kauft nur noch beim Bauern um die Ecke!« in blindwütigen Protektionismus. Die *Bild*-Zeitung titelte sinngemäß »Esst deutsch!«, und als wäre das noch nicht genug, bekamen die spanischen Gurken Post vom irren Wagner und seiner Zahnlücke: »Pfui! Ich habe euch noch nie getraut.«

Selbst unschuldiges Gastgemüse, das zum Teil schon seit Jahrzehnten in Deutschland angeboten wird, wurde Opfer dieses Salat-Nationalismus, und so vergammelten französischer Lauch und holländische Tomaten in den Auslagen der Supermärkte.

---

#130 Fälschlicherweise oft als Roland-Koch-Institut bezeichnet. Eine Verwechslung, die naheliegt, wenn es um gefährliche Erreger geht.

#131 Mittlerweile ist klar, dass die schlimmsten südländischen Gurken an der Spitze spanischer Banken zu finden sind.

Auch mich packte die Panik. Als meine wesentlich gelassenere Frau eines Tages mit drei Gurken unterm Arm über die Schwelle der Haustür schritt, konnte ich nicht anders, als verängstigt in den Schuhschrank zu flüchten und zu schreien:

»OH GOTT, WO HAST DU DAS TEUFELZEUG HER?«

»Die Gurken? Die sind aus Offenbach!«

»DAS IST NAH DRAN. AAAAAHHHH!«

Die im Nachhinein völlig überspannte Berichterstattung, die zu noch überspannteren Reaktionen führte, hatte eine neue Qualität, weil nicht nur die *Bild* und ihre effekthaschenden Epigone mitmachten, sondern auch die seriösen Medien bei EHEC unter einem heftigen Nachrichtendurchfall litten. Die Speerspitze journalistischer Integrität, *Der Spiegel*, titelte »Der Feind im Essen«, woraufhin etliche Abonnenten nach dem Verzehr von Fertigsalatmischungen einen Exorzismus vom örtlichen Gemüsehändler durchführen ließen. Wer kann es ihnen verdenken, wenn selbst untadelige Journalisten die Apokalypse prophezeiten.

Die Koryphäen von *Spiegel Online* bedachten die Geschichte mit der hollywoodreifen Überschrift »Ärzte schockiert über aggressiven Erreger!«[132] Dieser Artikel gab mir zum ersten Mal eine Ahnung, dass Faktenlage und Art und Weise der Aufarbeitung möglicherweise in einem Missverhältnis standen. Es wurden zwei (!) Ärzte zitiert, deren Schock sich auf die Aussage »Kennen wir so nicht« reduzieren ließ. Dabei legte die Überschrift eigentlich nahe, dass hier eine Armada angsterfüllter Mediziner auf ihrer kopflosen Flucht ins nicht-spanische Ausland noch schnell ihre desperaten EHEC-Erkenntnisse in die Redaktion telefoniert hätten. *Bild, Spiegel, FAZ,*

---

#132 Wobei ich seinerzeit beim Lesen von »aggressiver Erreger« zuerst dachte, Dominique Strauss-Kahn hätte wieder Mist gebaut.

*Zeit* – wo waren die Stimmen, die wenigstens mal »kein Grund zur Panik« in ihre Artikel einbauten? Angesichts der nackten Statistik hätte man das schon machen können.

Na klar, es konnte keiner genau sagen, wo die Reise hingeht, und natürlich war jeder einzelne EHEC-Fall tragisch. Aber reichte das aus, um den Teufel in buntesten Farben an die Wand zu malen? Das Robert-Koch-Institut verzeichnete während der Epidemie 834 bestätigte Fälle von HUS, unter denen 30 zum Tod geführt haben. Bei 82 Millionen Deutschen lag die Wahrscheinlichkeit zu erkranken bei 0,001 % – daran zu sterben bei 0,00004 %.

Gerade Letzteres entspricht ungefähr der Wahrscheinlichkeit, von Guido Westerwelles Dienstwagen im Feierabendverkehr von Oer-Erkenschwick überrollt zu werden. Sie wären im Jahr 2011 nach meinen Berechnungen 133 mal eher auf dem Weg zum Salatkaufen Opfer eines Verkehrsunfalls geworden, als sich den tödlichen Erreger einzufangen. Fairerweise muss man aber auch sagen, dass die Gefahr, an HUS abzunippeln, dreimal höher war, als mit einer Gurke unter dem Arm vom Blitz getroffen zu werden.

Dennoch saß uns allen die Angst im Nacken, wo doch der Tod in der Rohkost lauerte und der Caesar's Salad sich aufgemacht hatte, mit einem EHEC-Feldzug unseren Darm zu erobern. Und das alles, weil Journalisten, angefeuert vom brennenden Wunsch, entweder »der Erste« oder zumindest »der Schockierendste« zu sein, keine Zeit mehr für seriöse Berichterstattung hatten.

Was sich heute so heiter in Pointen verpacken lässt, war damals kein Spaß. Auch nicht, als Ilse Aigner und der marktliberale Justin-Bieber-Verschnitt Daniel Bahr, seinerzeit Umweltminister, eine Pressekonferenz gaben und dabei aussahen wie zwei Leitern ohne Sprossen. Frei nach Shakespeare hieß es plötzlich: »Es war die Sprosse und nicht die Gurke, die eben jetzt den bangen Darm durchdrang.«

Sprossen waren also der EHEC-Träger. Dass dieser sinnlose Zierrat auf überambitionierten Kantinensalaten solche Probleme bereiten konnte, hätte wohl keiner für möglich gehalten. Das zeigt wieder einmal, dass die Welt oft komplizierter ist, als sie in der Zeitung und im Internet beschrieben wird.

## Christian Wulff und die Fliegerbombe von Fukushima

Leider ist oft auch das Gegenteil der Fall und die Realität ist bei weitem nicht so komplex, wie es die Berichterstattung vermuten lässt. Eine Veröffentlichung im Internet unterliegt rein physisch keiner Begrenzung mehr. Es gibt keine Spalten oder Seiten, also keine natürlichen Grenzen. Im Internet ist immer Platz – für alles. Und dieser praktisch unendlich verfügbare Freiraum will gefüllt werden. So ballern uns die Schreiberlinge mit allen Details zu, die auch nur im Entferntesten mit der eigentlichen Nachricht zu tun haben.

Bei der Affäre um den Ex-Bundespräsidenten Christian Wulff bedeutete das, dass neben seinen halbwahren Bekenntnissen in Sachen Hauskredit, seinen dubiosen Kontakten zu Wirtschaft und High Society und dem Mailbox-Angriff auf *Bild*-Chef Kai Diekmann obendrein auch wirklich jede mikroskopisch kleine Anekdote oder Begebenheit aus seinem Leben in epischer Breite online aufgefächert wurde. Bald wusste man über den Bobby-Car-Fuhrpark von Schloss Bellevue ebenso Bescheid wie über die mystische Bedeutung der Tätowierung seiner Frau und die dubiosen Umstände, unter denen Kochbücher von seinem damaligen Sprecher Glaeseker an die

Niedersächsische Landesregierung verhökert wurden. Man wartete förmlich darauf, dass investigative Journalisten ehemalige Kindergarten- und Grundschulfreunde von Wulff ausfindig machen würden, die bestätigten, dass er mal bei »Fang den Hut« beschissen und anno 1962 auf einem städtischen Spielplatz in Osnabrück etliche Sandkuchen mit fremden Förmchen gebacken hat. Die alte Regel »Wo Rauch ist, ist auch Feuer« wird zunehmend zu: »Auch wo kein Feuer ist, muss es rauchen.«

Als im September 2012 kurioserweise kurz hintereinander Fliegerbomben in München, Viersen, Oberhausen und Hamburg gefunden wurden, explodierten Tausende von Artikeln ins Netz. Diese vermittelten dem hilflosen Leser neben der Kerninformation »Fliegerbombe gefunden« auch noch ausschweifende Informationen zu Technik des Zünders, Sprengkraft der Bombe, Bombentypen, dem Vorgehen bei Entschärfungen, dem Prozedere bei Sprengung und die beunruhigende Botschaft, es lägen noch »unzählige« Geschosse in Deutschlands Böden. Ich habe in dieser Zeit so viel über Fliegerbomben gelesen, dass ich mir mittlerweile zutraue, einen chemischen Zünder eigenhändig zu entschärfen.[133] In Anbetracht der Tatsache, dass ich regelmäßig in München, Hamburg, Oberhausen und am Niederrhein spiele, ist das vielleicht auch gut so. Seit diesem »Bombenseptember« trete ich in diesen Städten zwar immer noch auf, allerdings nicht mehr ganz so fest wie früher. Die Panikbombe, die als Blindgänger in meinem Verstand lag, ist letztendlich explodiert.

#133 Professionelle Bombenentschärfer unterscheiden übrigens zwei Arten von zu entschärfenden Fliegerbomben: Blindgänger und Versager. Während Versager defekt sind und im Grunde keine Gefahr darstellen, sind Blindgänger hochgefährlich und können jederzeit explodieren. Eine Unterteilung, die man auch in der Politik vielerorts anwenden kann.

Es wirkt fast so, als ob die Angst vor dem Internet die Zeitungsverlage dazu brächte, das Netz mit Gewalt vollzuschreiben. Als Kollateralschaden bleibt dabei das Gespür des Lesers für die wirklich wichtigen Nachrichten auf der Strecke.

Wir werden zu getriebenen News-Junkies, die verzweifelt damit kämpfen, Informationen zu verarbeiten und einzuordnen. Ich bin aufgrund meines Jobs seit Jahren treuer Leser von *SZ*, *FAZ*, *taz*, *Zeit*, *Freitag* und *Spiegel*. Obendrein nutze ich deren Online-Angebote und bemerke an mir in mittlerweile erschreckend kurzen Abständen den Neuigkeitenentzug, eng verbunden mit dem schon erwähnten Smartphone-Turkey.

Aus der Hosentasche ruft das Telefon: »Nimm mich! Ich habe was für dich!«, und siehe da: *Spiegel Online* hat die Startseite tatsächlich schon wieder umgebaut, das heißt die alten Artikel hin- und hergeschoben und die Fotos ausgetauscht. Clever, denn dadurch bekommt man das Gefühl, es sei alles neu, und man liest denselben Mist ein weiteres Mal. Wie oft habe ich einen Artikel dreimal gelesen, nur weil das Titelbild ein anderes war. In der Regel war das aber auch gut so, weil ich den Inhalt eh schon wieder vergessen hatte.

Hier zeigt sich, wann ich an die Grenze meiner geistigen Leistungsfähigkeit gerate. So schnell, wie Neuigkeiten in unser Hirn eindringen, fallen sie auch wieder raus. Machen Sie ruhig mal den Test bei sich oder bei Freunden, und konfrontieren Sie sie mit Stichworten zu »großen« Medienereignissen, Katastrophen und Skandalen, die länger als ein paar Wochen zurückliegen. Selbst bei einem Stichwort wie Fukushima wird man häufig hören: »Warte mal. Hmm, Fukushima. Du, sag nix. Ich komm gleich drauf. Ja: Frauen-WM 2011, und die Fukushima stand bei den Japanerinnen im Tor!«

Werden wir durchs Netz also dümmer oder vergesslicher? Nein, unser Hirn kapituliert lediglich vor den Datenmassen.

Musste in früheren Zeiten in einem handelsüblichen Kopf nur der Inhalt einer Tageszeitung nebst ein paar Telefonnummern, Adressen, Namen, Gesichtern und ein bisschen Allgemeinbildung Platz haben, wird heute gnadenlos und ungefiltert alles Wissen der Welt hineingepumpt, bis die Warnsirene heult. Es ist ein bisschen so, als wolle man die Bibliothek von Alexandria in einem Besenschrank unterbringen.

Dass wir noch nicht kollektiv durchgedreht sind, ist ein Wunder und weist darauf hin, dass die Evolution weiterhin ihren Dienst tut und uns auf die veränderten Lebensbedingungen einstellt. Ich schätze, dass wir Menschen in zwei bis drei Generationen ohne Probleme mit den Datenströmen aus dem Netz umgehen werden. Oder der ganze Mist ist uns dann endlich wieder scheißegal.

## Bin ich noch synchron?

Auch kulturell wirkt sich die umfassende Informationsflut spürbar aus. Im Kabarett gab es vor dem digitalen Zeitalter mal etwas, das man »Tagesaktualität« nannte. Aktuell war, was morgens in der Zeitung stand, und das blieb auch so, bis abends der Künstler im Kleinkunsttempel auf die Bühne stieg. Die nächste allgemein akzeptierte Aktualität kam nämlich erst mit der Tagesschau um 20 Uhr, was aber für den Kabarettabend keine Rolle mehr spielte, weil weder Künstler noch Publikum die Nachrichten zu sehen bekamen … konnten sie ja nicht. Waren ja alle im Theater.

Heutzutage, wo jeder Rücktritt und jede Kursänderung in Politik und Wirtschaft via Push-Nachricht von News-Apps auf das Smartphone gesendet wird, haben wir es nicht mal mehr mit einer Stundenaktualität, sondern oftmals mit einer Minutenaktualität zu tun. So veraltet ein ehemals tagesaktuelles Bühnenprogramm heutzutage bereits während es gespielt wird. Der Kabarettist muss in der Pause, beim Blick auf sein mobiles Endgerät, schockiert feststellen, dass er seine Weltsicht auf veralteten Fakten aufgebaut hat. Das kann ziemlich frustrieren, und so sollen gerüchteweise einige zweite Teile von Kabarettprogrammen heute nur noch aus ein, zwei Sätzen bestehen: »Meine Damen und Herren … Ach, leckt mich doch am Arsch!«

Jetzt mag der ein oder andere von Ihnen sagen: »Was interessiert mich das Leid der Kabarettisten?« Das wäre aber vorschnell, denn auch im ganz normalen Leben, fernab von kleiner Bühne und großer Politik, macht sich die Beschleunigung von Nachrichten und Trends bemerkbar: So dauerte es in der Zeit vor Internet und Globalisierung schon mal eine Weile, bis beispielsweise Modetrends um die Welt gingen. Bis die verschnarchte *Brigitte*-Redaktion via Fax erfahren hat, dass Kim Basinger mit einem roten Hut auf der New Yorker 5th Avenue in ein Taxi gestiegen ist, konnten schon Tage oder sogar Wochen vergehen. Deswegen gab es eine größere Zeitspanne, in der Moden entstanden und auch wieder verschwanden.

Heute ist Mode durch die weltweite Bilderflut in Realzeit einfach unfassbar, ja unmenschlich schnell. Das ist auch der Grund, warum die Leute beim Shopping immer so rennen: Sie wollen zu Hause sein, bevor die Klamotten in den Einkaufstüten wieder out sind. »Lassen Sie mich durch. Noch bin ich in. Shit, zu spät!«

Jedes Joghurt hat heute ein längeres Haltbarkeitsdatum als eine Haarfrisur. So haben Kabarettisten und Modefreaks im Grunde die gleichen Probleme: einen ständig wechselnden Status quo. Bei beiden ist allerdings eines sicher: Ein Joghurt auf'm Kopp ist auch keine Lösung. Glauben Sie mir, ich hab es probiert, und so trage ich für meinen Teil schon seit Jahren die gleiche Frisur, eine Mischung aus Elvis-Tolle der 60er und Raver-Stacheln der 90er Jahre, in der Hoffnung, dass sie irgendwann wieder modern wird – wenn sie es denn jemals war.

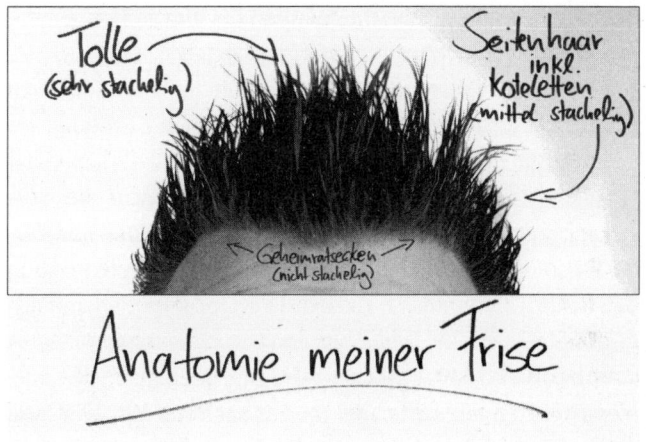

Während unsere Laptops, Desktop-Rechner, Handys und Tablets miteinander synchronisiert werden, geht die Synchronität zwischen Mensch und Realität flöten. Dadurch hinken wir stets den neuesten Informationen hinterher, sind anfällig für Panikmache und Hysterie, chronisch »underdressed« und permanent »out«.

In der Branche sprach man in der Kreidezeit des Netzes vom »daily reason to visit« – dem täglichen Grund, auf die Website zu surfen, den es für den User zu schaffen galt. Auch hier hat sich die Zeiteinheit massiv verkleinert, und die Online-Redaktionen haben sich als Maxime »every minute a reason to visit« auf die Fahnen geschrieben. Weil aber nicht immer und ständig etwas Profundes passiert, sitzen Praktikanten und feste freie Mitarbeiter[134] mit Klebstoff und Pinzette vor betäubten Mücken und versuchen, ihnen große Ohren, Stoßzähne und einen Rüssel anzukleben. Da mittlerweile Revolverblätter und distinguierte Blattmacher im gleichen Boot sitzen und auch noch in dieselbe Richtung rudern, glaubt der arme Leser irgendwann wirklich, dass da Elefanten bei ihm zu Hause summend gegen die Wohnzimmerfenster fliegen.

Kein Wunder also, dass auch die traditionell übernervösen Finanzmärkte auf jeden Fliegenschiss binnen Sekunden reagieren. Mal ganz im Ernst: Wenn im Frankfurter Zoo ein paar Tiger ausbrechen und die Broker diese Nachricht auf dem Ticker sehen, gehen ein paar Kilometer weiter an der Frankfurter Börse direkt die Preise für Tierfutter und Importfleisch in den Keller. Das nenne ich real existierenden Raubtierkapitalismus.

»Abwarten und Tee trinken« wäre eine gute Idee. Schwierig, wenn einem beim Warten der Tee aus der Hand fällt, weil man auf dem Tablet rumwischt und mit suboptimal recherchiertem Just-in-time-Journalismus konfrontiert wird. Zu allem Überfluss besitzt die alte Zeitungsregel »Nur schlechte Nachrichten sind gute Nachrichten« nach wie vor Gültigkeit. So wird man mit unzähligen aufgeblasenen Nachrichtenattrappen der erschreckendsten Art konfrontiert und ertappt sich plötzlich dabei, wie man kopfschüttelnd murmelt: »Gott, ist die Welt schlimm geworden!«

Ich glaube ja, dass die Welt tatsächlich nicht mehr oder weniger schlimm ist als vor fünfzig Jahren. Man bekommt heute das ganze reale Unheil und alles darüber hinaus einfach nur

#134 Eine seltsame Sadomaso-Arbeitsbeziehung, bei der Firmen sich Mitarbeiter zulegen, für die sie arbeitsrechtlich keine Verantwortung tragen. In der Szene wird eine solche Stellung mit »fester Freier« abgekürzt, was eine Nähe zur Prostitution zumindest vermuten lässt.

mehr mit. Viel zu häufig lasse ich mich aber auf den Horrortrip der Nachrichtenindustrie ein. Gelassenheit findet im Internet nicht statt, was tatsächlich ein Problem ist. Man muss sich seine Grundruhe heutzutage schwer erarbeiten und Nachrichten, die einen bewegen, einem gründlichen Faktencheck unterziehen, sich die Tatsachen eben zusammengoogeln.

So wird man zwangsläufig zum festen Freier der Nachrichten-Websites und versucht mit Pinzette und Lösungsmittel Ohren, Stoßzähne und Rüssel von den Mücken zu entfernen, die tagtäglich gegen unsere Wohnzimmerfenster dotzen.

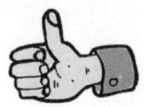

# DINGS, DONGS, BLÖNGS, BRUMMS! – DER CHATFENSTERSTURZ UND ANDERE KOMMUNIKATIONSFALLEN

Von Johann Wolfgang von Goethe, der Urfaust im Boxring deutscher Literatur, soll die folgende Aussage stammen: »Alle mögliche Fazilitäten der Kommunikation sind es, worauf die gebildete Welt ausgeht, sich zu überbieten, zu überbilden und dadurch in der Mittelmäßigkeit zu verharren.«

Was der dichtende Schwerenöter damit sagen wollte: Es gab damals wie heute einfach zu viele Möglichkeiten zu sabbeln.

Die Wege, um miteinander zu kommunizieren sind so mannigfaltig, dass Missverständnisse vorprogrammiert sind. Telefon, Fax, E-Mail, ICQ, IRC, WhatsApp, iChat, Skype, Xing, My-Space, Facebook, Twitter – man weiß fast gar nicht mehr, aus welchem Chatfenster man sich stürzen soll. Öffnet man heute die Klappe seines tragbaren Computers, lauern im Arbeitsspeicher die zahllosen Dienstprogramme, die aus dem Ruhezustand von null auf hundert rasen und uns mit Dings, Dongs, Plöngs und Summs übereifrig mitteilen, dass wir der Welt da draußen gerade noch gefehlt haben. Während das E-Mail-Programm mit Brumms und Bamms die guten Mails ins Inbox-Töpfchen, die schlechten Mails ins Spam-Kröpfchen sortiert, zeigt uns der Client für Internettelefonie mit Baddeldamm, dass man sieben Anrufe und, Baddeldumm, zwölf Chatanfragen verpasst hat.

Während man noch überlegt, wer die Anruferin mit Usernamen »Glossypussy07« ist und warum sie sich laut eigener Aussage so allein fühlt, lässt uns Facebook über alle zur Verfügung stehenden Kanäle wissen, dass das Internet in den letzten zwei Stunden offenbar komplett umgebaut wurde: »Ludger Wenkmann hat 17 neue Freunde. Benny Breitner hat seinen Beziehungsstatus geändert. Maria Morgensternchen hat dir einen Beitrag an die Pinnwand gepostet, und überhaupt MUSST DU GUCKEN, WAS HIER LOS IST, VERDAMMT NOCH MAL!«

Jajajajaja, aber vorher scrollt man sich noch durch die Timeline des Twitter-Accounts – bis plötzlich das Telefon mit einem klassischen Riiiiiiiing klingelt. DAS FESTNETZTELEFON? WIE NEUNZEHNHUNDERTNEUNZIG IST DAS DENN? Man nimmt ab, die Patentante ist dran, aber man schreit »ICH KANN GERADE NICHT REDEN! ICH MUSS KOMMUNIZIEREN!« Dann klingelt es wieder – und zwar, Dingdangdong, an der Haustür. Auf dem Weg zur Pforte beantwortet man zwei SMS auf dem Handy, öffnet und blickt ins Gesicht des Briefträgers, der mit großem Hallo ein Einschreiben abgeben möchte. Man nimmt das Einschreiben an, schaut auf den Absender und hört sich keifen: »WARUM SCHREIBT DER KEINE MAIL, DIESER ANALOGE PFEIFENWICHS!« Den Unmut über die ewig gestrige Art der Korrespondenz teilt man dem Einschreibenschreiber via iMessage und dem Postboten mündlich mit. Danach sind beide beleidigt, was einem Ersterer – Pading – in einer ICQ-Nachricht und Letzterer – Blök – ziemlich direkt ins Gesicht sagt.

Erschöpft fällt man auf seinen Bürostuhl und schreibt eine E-Mail mit dringenden To-dos an sich selbst: »Milch kaufen, Benny Breitner zur Hochzeit gratulieren, Patentante zurückrufen, sich beim Briefträger entschuldigen.« Schon Sekunden später meldet das E-Mail-Programm mit einem Brumms: »Sie haben eine Nachricht.« Es ist absurd: Am Ende geht man sich schon selbst mit E-Mails auf den Sack.

Fakt ist: Wir leben in einer Zeit, in der Kontakte kostbarer und kursstabiler sind als Wertpapiere.[135] Wer sehr gefragt ist, wird auch viel gefragt und muss entsprechend häufig antworten. Was aber, wenn man, verstrickt in Kommunikation, vor lauter Worten nicht mehr zu Taten kommt? Schon seit Jahren bemühe ich mich, die Bestie digitale Kommunikation zu bändigen. Sie ist allerdings wie die Hydra, der man einen Kopf abschlägt und sich dafür sofort zwei neue installieren.

Es ist lange her, dass Adresse und Telefonnummer einen vollständigem Datensatz ergaben: Skype-Name, ICQ-Nummer, Twitter-Username und E-Mail-Adresse sind heute mindestens genauso wichtig, um an der modernen Smalltalk-Konversation teilzunehmen. Es wird immer unüberschaubarer und damit schwieriger, eine Nachricht ans richtige Ziel zu bringen. Je exzessiver und schneller wir mit Mails, Kurznachrichten und Chatfetzen um uns schießen, umso höher wird die Quote von Querschlägern, was verheerende Folgen haben kann.

Eine schlüpfrige SMS, heiße Börsentipps via ICQ oder kathartische Beleidigungen als WhatsApp-Nachricht – all das kann, an die falsche Adresse geschickt, wahlweise zum Scheitern der Ehe, zu herben Spekulationsverlusten oder einer Faust auf dem Auge führen.

Ich bin mir sicher, dass mittlerweile fast jeder das Gefühl kennt, gedankenverloren eine Nachricht abgeschickt zu haben, um Minuten später eine fassungslose Antwort vom Arbeitskollegen zu bekommen: »Ähm, seit wann nennen Sie mich

#135  Was in Anbetracht der Facebook-Aktie nicht einer gewissen Ironie entbehrt.

Schnäuzelchen? Und möchten Sie wirklich mein Geschlechts-teil streicheln?« Gut, das kann der Beginn einer wunderbaren Freundschaft sein, ist es aber in der Regel eher nicht. Wer jetzt behauptet, unser Hirn wäre heutzutage unterfordert, hat zu Hause noch ein Wählscheibentelefon und schreibt Nachrich-ten mit Federkiel und Tintenfass. Nur ein wacher, gesunder Geist meistert souverän das Wirrwarr der Kommunikations-kanäle, aber selbst der souveränste Messagemaster verdrückt sich hin und wieder.

Dennoch: Alle Kulturpessimisten und Chat-Kritiker sollten sich vor Augen führen, dass die Menschen nach vielen Jahren fast ausschließlich mündlichen Austauschs endlich wieder in Textform miteinander kommunizieren. Gut, oftmals nicht in der Qualität der Briefe, die Goethe an Schiller geschrieben hat, aber diese beiden Tagediebe hatten ja außer dichten, denken und Briefeschreiben auch sonst nix zu tun.[136] Wir haben heute einfach keine Zeit mehr zu denken und sind deswegen auch nicht mehr ganz dicht.

Dieses an sich begrüßenswerte Mehr an Korrespondenz führt leider dazu, dass unser Wortschatz spürbar kleiner wird. Aus Zeitdruck und Bequemlichkeit begeben wir uns immer mehr in die Hände der Technik und nutzen nur noch die Wör-ter, die anstandslos von der automatischen Rechtschreibkor-rektur im Handy erkannt werden.

Diese Funktion ist für mich eine der schlimmsten digitalen Seuchen überhaupt. Ständig werden alle Worte, die wir ein-tippen möchten, vermeintlich intelligent verändert. Das treibt mich regelmäßig in den Wahnsinn: Ich will »Brauche noch

---

#136 Gesoffen haben sie wohl auch noch ganz ordentlich. Wie Hemingway. Viel-leicht ist Alkohol doch der Weg zu großer Literatur. Ich mach mir gleich mal eine schöne Flasche »Nackenheimer Hirnschlag« auf.

eine Minute« schreiben – schon macht das Handy aus dem kleinen Artikel »eine« einfach so »Eibe«. Aber wieso zur Hölle sollte ich gerade jetzt »Eibe« schreiben wollen – und was ist das überhaupt?[137] Auf welcher Basis hat die Rechtschreibkorrektur diese Veränderung vorgenommen? Statistik? Tippen tatsächlich überproportional viele Menschen eher »Eibe« statt »eine« in ihr Telefon? Sind Giftpflanzen so wichtig? Vielleicht sind ja viele Hexen unter den Handybesitzern, bei denen die SMS »Brauche noch Eibe und Mäuseherzen« beim täglichen Einkauf für den Zaubertrank zur Normalität gehören.

Es wird mir auf ewig ein Mysterium bleiben.

Ebenso wie die Tatsache, dass ich manchmal »Sorry« schreiben möchte, was mein Handy wie selbstverständlich zu »Rossi« verändert. ROSSI! Mittlerweile lasse ich das dann einfach so stehen und schicke es ab, woraufhin der Empfänger wahrscheinlich ziemlich verwirrt ist und denkt: »Komisch, ich kenn zwar keinen Rossi, aber immerhin hat er sich gerade bei mir entschuldigt.«

Oh, wie schön wäre es doch, wenn man SMS schreiben könnte, in denen Wörter vorkommen wie »behuf« oder »spornstreichs«:

»Oh Liebling, ich will spornstreichs nach Hause zurückkehren, um behuf meiner Aufgabe als Ehegatte dich zu liebkosen. Ich will eilen und flugs«

»Meinten Sie ›Fuchs‹?«

»NEIN! flugs nach Hause kommen, auf dass ich mir nicht deine Unbill zuziehe.«

Spätestens bei »Unbill« würde sich das Telefon wahrschein-

#137  Laut Wikipedia handelt es sich dabei um die Giftpflanze des Jahres 2011, was absolut nichts zur Sache tut.

lich komplett aufhängen,[138] deswegen schreibt man eben nur: »Bin gleich da. Brauche noch Eibe. Rossi!«

Frei nach Rainer Werner Fassbinder kann man sagen: »Technik essen Wörter auf.«

Ganz abgesehen von den ignoranten Korrektursystemen unserer Handys, die die Pracht der deutschen Sprache mit Verachtung strafen, ergreift die Technik noch an einer anderen Stelle Besitz von wunderschönen Wörtern. So werden wir beispielsweise mit Pins, Puks und Tans zugeschissen. Diese an sich schönen Begriffe wurden phonetische Opfer einer feindlichen Übernahme durch die Software-Industrie. Hach, was waren das noch für selige Zeiten, als ein Pin noch ein Anstecker, Puck eine Stubenfliege und ein Tann ein Nadelwald war!

Ich bin ungern der spießige Mahner, aber das Verständnis für unsere Sprache geht mit der Rundumbetreuung und übertriebenen Fürsorge durch Software flöten. Ohne die Rechtschreibprüfung bei Word kann kaum noch jemand einen korrekten Satz schreiben. Schlimm ist das vor allem dann, wenn das Word mal plötzlich weg ist, wie bei meiner Mutter. Ich behaupte, dass sich die Software manchmal sogar einen Scherz mit uns erlaubt. Nehmen wir zum Beispiel die Grammatikprüfung im Textverarbeitungsprogramm, die falsche Satzstrukturen grün unterstreicht. Ich gestehe, dass ich in solchen Fällen manchmal stundenlang davorsitze und den Fehler suche – vergeblich. Wahrscheinlich ist das in Wirklichkeit ein Zufallsgenerator, und die Programmierer bei Microsoft lachen sich ins Fäustchen.

Um in Zukunft gegen dieses Dilemma besser gewappnet zu sein, mache ich eine ziemlich radikale Analogtherapie und

---

#138 Falls Sie auch gerade auf dem Schlauch stehen, kleiner Tipp: Unbill ist kein schlechter Cowboy. Das wird oft verwechselt.

schreibe an einigen Tagen im Monat nur handschriftliche Dokumente und Notizen, die ich dann später abtippe und in mein Computersystem übertrage. Das ist mitunter schockierend, weil ich

    a) meine Wörter selber ergänzen muss,

    b) die Grammatik stets mit mittelguter Trefferquote errate und

    c) wegen meiner untrainierten Sauklaue meist hinterher nicht mehr weiß, was ich geschrieben habe.

Die schriftliche Kommunikation befindet sich also in einem instabilen Zustand zwischen Hoffnung und Fegefeuer. Wie gut, dass auch die technische Entwicklung in Sachen mündlicher Kommunikation nicht stehen geblieben ist, oder?

## Facetime mit dem andalusischen Hund

Wenn man sich wirklich sicher sein möchte, mit wem man es am anderen Ende der Leitung zu tun hat, und gleichzeitig Herr seiner Worte bleiben will, ist der Videochat das Mittel der Wahl – zumindest dann, wenn man sich ums Verrecken nicht persönlich treffen kann oder möchte. Bildtelefonie fasziniert die Menschen schon seit Jahrzehnten. Man kennt das ja aus zahllosen Science-Fiction-Filmen, von »2001« über »1984« bis hin zu »Total Recall«.

Bei aller Begeisterung hat man wohl übersehen, dass es sich bei diesen Filmen um Dystopien handelt, in denen die Menschheit nicht zuletzt durch Technik und Fortschritt vor die Hunde geht. Ich habe im Laufe meines Computerlebens sämtliche Arten von Videochats benutzt beziehungsweise durchlitten – von klobigen Kugelkameras, die wie bösartige Killerdronen mit Plastikkrallen an Bildschirme geklemmt wurden, bis hin zu winzigen Linsen, die fast beängstigend versteckt ins Display integriert sind.

Unscharfe Geisterbilder wie aus japanischen Horrorfilmen, Gesichter, die einfrieren, obwohl sie weitersprechen, zeitlupenartige Bewegungsstudien in Golfkriegsoptik, verzerrte Droidenstimmen à la Wall-E gehören dabei bis heute zum Videochat-Alltag. Es ist im Grunde kurios: Man kann mit Computern fast alles tun außer Kinder zu zeugen und in der Zeit zu reisen, aber die simple Bild- und Tonübertragung zwischen zwei Chattern führt die Technik an ihre Grenzen. Egal ob Skype, Google Hangout, Facetime oder welches Programm auch immer – Videochats funktionieren nur in einer perfekten Welt mit optimalen Bedingungen bei Internetverbindung, Hard- und Software.

In der harschen Realität des Alltags ist das Videogespräch mit der Familie zumeist nichts anderes als das frustrierende Starren auf unförmige, zittrige Pixelhaufen, aus denen unverständliche Laute dringen. Das ach so moderne Bildtelefonat wirkt damit zuweilen so, als befände sich die Familie in einem jemenitischen Internetcafé und würde, vom Teufel besessen, in Zungen sprechen. Das von der Werbung propagierte Wohlgefühl beim »Nach-Hause-Telefonieren« stellt sich zumindest bei mir nicht ein und führt schon gar nicht zu einem leuchtenden Zeigefinger. Selbst wenn ein Videochat mal funktionieren sollte und man sein Gegenüber in akzeptabler Bild- und Tonqualität erlebt, beginne ich mich spätestens nach dreißig Sekunden zu fragen, ob es wirklich ein Gewinn ist, im Rahmen der gegebenen Konversation die Visage des Gesprächspartners anschauen zu können.[139]

---

#139 Böse Zungen werden behaupten, dass der visuelle Nachteil eher bei meinem Gesprächspartner liegt, der sich meine Fresse angucken muss. Wohl wahr – macht aber die ganze Situation nicht weniger obskur.

Natürlich hängt die Antwort auf diese Frage sehr vom jeweiligen Gesprächspartner ab. Trotzdem gibt es bei der Videotelefonie ein Paradoxon, dass sich selbst beim hübschesten Gegenüber nicht wegdiskutieren lässt: Man kann sich zwar sehen, schaut sich aber nicht an. Die Kamera befindet sich nämlich in der Regel am oberen Bildschirmrand, man schaut aber nicht hinein, sondern blickt auf den Bildschirm, um seinen Gesprächspartner zu sehen. Das wirkt auf das Gegenüber dann kurioserweise so, als würde man ihm auf die Brust starren.

Zusätzlich sieht man sich in einem kleinen Kontrollfenster noch selber, was dazu führt, dass hier drei Personen, zweimal man selbst, einmal der Konversationspartner, miteinander sprechen und aneinander vorbeischauen – eine Situation wie aus einem Film des Surrealisten Luis Buñuel: »Der andalusische Videochat«.

Wenn man nun zusätzlich noch die Möglichkeit des Gruppenvideochats nutzt, geht dies problemlos als Videoinstallation bei der nächsten Documenta durch.

Es heißt ja immer: »Ein Bild sagt mehr als tausend Worte.« Was aber passiert, wenn Bilder tausend Worte sagen, können wir heute am Computer erleben. Der Videochat ist und bleibt eine Erfindung, die eigentlich nur für die Sex- und Pornoindustrie wirklich Sinn macht. Beim Cybersex ist der Inhalt der Gespräche genauso überschaubar wie der begaffte Körper. Da ist es dann auch nicht schlimm, ja im Prinzip sogar unvermeidlich, wenn die Amüsierdame vor der Videocam das Gefühl hat, der Spanner würde ihr auf die Brust starren – berufsbedingt gleitet der Blick meist sogar noch tiefer.

Auch fernab professioneller Spannerbewirtung reizt die Webcam offenbar ungemein, seine primären und sekundären Geschlechtsorgane zu präsentieren. Es soll schon oft passiert

sein, dass der Ehegatte in bierseliger Runde mit den Arbeitskollegen seine Frau zum Videochat aufgefordert hat und diese
im Glauben, er sei allein, den Anruf splitterfasernackt entge-
gennahm. In solchen Situationen darf auf beiden Seiten mit
einem großen Hallo gerechnet werden.

Die Tücken der Technik machen also auch vorm heiligen
Stand der Ehe nicht halt.

Sie fragen sich jetzt sicher, ob ich aufgrund meiner fast
hasserfüllten Einstellung zum Videochat dieser Technik ent-
sage. Leider nicht: Ich nutze Videochats vor allem auf Tournee
relativ häufig.[140] Man versucht halt immer wieder, Frau und
Kind mittels Bildübertragung näher zu sein, selbst wenn sie
nur zwei Pixelhaufen sind, die aramäische Flüche ausstoßen.

---

#140 Und nein, das hat nur bedingt etwas mit meiner splitterfasernackten Frau zu
tun, Sie Schwein, Sie!

Meist brechen wir den Chat ab und telefonieren auf die gute alte Art, also von Hörer zu Muschel und umgekehrt. Verstehen Sie mich nicht falsch – das soll keine reaktionäre Besinnung auf konservative Werte sein. Ich finde lediglich, dass die Videotelefonie nicht das hält, was uns Arnold Schwarzenegger in »Total Recall« versprochen hat. Gut, die Handlung des Films spielt erst im Jahr 2084. Bis dahin kann ja noch einiges passieren.

## Fensterln unter Windows

Es ist von höchster Wichtigkeit, stets das »richtige« Chatfenster zu kennen. Im Prinzip kehrt damit die fast vergessene Tradition des »Fensterlns« zurück:[141] Auch dabei musste man schon ziemlich genau wissen, an welches Fenster man die Leiter stellte. Sonst landete man nicht im Zimmer der Angebeteten, sondern im schlimmsten Fall im elterlichen Schlafgemach, was zu eher ungewollten körperlichen Konsequenzen führte. Analog dazu gilt es heute, einen Überblick über die Fenster der Kommunikationssoftware zu behalten – egal, ob Sie moralische oder unmoralische Absichten verfolgen. Kein leichtes Unterfangen, da mittlerweile alle Kommunikationswege fast gleichberechtigt nebeneinanderstehen. Dienstliches und Privates, Wichtiges und völlig Sinnloses buhlt über dieselben Kanäle um unsere Aufmerksamkeit.

#141 Es handelt sich dabei um ein Brauchtum, bei dem brünstige Jungmänner nachts mit Leitern in die Zimmer rossiger Damen einstiegen, um der Natur freien Lauf zu lassen. Juristisch ein interessanter Fall: Stalkende Hausfriedensbrecher nötigten zum Teil Minderjährige unter dem Deckmantel der Tradition zu möglichst einvernehmlichem Geschlechtsverkehr. Uns Menschen sind aus Langeweile schon immer die verrücktesten Sachen eingefallen.

Ich fühle mich dabei manchmal wie bei einer großen Familienfeier, bei der während des Fondues der allwissende Opa, die überlaute Tratschtante, der durchgeknallte Großonkel, der altkluge Neffe, die lebensweise Mutter und der pragmatische Vater gleichzeitig auf mich einreden. In diesem Wust den geeigneten, adäquaten Gesprächsfaden aufzunehmen, ist ein Ding der Unmöglichkeit.

So wird unser eigentlich sehr leistungsfähiges Hirn den ganzen Tag an seine Grenze geführt, da man ständig beurteilen muss, welches Gespräch gerade wichtig ist. Anhand des Kanals kann man das heute nicht mehr bestimmen. Früher wusste man, ein Brief oder ein Fax ist wahrscheinlich eher wichtig, während ein Telefonat oder das Getratsche am Gartenzaun eher unwichtig ist.

Die Unterschiede zwischen Telefon, Faxgerät und Gartenzaun sind mittlerweile faktisch aufgehoben. Junge Eltern verlieren sich auf dem Spielplatz heute schon mal in einen tiefschürfenden iPhone-Chat über den neueröffneten Asiaten im Einkaufszentrum, während der Nachwuchs vergeblich versucht, mit der Frage »Darf ich die roten Beeren an der Hecke essen?« durchzudringen. Erst wenn online die Vorzüge des All-you-can-eat-Mittagstisches ausdiskutiert sind, startet der Offline-Gruppenchat mit dem sich auf dem Boden krümmenden Kleinkind und der netten Dame an der Gifthotline des Krankenhauses.

Man verliert den Blick für die wesentliche Kommunikation aber schon lange nicht mehr nur online. Ich bemerke diese Tendenz beispielsweise auch ganz trivial und sehr offline im Supermarkt, wenn die Kassiererin sich während des Kassiervorgangs nicht auf mich, den Kunden, konzentriert, sondern stattdessen mit dem Kassierer an der Kasse nebenan kommuniziert. Die Dienstleisterin hat sich offensichtlich für das falsche Chatfenster entschieden. Ich komme in solchen Momenten nicht umhin, mich benutzt zu fühlen – zum Bezahlvieh degradiert.[142]

Ein Fall ist mir besonders in Erinnerung geblieben: Es war an einem Donnerstagabend um kurz vor 17 Uhr. Während ich durch den Einkauf dreier Fertignudelpackungen und einer Flasche Maggi das wirtschaftliche Wohlergehen des Supermarktes, ach was, der gesamten Einzelhandelsbranche sicherte, ergingen sich die Kassenkräfte in einem Gespräch über Wochenenderlebnisse, und meine Waren wurden achtlos über den Strichcodescanner gezogen.

»Wir haben gegrillt.« PIEP.

»Gas oder Kohle?« PIEP.

»Kohle natürlich. Muss doch.« PIEP.

»Gas ist viel sauberer.« PIEP.

Was ist nur aus dem freundlichen Gespräch mit dem Kunden an der Kasse geworden?, fragte ich mich, vor allem, weil ich auch gerne meine Meinung zu Gas- und Holzkohlegrills zum Besten gegeben hätte. Menno! Wut über die Geringschätzung meines Einkaufs stieg in mir auf, und als die Kassiererin sich selbst noch beim Bezahlvorgang von mir abwandte, um den Plausch fortzusetzen, platze mir der Kragen.

In Rage griff ich über das Förderband, packte die Dame an der Schulter, drehte sie zu mir und schrie ihr ins Gesicht: »Der große Denker Novalis sagte einst: ›Auf alles, was der Mensch vernimmt, muss er seine ungeteilte Aufmerksamkeit oder sein Ich richten‹, junge Dame!«

Meine Worte zeigten Wirkung. Die Kassiererin blickte mich an – perplex, schockiert, aufgerüttelt. Nach einem kurzen In-

---

#142 Da freut man sich, dass man sich im Supermarkt mal nicht verlaufen hat und sich ausrufen lassen musste, und dann so was.

nehalten, einem Moment des Schweigens, sprach die Maid dann unvergessliche Worte zu mir:

»Ähm … haben Sie eine Payback-Karte?«

Und plötzlich hatte ich wieder das wohlige Gefühl, man würde sich um mich als Kunden sorgen.

Letztlich war meine Entrüstung ebenso wie das Verhalten der Supermarktangestellten der Dauerkommunikation via Internet geschuldet. Sie verfehlte das richtige Chatfenster, während ich mit dem Gefühl, ausnahmsweise mal nicht angesprochen zu werden, einfach nicht mehr umgehen kann. Durch die schnelle und einfache Interaktion im Netz werden wir nämlich buchstäblich überall eingebunden und um unsere Meinung gefragt.

»Voten Sie!«, »Bewerten Sie!«, »Machen Sie mit!«, »Wie finden Sie's?« und »Besuchen Sie uns auch auf Facebook!« Selbst im Fernsehen, klassischerweise ein einseitiges Medium, werden die Zuschauer mittlerweile aufgefordert, das Programm offline zu gucken und online zu kommentieren. Die Fernsehmacher zaubern daraus dann den großen Auftritt der Twitter-Expertin oder des Netz-Spezialisten, die dem staunenden Fernsehzuschauer brisante Tweets zum laufenden Programm oder zu aktuellen Ereignissen präsentieren.

In der Realität sieht das zumeist so aus, dass eine unterbezahlte Praktikantin aus der Kulisse vor die Kameras stolpert und verbal ungelenk, technisch aber halbwegs versiert via Tablet oder Laptop Online-Weisheiten auf die Videowall zaubert.

»Hüstel, wir haben viele interessante Diskussionen auf Twitter gefunden. Hier zum Beispiel von User @naggischerdreggsagg: ›Klaus Kleber ist ne coole Sau!‹«

Na, vielen Dank, Frau Expertin! Vielen Dank, naggischerdreggsagg! Ohne diesen Beitrag stünde die Fernsehwelt natürlich ein ganzes Stück ärmer da.

Auch hier sieht man: Mitmachen lohnt sich, und so werden uns nach und nach Vorgänge, die keine Beteiligung unsererseits verlangen, immer suspekter. Selbst Fußgängerampeln, an denen ich nicht auf einen Knopf drücken muss, empfinde ich mittlerweile als unangenehm. Was dem Facebook-User sein »Gefällt mir«-Button, ist dem Passanten sein »Signal kommt!«-Drücker.

Wechselbeziehungen sind alles. Man wähnt sich selbst in Bus und Bahn mittlerweile im Internetforum und möchte ständig in die Gespräche anderer Leute »hineinposten«.

Es wird nicht mehr lange dauern, bis der Störer im Theater, also der unangenehme Zeitgenosse, der lautstark das Bühnengeschehen kommentiert, zur Normalität wird. Möglicherweise bieten Bühnen demnächst Monitore an, auf die man während der Vorstellung seine Kommentare posten kann. Bei Pop- und Rockkonzerten zuweilen schon üblich, wäre das mit Sicherheit auch für die Hochkultur ein Schritt in eine zumindest interessante Richtung, wenn bei Shakespeare der Hinweis »König Duncan, dreh dich um. Macbeth hat nen Dolch« oder in Salzburg eine Diskussion über die Körbchengröße der Buhlschaft über die Twitterwall am Bühnenrand flimmert: »Jeder Mann wünscht sich größere Hupen! LOL!«

Der internetgestählte Durchschnittsmensch gibt täglich mehr Senf ab als eine florierende Wurstbude zur Mittagszeit. Keine Nachricht, kein Kommentar und keine Statusmeldung ist trivial genug, als dass sie nicht noch von irgendwem kommentiert würde.

Natürlich lässt sich diese Entwicklung hin zu einer Kultur der Meinungsfreiheit und -vielfalt durchaus positiv sehen. Nicht zuletzt diesem Prozess ist das Mediengeschöpf des »Wutbürgers« zu verdanken, also das mündige Individuum, das unmittelbar, lautstark und mit Verve und Plakat am politisch-gesellschaftlichen Geschehen teilnimmt. Demos sind nun zwar nichts Neues, waren in der Vergangenheit aber eher keine Veranstaltungen, bei denen sich der graumelierte Oberstudienrat Arm in Arm mit dem volltrunkenen Punker von der Polizei wegtragen ließ.

Im Internet aber bekommt der Mensch den Eindruck, dass seine Meinung gehört beziehungsweise gelesen wird. Dieses Gefühl überwindet die eh nur gedachte Grenze zwischen Offline- und Onlinewelt und führt Leute auf der Straße zusammen, die beim Anblick der Mitstreiter früher eher die Straßenseite gewechselt hätten. Die Erkenntnis: Wenn man mit Fremden im Internet Diskussionen führen und zu einer gemeinsamen Agenda gelangen kann, geht das auf öffentlichen Plätzen genauso.

Diese sozialromantische Interpretation wird nun zu einem jähen Ende kommen, wenn man sich die Schattenseiten der Meinungsfreiheit unserer Netzkultur ansieht.

## Von Trollen, Mardern und Nacktmullen

Die höfliche Zurückhaltung, die in sozialen Netzen wie Xing oder Facebook oftmals zu beobachten ist, verblasst fernab der dort üblichen Klarnamen[143] zu einer schönen Idee. Sobald man sich zum Beispiel auf YouTube oder in Kommentarbereiche auf Newssites begibt, in denen man die netzübliche Anonymität pflegt, wirkt diese Möglichkeit, inkognito zu posten, auf die

#143 Natürlich kann man sich bei Facebook auch als Giacomo Casanova anmelden. Fragt man dann allerdings unter diesem Namen seine »Freunde« an, wird man derart inkognito höchstwahrscheinlich nicht viel Erfolg haben, in deren Kreise aufgenommen zu werden. Und wenn doch, sagt das eine ganze Menge über den Freundeskreis aus.

User wie der Vollmond auf den Werwolf. Dort lassen diese »Webwölfe« dann unter den Synonymen »hasshasshass«, »weltschmerz76« oder »knödelnase88« ihrem Unmut auf alles und jeden freien Lauf. Mit bemerkenswerter Energie stürzen sie sich auf die Kommentarfelder und hinterlassen konstruktive Botschaften wie »Geh stinken!«, »Sackarm!« oder »Wie behindert ist das denn?«

Sachliche Gegenargumente oder die freundliche Bitte, man möge doch kurzfristig das Zeitliche segnen, wirken wie Brandbeschleuniger in einer eh schon entflammten Debatte, die außer verbalem Schutt und grammatikalischer Asche am Ende nichts zu bieten hat. Googelt man diesen Störenfrieden, im Netzjargon »Trolle« genannt, hinterher, sieht man häufig, dass sie eine Spur der sprachlichen Verwüstung im gesamten Internet hinterlassen haben. Florierende Diskussionen ziehen diese Trolle an wie das Licht einer Straßenlaterne nocturne Insekten. Dort fallen sie ein, bis an die Zähne bewaffnet mit messerscharfen Worten wie »Gähn!«, »Laaaaangweilig!«, »Deine Mutter!« und denken einfach nicht mehr daran, sich zu trollen, diese Trolle!

Wer sind diese Menschen, die es einfach nicht schaffen, auf stern.de, spiegel.de, taz.de, tagesschau.de oder eben auf YouTube die allzu weißen Kommentarfelder unbefleckt zu lassen? Ich habe eine Theorie, die zwar der wissenschaftlichen Überprüfung bedarf, aber absolut schlüssig ist:

Es handelt sich hautsächlich um Kerle, die entweder Hans-Christian oder Fürchtegott heißen – oder zumindest so aussehen. Hans-Christian ist vor meinem inneren Auge Mitte dreißig, Single, Katzenfreund, Hundehasser, arbeitet auf dem Ordnungsamt in der Abteilung Leinenpflicht und wohnt noch bei seinen Eltern. Um dem Elend der eigenen Existenz etwas entgegenzusetzen, verbringt er nach Feierabend die Zeit vor seinem Rechner. Bevor er loslegt, lässt er sich von Mutti noch eine Stulle schmieren, und dann sitzt er, nur mit einer Feinrippunterhose bekleidet, in seinem überheiztem Dachzimmer auf einem schwarzen Bürostuhl. Seine Aufgabe in der Welt ist es nun, Anarchie zu verbreiten, und so schreibt er couragiert und tollkühn anonyme YouTube-Kommentare. Sein Username ist megadevilfucker662[144]. Mit diesem Kampfnamen ist Hans-Christian nichts weniger als die Online-RAF. Jawohl, er ist kein Surfer, sondern ein Baader.

Er ist der fiese Marder im Motorraum des Internets und beißt die Bremsschläuche durch. Seine Strategie ist es, nicht ÜBER brennende Themen zu schreiben, sondern DARUNTER. Er erschafft nicht, er zerstört, und anstatt etwas Eigenes hochzuladen, schreibt er lieber etwas anderes runter. Zwischendurch bastelt er sich Fotomontagen: Pin-up-Fotos von Sahra Wagenknecht. Nicht, weil sie seine politische Meinung vertritt. Nein, erstens hat er keine, zweitens weiß er nicht mal, in welcher Partei sie ist, aber er mag die Wagenknecht – einfach weil sie so schön »evil« ist.

Natürlich war Hans-Christian nicht immer so. Früher machte er sich noch die Mühe, sinnvolle Argumentationsketten zu posten. Als das nur für geringe Aufmerksamkeit sorgte, schaltete er auf Provokationen um, und siehe da: Die Menschen hörten ihm zu. Nicht gerne, aber sie reagierten.

Die Entwicklung zum Troll beginnt aber früher, zumeist in der Pubertät. Dafür habe ich sogar Belege. Seit ich hin und wieder auf YouTube publiziere, kristallisiert sich für mich eine weitere Spezies Störenfriede heraus: pubertierende Buben, die, von der Frauenwelt ignoriert, neben Selbstliebe, Deutschrap

---

#144 Er hätte gerne noch eine 6 mehr gehabt, aber megadevilfucker666 war nicht mehr frei.

und Gaming ihre überschüssige Freizeit dem Verfassen despektierlicher Kommentare auf Videoportalen widmen.[145] Ich höre nun schon die Klischeepolizei vor meinem Haus rufen: »Tobias Mann, kommen Sie mit erhobenem Laptop heraus. Wir haben Sie umzingelt.« Das Tolle an Klischees ist aber doch, dass sie meistens einen wahren Kern haben.

Wie oft habe ich die YouTube-Profile der Trolle angeschaut und fand neben dem Hinweis »Alter: 16« eine Favoritenliste mit Videos von Kool Savas, B-Tight und Fler und ein paar Trailer für neue Ego-Shooter. Wehret den Anfängen, sage ich da und kann nur den Frauen die Verantwortung für eine bessere Online-Welt übertragen. Ja, der Kern des Problems ist meines Erachtens die Absenz des Weiblichen im Leben des Trolls. Wenn keine Partnerin da ist, die ihn zurück in die Höhle pfeift, läuft der Netzschädling Amok. Das Grundproblem lautet also: Frauen finden Trolle blöde![146]

»Aber was ist denn mit trollenden Frauen?«, wird sich der ein oder andere Leser berechtigterweise fragen. Die Antwort ist einfach: Es gibt keine weiblichen Trolle![147] Kann es ja gar nicht – die Damen der Welt, diese Wesen voller Grazie und Schönheit, sind im Gegensatz zu Männern ausgestattet mit Sanftmut und Weisheit. Sie wissen, dass es armselig und dämlich ist, in Feinrippunterhose bei Mutti unterm Dach zu hocken

---

#145 Liebe Nerds, ich meine nicht euch, ihr friedfertigen Könige der Popkultur. Ich mag euch, und ich mag Deutschrap, Gaming und auch Selbstliebe. Nicht jeder, der sich mit diesen Hobbys identifiziert, ist ein Troll, aber jede Menge Trolle haben eben diese Hobbys.

#146 Das wäre doch mal eine Kampagne an allen deutschen Schulen. Innerhalb weniger Monate würde sich die Zahl der Hasskommentare auf YouTube halbieren. Ganz sicher!

#147 Und wenn doch, sind sie als Frauen nicht zu erkennen. *derautorducktsich* und das Netz mit Garstigkeiten vollzumüllen. Allein schon wegen des Karmas und so.

Hans-Christian hingegen wird im nächsten Leben sicherlich als Schnabeltier oder Nacktmull wiedergeboren. Soll er mal versuchen, in dem Zustand einen Internetanschluss zu bekommen. Ha!

## Viel Lärm um nichts

Diskussionen im Internet verlaufen fast immer nach der gleichen Dramaturgie. Es sind kleine Theaterstücke in drei Akten. Zu Beginn des ersten Aktes steht meist gar keine Diskussion im herkömmlichen Sinne, keine kontroverse Meinungsäußerung im virtuellen Raum. Dort, wo man nicht im Entferntesten einen Konflikt vermutet, lauern oft die heftigsten Auseinandersetzungen.

Ein Beispiel: User Alpha_1 stellt in einem Forum für werdende Eltern, nennen wir es derstorchkommt.de, die an sich harmlose Frage: »Darf man während der Schwangerschaft alkoholfreies Bier trinken?« Die klassische erste Antwort kommt von einem Mitglied, nennen wir es in diesem Falle bigmommy_ffm, das die Frage nicht so richtig gelesen hat und deswegen empört, aber noch bedingt konstruktiv antwortet: »Deinem kleinen Wurm zur Liebe würde ich GANS auf Alkohol verzichten!!!«

Ich nenne diese Spezies den Impuls-Poster. Er reagiert auf Schlüsselwörter, antwortet schnell, macht (deswegen?) jede Menge Rechtschreibfehler, schreibt den Kern seiner Aussage GROSS und setzt mindestens drei Ausrufezeichen.

Eine weitere Antwort kommt etwas später vom sogenannten Reflektierten Experten, hier Userin habschondrei, die antwortet: »Klar. Habe bei jeder Schwangerschaft kistenweise alkoholfreies Bier getrunken. Ist nie was passiert. Da ist ja auch nur ein verschwindend geringer Alkoholanteil drin. Prost! :-)« Kennzeichen dieser Art von Diskussionsteilnehmern sind die Schilderung einer persönlichen Erfahrung, verbunden mit mehr oder weniger wissenschaftlichen Fakten, einer groovy Grußformel und einem Emoticon[148], um die groovy Grußformel noch grooviger zu machen.

Auf dem Fuße folgt nun der Antithesen-Hulk, der dem Alpha-User und dem Reflektierten Experten mit aggressiver Energie entgegentritt. Brittamaus_84 schreibt: »@Alpha_1: Wie kann man überhaupt so eine Frage stellen? Bis du Alkoholigerin? @habschondrei: Du bist ein Fall fürs Jugendamt. Auch im alkfreien Bier ist genug drin, um dem Fötus zu schaden.«

Auftritt des Online-Klugscheißers wikiklaus: »Alkoholfreies Bier hat so um die 0,3 % Alkohol. Da hat mancher Fruchtsaft mehr.«

habschondreis Antwort auf den Angriff von Brittamaus_84 lässt ebenfalls nicht lange auf sich warten: »Was glaubst du eigentlich, wer du bist? Und überhaupt, lern erst mal Deutsch.«

Mit der Ausweitung der Diskussion auf die Rechtschreib- oder Grammatikfehler in einem Posting beginnt der zweite Akt, in dem sich die Diskussion immer weiter vom Thema entfernt und Sinn und Verstand den Weg in die ewigen Jagdgründe antreten.

Ein paar Schlichter tauchen auf: »Hey, hier darf doch jeder seine Meinung haben.«, »Hört doch mal auf. Das bringt doch nichts.« – aber das bringt meist nichts, weil gleichzeitig wei-

---

#148 »Emoticons« nennt man Smileys, die man aus Satzzeichen bastelt. Also so ;-) oder so 8-( Drehen Sie jetzt Ihren Kopf nach links, und Sie erkennen einen zwinkernden Lächler und einen trauernden Brillenträger. Mit ihrer Hilfe kann man zum Beispiel Ironie oder Zynismus in geschriebenen Texten deutlich machen. Wussten Sie nicht? Keine Angst, das muss man auch nicht wissen ;-)

tere Brandstifter das Feuer anheizen: »Was bist du denn für ne Mutter?«, »Alkoholikerin schreibt man mit K!«, »Wo bin ich denn hier gelandet!«, »Das hat mit Meinung nichts zu tun. Das sind FAKTEN!!!«

Zu Beginn von Akt 3 bestätigt sich Godwins Gesetz: Je länger eine Diskussion im Netz läuft, desto mehr steigt die Wahrscheinlichkeit, dass ein Nazivergleich ins Feld geführt wird. »Ich lasse mich doch hier nicht als schlechte Mutter beschimpfen. Das sind ja Nazimethoden.«

Damit läuft die Unterhaltung gänzlich aus dem Ruder. In der Phase der schlimmsten Eskalation weisen die Beiträge folgende Eigenschaften auf:

1. Die Anzahl der Ausrufe- und Fragezeichen steigt exponentiell an. (»Was willst du damit sagen?????????«)
2. Es wird zunehmend in Großbuchstaben formuliert. (»LECK MICH DOCH!!!!!«)
3. Die Beiträge werden kürzer. (»BITCH!!!!!«)
4. Der Erkenntnisgewinn tendiert gegen null.

Das Ende des Dramas kommt dann entweder schleichend, weil die Diskussionsteilnehmer nach und nach aussteigen, oder schlagartig in Form des ultimativen »Deus ex machina«: der Administrator, der die Diskussion schließt, weil die Forenregeln verletzt wurden. Im ersten Falle gibt es einige Wochen später oftmals noch einen Epilog durch den Alpha-User: »Habe mich für Malzbier entschieden. Ist sicherer.«

So lässt sich also über Sinn und Unsinn von Online-Foren und Internetdiskussionen trefflich streiten. Natürlich werden alle *FAZ*-Leser und *Zeit*-Abonnenten da draußen eh schnippisch die Nase rümpfen und sagen: »Ich käme nie auf die Idee, an so einem Blödsinn teilzunehmen.«

Aber mal ehrlich: Verlaufen nicht auch offline bestimmt achtzig Prozent der Gespräche in Menschengruppen nach einem ähnlichen Muster? In den seltensten Fällen verlässt man ein mit redseligen Zeitgenossen besetztes Zugabteil und hat weltbewegende Erkenntnisse über Gottesbeweise gewonnen – oder war Teil einer fundierten Risikoanalyse zum Thema »Clausthaler in der Schwangerschaft«.

Selbst exzellent besetzte Expertengespräche scheitern regelmäßig nach Strich und Faden, was einem wahrscheinlich die Herren Jauch und Plasberg ebenso bestätigen können wie die Damen Maischberger und Will. Und Millionen Berufstätiger werden mir zustimmen, dass auch bei dienstlichen Meetings der Erkenntnisgewinn und das Niveau häufig so bescheiden ausfallen, dass man vor Schreck den Kaffee über *Zeit* und *FAZ* schüttet. Der Mensch will gefragt werden und auf jeden Fall auch antworten, egal, ob er tatsächlich etwas zu sagen hat oder nicht. Selbst nichts zu sagen führt ja hin und wieder zu unendlichen Diskussionen, die in Ausnahmefällen sogar in die Geschichte eingehen. Dr. Helmut Kohl kann ein leises Liedchen davon singen.[149]

Letzten Endes ist das ultimative Pendant zur Internetdiskussion der Elternabend in Schule oder Kita. Auch da prallen wild zusammengewürfelte User in einem Forum aufeinander, um Thread[150]-weise zu Ergebnissen zu kommen. Glauben Sie nicht? Nehmen Sie zu einem dieser Events mal zwei Kästen Bier mit – einen mit normalem Bier für alle und einen mit alkoholfreiem für die schwangeren Frauen.

#149  Keine Angst, liebe Spender. Der singt nicht.
#150  »Thread« nennt man einen Diskussionsstrang im Netz.

## Möwen im Shitstorm

Natürlich nährt das Internet so unser Mitteilungsbedürfnis und bietet eine schier unbegrenzt verfügbare Plattform für jeglichen Meinungserguss. Es ist fast unmöglich, im Internet neutral zu bleiben. Selbst wenn man sich noch so sehr bemüht, die Schweiz zu sein, wird man an allen Ecken und Enden aufgefordert, eine Bewertung abzugeben und damit entweder zur USA oder zu Nordkorea zu werden.

So züchtet das Netz die Trolle, die es irgendwann vielleicht einmal zerstören werden. Ja, vielerorts ist der Bewertungswahn so ausgeprägt, dass man die Bewertung einer Meinung nochmals bewerten kann, was wiederum einem Votum unterzogen wird.

Amazon lässt Produkte, eBay Verkäufer und iTunes Musik bewerten – so weit, so gut. Es gibt aber fast keine Inhalte mehr im Internet, die nicht mit Sternchen, Punkten oder Smileys bewertet werden können. Man kommt sich fast wie in der Grundschule vor. Nun ist aber eine dpa-Meldung auf einer Newswebsite kein Schönschreibdiktat, sondern ein hoffentlich sachlicher Pressefetzen, der schlichte Fakten zum Besten gibt. »In der chinesischen Hafenstadt Tianjin ist unter ungeklärten Umständen ein Reissack umgestürzt, wodurch mehrere Kilo mandschurischer Wasserreis auf dem Boden landeten. Die Behörden suchen fieberhaft nach den Verantwortlichen. Es sind keine Deutschen unter den Opfern.«

Wenn man nun aufgefordert wird: »Bitte bewerten Sie diesen Artikel«, ja was genau soll ich da denn beurteilen? Den Inhalt der Nachricht? Die Darreichungsform der Details? Beides? Wenn ich nun drei von fünf Sternen vergebe, ändert das weder die Nachricht noch deren Informationsgehalt und schon gar nicht die Füllmenge des Sacks. Es ist im Prinzip genauso sinnlos, wie bei der Statusmeldung »Es wird Sommer« auf »Gefällt mir« zu klicken, weil es

a) nichts an der Faktenlage ändert und

b) den Sommer nicht interessiert, weil der gar nicht bei Facebook ist.

Man kann zu schlichten, nackten Informationen nicht immer eine Meinung haben, laut Internet muss man aber. Heraus kommt eine Rating-Kultur, die die so oft gescholtene Situation in der Finanzwelt spiegelt. Egal, ob die Ratingfirma Moody's oder Fitch heißt – letztlich haben wir es mit Auguren der Neuzeit zu tun. Laut Wikipedia waren Auguren römische Beamte, die sich zum Beispiel anhand des Vogelfluges eine Meinung darüber bilden mussten, ob ein Vorhaben die Gunst der Götter haben würde oder nicht. Prinzipiell funktioniert das in der Wirtschaft genauso, womit eine der bekanntesten Ratingfirmen eigentlich »Standard & Augurs« heißen müsste. Der Götterwille ist in Zeiten der Herrschaft von König Mammon natürlich der Wille der Anleger und Kapitalgeber, also der Märkte.

Und Gott, was sind das für schreckhafte, kleine Götterlein. Wie putzige Häschen und ängstliche Rehlein starren sie mit großen Augen auf die Ratingagenten, die ihrerseits vergeistigt am Strand stehen, einem Schwarm Möwen hinterherschauen, und wenn ein Vöglein Stuhlgang hat, begeistert »A! A!« rufen. Damit wird auf Kotbasis ein Doppel-A-Rating festgelegt, was dafür sorgt, dass immer wieder Scheiße passiert.

Jetzt erwidern Sie vielleicht »Na ja, Vogelflug und so ... Die Typen werden schon auch hochwissenschaftliche Methoden haben, um verlässliche Bewertungen abzugeben.« Tatsache ist, dass im Zuge der Finanzkrise 2008 in den USA die Ratingagenturen aus Angst vor Regressforderungen sinngemäß gesagt haben: »Unsere Ratings sind lediglich Meinungen und stehen nur bedingt in Verbindung mit realem Marktgeschehen.«

Ha! Stellen Sie sich vor, Ihr Arzt sagt Ihnen: »Wissen Sie, meine Diagnose ist nur eine Meinung und hat mit Ihrer Gesundheit gar nix zu tun.« Absurd, aber das gleiche Prinzip.

So regt sich alle Welt völlig zu Recht über die Arbeitsweise von Ratingagenturen auf. Und trotzdem raten ... Verzeihung ... bewerten wir YouTube-Videos über den Reisanbau in Nordchina mit »Daumen runter«, nur weil uns die Asiapfanne vom Vorabend immer noch schwer im Magen liegt. Absurd, aber der gleiche Vorgang.

Letztlich erhält man durch Internetbewertungen lediglich ein diffuses Stimmungsbild, das wenig bis gar nichts über die tatsächliche Qualität des bewerteten Gegenstands aussagt. Dennoch raten wir, was das Zeug hält, weil man uns von allen Seiten zuruft: »Bewerte hier! Rate da! Urteile dort!« Dabei stehen wir eigentlich ahnungslos am Strand und warten, bis der nächste Möwenschwarm auf Verdauungsflug vorbeiflattert.

Möwen, Wind und Ausscheidungen – mehr Zutaten braucht es auch nicht, um einen schönen Shitstorm[151] zu erzeugen. Bei diesem vor allem dem Internet zugeschriebenen Phänomen wird eine Person oder Organisation mit negativem Feedback aus allen Richtungen bombardiert. Dieses Feedback kann sämtliche Farben und Formen haben und tritt in rauen Mengen auf.

Damit ist der Shitstorm dem ebenfalls oft zitierten Cybermobbing nicht unähnlich, nur dass Letzteres eher auf privater

---

#151 Das Wort bezeichnet eine Negativkampagne im Internet und bedeutet übersetzt »Scheißesturm«. Wer schon einmal beim Open-Air-Konzert im Dixie-Klo seine Notdurft verrichtete und dabei von angetrunkenen Musikfans mitsamt der mobilen Toilette umgekippt wurde, kann sich das Ausmaß einer solchen Maßnahme plastisch und olfaktorisch vorstellen.

Ebene stattfindet. Ein ausgewachsener Exkrementorkan hingegen spielt sich meist im Fokus der ganz großen Öffentlichkeit ab.[152] Das Ehepaar Wulff, die Piratin Julia Schramm und Günter Grass[153] sind Beispiele aus der jüngeren Vergangenheit – sie alle standen im Zentrum eines Shitstorms und mussten sich die verbalen Brocken aus dem Gesicht wischen, die ihnen für Tage und Wochen um die Ohren flogen.

Ist ein Shitstorm gerechtfertigt oder nicht? Nun, das ist von Fall zu Fall verschieden. Wenn ein fleischerzeugendes Unternehmen Tiere unnötig quält, muss es damit rechnen, von einer Horde blutdurstiger Vegetarier über alle Kommunikationskanäle attackiert zu werden – und das natürlich völlig zu Recht. Es entsteht eine Symphonie aus Beschimpfungen, ein Konzert aus Verbalinjurien. Das Blöde bei diesem zunächst konzertierten Angriff ist häufig aber, dass irgendwann keiner der Shitstorm-Musiker mehr weiß, wo der Dirigent steht, ob die Noten korrekt sind und welches Lied überhaupt gespielt wird. Es reichen manchmal ein paar aus dem Zusammenhang gerissene Zitate aus, um das Empörungszentrum der Netzgemeinde zu kitzeln. Wenn der Sturm erst mal tobt, kann man sich als »Bestürmter« nur warm anziehen, zum Schutz gegen die Unterstellungen unterstellen und warten, bis die Scheiße nicht mehr fliegt.

Eltern kennen das im Kleinen, wenn sie dem Kind den Schokoriegel an der Supermarktkasse nicht kaufen wollen.

---

#152 Dieses PR-Wetter-Ereignis lässt sich zumeist noch schlechter vorhersagen als das richtige Wetter. Es entbehrt also nicht einer gewissen Ironie, dass auch Wetter-Ikone Kachelmann einmal volle Axt im Shitstorm stand und sich den Regenhut festhalten musste.

#153 Frau Schramm wegen ihrer ambivalenten Haltung zum Copyright, Herr Grass wegen seiner letzten Tinte und fragwürdiger Vergangenheitsbewältigung und die Wulffs letztlich wegen eines Einfamilienhauses in Großburgwedel.

»Das ist nicht gesund. Zu viel Fett und Zucker. Und außerdem hattest du schon Gummibärchen« – das mögen gute Argumente sein, die aber auf taube Kinderohren treffen und dazu führen, dass einem auch schon mal der Windelinhalt um die Ohren fliegt.

Letztlich sind die Impulse hier wie da ähnlich. Man wird schneller zum Scheißestürmer, als man denkt. Auch ich neige mit einem überempfindlich ausgeprägten Gerechtigkeitssinn und einer gefährlichen Tendenz zum Gutmenschentum zu emotionalen Ausbrüchen, wenn ich mit entsprechenden Informationen gefüttert werde. Nicht nur einmal bin ich dadurch in der Vergangenheit zum Wutsurfer geworden und habe mich im sozialen Netz auf die vermeintlich gute Seite geschlagen. Nur um hinterher festzustellen, dass der Anlass eigentlich keiner war und ich mich zum Vollhorst gemacht habe.

Mittlerweile rege ich mich erst dann auf, wenn ich den Aufreger intensiv recherchiert habe, was oftmals eher abregend wirkt. Frei nach Friedrich Schiller muss es nämlich heißen: »Drum prüfe, wer sich schimpfend bindet, ob sich der Fakt zur Info findet. Der Wahn ist kurz, die Reu ist lang.«

Auch das ist ja keine neue Erkenntnis, die uns erst das Internet gebracht hat. Seit Jahrhunderten kämpft der Mensch mehr oder weniger erfolgreich dagegen an, jeden Scheiß zu glauben, den man beim Metzger oder im Büro erzählt bekommt. Der Shitstorm 1.0, der Archetyp, findet aber, millionenfach erprobt, immer noch am Gartenzaun oder im örtlichen Einzelhandel statt, wenn die Frieda erzählt, dass Petras Kurt mit der Gabi ein Kind kriegt – hat der Paul zumindest von der Karin gehört. Wahr oder unwahr? Sicher ist nur: Ein Shitstorm auf Basis von Beschiss ist scheiße.

Wem das jetzt alles zu fäkal war, dem sei ein aufmerksamer Streifzug durchs Internet angeraten, wo man die vielen wunderschönen und potthässlichen Blüten von Meinungsfreiheit und artverwandten Pflänzchen wie Rufmord oder Beleidigung bunt gemischt auf einer Wiese stehen sieht.

Die große Leistung des mündigen Surfers ist es nun, die Spezies zu unterscheiden und selbst nur die guten Samen zu säen. Klingt jetzt erst mal gar nicht so schwer, aber das ganz große Problem ist on- und offline das Gleiche: Letztlich findet man es einfach tierisch interessant, dass der Kurt statt der Petra der Gabi ein Kind gemacht hat – egal, ob das stimmt oder nicht. Wenn Gott gewollt hätte, dass der Mensch nur die Wahrheit erzählt, hätte er die Realität spannender gemacht.

Durch das Internet wird lediglich die Käsetheke breiter und der Stammtisch größer, an denen man sich den neuesten Klatsch erzählt, seine Meinung über die Welt ausbreitet und sich beim Drängeln anstupst. Wie war das jetzt noch mal mit Kurt und Gabi? Muss ich gleich mal googeln.

## ODE AN DIE E-MAIL – LANG LEBE DIE »GRANDE DAME« DES INTERNETS!

Die E-Mail – schon oft totgesagt und doch immer noch Königin der Konversation und Göttin auf dem Olymp der Korrespondenz. Trotz unzähliger Übertragungsmöglichkeiten gibt es einfach kein Medium, das beim geschriebenen Wort der elektronischen Post das Wasser reichen könnte. Schier unbegrenzt ist die Anzahl von Zeichen und ihre mediale Vielfältigkeit: Video, Audio, Foto – es gibt fast nichts, was man nicht in einer E-Mail verschicken kann, mal abgesehen von Blumen, Obst und … öhm … na ja … allem anderen, was sich nicht digitalisieren lässt. Dennoch: Auch wenn man keinen Fresskorb an die Mail anhängen kann, lässt sich zumindest ein Video beifügen, in dem man den Korb frisst – also zumindest den Inhalt.

Ich liebe die E-Mail und kann ohne sie nicht mehr leben, auch wenn sie mein Leben manchmal mehr dominiert, als mir lieb ist. Ich pflege und hege sie mit stets aktuellem Spam-Filter[154] und sorge dafür, dass sie durch ein sinnvolles Ablage-

---

#154 Es handelt sich dabei um ein Filtersystem, das ungewollte Werbe-E-Mails und leider auch jede Menge gewollter Nicht-Werbe-E-Mails aus dem Posteingang entfernt. Viele Spam-Filter verhalten sich wie mein Vater beim Kartoffelschälen: Im Bemühen, das Ungenießbare zu entfernen, geht auch jede Menge essbare Substanz über die Wupper. Ich hatte in meiner Kindheit eigentlich von allem genug, aber immer viel zu kleine Kartoffeln.

system ihre Grazie nie verliert. Ich schätze ihre Schnelligkeit, das Unmittelbare, die lückenlose Verfügbarkeit und ihre Leidenschaft genauso wie ihre teilweise erschreckende Ehrlichkeit und Härte.

Die E-Mail ist immer für mich da. Selbst wenn ich sie einmal so gar nicht gebrauchen kann. Ja, wir hatten auch unsere Differenzen. Mal war sie zickig und quälte mich mit Sende- und Empfangsfehlern, mal überforderte sie mich maßlos mit ihrer zuweilen penetranten Beharrlichkeit. Wenn es ihr mal zu viel wird, bekommt sie Migräne, meldet sich mit »Quota exceeded. Speicherplatz überschritten« und verweigert ihren Dienst. Wie alle interessanten Frauen hat sie ihren eigenen Kopf und lässt sich nicht überfordern.

Jawohl, die E-Mail ist für mich zutiefst weiblich, ja im besten Sinne feminin. Nach jedem Streit kam die Versöhnung, und es obsiegte die Zuneigung, auch wenn die ein oder andere Trennung auf Zeit unvermeidlich war. Nie hätte ich mir träumen lassen, wie sehr die große, alte Dame des Internets und ich zusammenwachsen würden. Ich kann sagen, dass wir, so wie alle großen Lieben von Cleopatra und Cäsar bis zu Harry und Sally, unsere gemeinsame Geschichte haben. Kein Ende in Sicht. Ich bleibe bei dir! E-Mail, du bist toll!

Ich werde nie meine erste Mail vergessen. Es begab sich zu jener Zeit, als ich mir meinen Studentenrechner nebst Modem gekauft und unter großen Schwierigkeiten mein E-Mail-Programm, es muss damals »Pegasus« gewesen sein, eingerichtet hatte. Da saß ich dann, wie ein Kind an Weihnachten, und wartete. Wann würde mich eine Mail erreichen? Wann durfte ich damit rechnen? So, wie die Menschen in früherer Zeit der Ankunft des Messias harrten, starrte ich auf meinen jungfräulichen Posteingang. Was würde passieren? Ich hatte bisher nur von E-Mails gehört, aber noch nie eine gesehen. Als die Spannung fast unerträglich wurde, kam sie plötzlich an – meine erste E-Mail. Von einem Kumpel. Betreff: TEST. Inhalt: keiner. Nur ein weißes Programmfenster. Aber egal, wie schlicht sich mir die elektronische Post präsentierte – ich war begeistert.

Vor Euphorie zitternd nahm ich den Telefonhörer in die Hand und rief meinen Kumpel an: »Alter, schreib mir noch mal. Das ist soooo geil!« Fortan kehrte ich aus der Uni nach Hause zurück und rannte schnurstracks an den Rechner, um zu sehen, ob ich neue E-Mails bekommen hatte. War das nicht der Fall, standen mir an sensiblen Tagen schon mal die Tränen der Enttäuschung in den Augen.[155]

Das sollte sich allerdings innerhalb weniger Monate dramatisch ändern, als mich nach und nach das genaue Gegenteil zu Tränen rührte: Ein immer erbarmungsloserer E-Mail-Tsunami überschwemmte nun tagtäglich mein Postfach. Nicht, dass ich ein überaus populärer Korrespondenzpartner gewesen wäre. Nein! Zwischen Newslettern, Spam-E-Mails und Abwesenheitsnachrichten musste man sich die relevante Post ziemlich mühsam zusammensuchen.

Damals wurde mir zum ersten Mal bewusst, dass die Menschheit für diese Art der Informationsübermittlung eigentlich noch nicht bereit ist. Gut, die Möglichkeiten waren nun einmal da und man musste sich damit arrangieren, aber hinsichtlich seiner kognitiven Fähigkeiten befindet sich der Mensch auch heute noch auf dem Niveau des Mittelalters. Da war die Nachrichtenübermittlung noch absolut überschaubar. Briefe wurden von Boten geschickt, die diese Schriftstücke zwischen den Konversationspartnern hin- und hertransferierten. Ein simples System, das den menschlichen Geist nicht über Gebühr

---

#155 Man kann sich das heute überhaupt nicht mehr vorstellen, aber es vergingen damals tatsächlich manchmal Tage, bis neue Post in den Eingang flatterte.

strapazierte. Manchmal wurde ein Bote auch auf seinem Weg im Wald von einem Räuber erschlagen. Damit waren Räuber im Prinzip der Spam-Filter des Mittelalters. Und wenn der Bote eine schlechte Nachricht hatte, wurde er zuweilen sogar vom Empfänger erschlagen. Das kann man ja heute nicht mehr machen. Stellen Sie sich vor, wie gefährlich der Beruf des Briefträgers wäre, wenn ihm jeder nach der Zustellung einer Mahnung gerne die Birne wegschießen würde.[156]

Auch bei E-Mails gibt es leider noch keinen Filter für schlechte Nachrichten – im Gegenteil. Mein aktueller Spam-Filter meldet mir per Pop-up-Nachricht bei jedem Mailempfang »Sie haben 17 gute Nachrichten«, was natürlich nur auf die Tatsache bezogen ist, dass es sich nicht um unbrauchbaren Spam handelt. Bei diesen 17 »guten« Nachrichten könnte also durchaus eine Benachrichtigung meines Hausarztes dabei sein – Betreff: »Sie haben nur noch zwei Wochen zu leben.«

Jawohl, auch Software kann zynisch sein. Doch wer kann es dem Spam-Filter verdenken? Er hat einen dreckigen Job, aber irgendwer muss ihn ja machen.

## Kannibalismus per Mail

Es ist wie in einer Ehe: Man darf sich von den Widrigkeiten des Alltags nicht auseinanderbringen lassen und muss stets mit Geduld und Spucke dafür arbeiten, dass die Flamme der Liebe nicht erlischt. »In guten wie in schlechten Zeiten« gilt daher auch für die E-Mail.

Und doch: Wie oft gerät man in Versuchung, die gewohnten

---

#156 Wobei Gerüchten zufolge manche Hundebesitzer ihre Bestien tatsächlich auf den Postboten hetzen.

Hilfsmittel für modernere, vermeintlich bessere, hinter sich zu lassen. Auch ich werde immer wieder vom Reiz des Neuen verführt und gehe dann mit schlampigen Chatprogrammen und blutjungen Instant-Messaging-Services fremd. Wenn die Hitze des Moments abgekühlt ist, wird mir aber jedes Mal klar, dass es sich nur um Strohfeuer kurzfristiger Erregung ohne Chance auf eine gemeinsame Zukunft handelt. Mit schlechtem Gewissen und gesenktem Haupt kehre ich nach dem Sündenfall stets wieder in mein E-Mail-Programm zurück und bitte inständig um Verzeihung.

Man sollte nun meinen, dass die langjährige Beziehung, die wir alle mit der E-Mail führen, für ein gegenseitiges Verständnis gesorgt hat. Das Gegenteil ist der Fall. Und das, obwohl seit Mitte der 90er Jahre die E-Mail kein Medium mehr für eine kleine, verschworene Gemeinschaft von Nerds mit dicken Brillen und Trichterbrust ist, sondern ein echtes Massenphänomen. Wer heutzutage keine E-Mail-Adresse besitzt, liegt entweder seit zwei Jahrzehnten im Wachkoma oder wurde von Wölfen aufgezogen.[157] Selbst frischgeborene Babys und Haustiere haben mittlerweile Mail-Adressen und sind somit global und rund um die Uhr zu erreichen. Ob es sinnvoll ist, wenn sich Hasso und Bello über einen Microsoft Exchange Server zum Gassigehen verabreden oder der kleine Tristan schon aus dem Uterus die Ultraschallfotos an die Großeltern weiterleiten kann, steht natürlich auf einem anderen Blatt.

Dennoch: Sich dem E-Mail-Verkehr zu entziehen, kommt dem Abschrauben des Briefkastens oder dem Schießen auf den Postboten gleich. Umso verwunderlicher ist es, dass wir dieses weltweit selbstverständliche Kommunikationsmittel immer

---

#157 Um den Gedanken meines alten EDV-Profs zu aktualisieren: Wer heute keine E-Mail-Adresse hat, kann sich nicht einmal immatrikulieren.

noch nicht im Griff und bisher keine erfolgreiche Strategie im täglichen Umgang damit entwickeln haben.

Einer der Hauptgründe für die Verzweiflung, die E-Mails bei uns Menschen zuweilen auslösen, basiert auf einer ihrer größten Stärken, nämlich der vierundzwanzigstündigen Erreichbarkeit. So toll es auch ist, selbst nach Feierabend Gedanken zu einem Geschäftsprojekt per E-Mail verschicken zu können, so furchtbar ist die Tatsache, diesen Mist auch nach Feierabend empfangen zu müssen.

Natürlich kann man argumentieren, dass ja jeder selbst entscheiden kann, ob er seine E-Mails abends abruft oder nicht. Was ist aber mit privaten Mails, die oftmals über die gleichen Kanäle, von Fall zu Fall sogar über die gleiche Adresse, eintrudeln? Schneidet man sich selbst nach 18 Uhr von sämtlicher E-Mail-Kommunikation ab? Im Zeitalter von internetfähigen Handys ist auch das eine Utopie.

Es lohnt sich, in diesem Zusammenhang einen Blick auf das gute, alte Telefon zu richten. Hier haben sich im Laufe des letzten Jahrhunderts gewisse Normen entwickelt:

Regel Nummer 1: Man ruft nach 21 Uhr nicht mehr an.
Regel Nummer 2: Dienstliche Telefonate sind am Wochenende verboten.

Musste man aus wichtigen Gründen tatsächlich mal nach neun Uhr abends irgendwo anklingeln, war es Pflicht, das Gespräch unbedingt mit »Entschuldigen Sie die späte Störung ...« zu beginnen, sonst bekam man verbal schwerstens auf die Fresse. Dienstliche Anrufe am Wochenende, die einen beim privaten Gartenfest störten, konnten die gesamte Grillgesellschaft schon mal so in Rage bringen, dass der Anrufer zu Hause abgeholt und unter dem Applaus der Passanten mit spitzem Grillbesteck nackt durch die Straßen getrieben wurde. Nicht wenige wurden dann sogar mit Honigsoße garniert und landeten mit einem Apfel im Mund und einer Karotte im Allerwertesten auf dem Rost. Kein Wunder also, dass diese ungeschriebenen Telefongesetze auch heute noch Gültigkeit besitzen. Zumindest meiner persönlichen Erfahrung nach hat selbst die Inflation der Mobiltelefone nicht dazu geführt, dass diese Kommunikationsethik nachhaltig beschädigt wurde.

Ein ähnliches Regelset existiert bei der E-Mail einfach nicht, weil sie ihrer Form nach wohl immer noch dem Brief gleichgesetzt wird. Dabei ist sie in ihrer Unmittelbarkeit doch eher mit einem Anruf zu vergleichen. Einen dienstlichen Brief am Wochenende zu schreiben, ist sowohl für Empfänger als auch für Sender völlig gefahrlos, da der Angeschriebene den Brief sowieso erst frühestens am Montag in der Post hat. Deswegen wird der Absender mit hoher Wahrscheinlichkeit auch nicht als Grillgut enden.

Anders bei der E-Mail, die, samstags um 14:07 Uhr abgeschickt, auch spätestens samstags um 14:08 Uhr ankommen wird. Da wäre es doch fast wünschenswert, es würde sich eine Horde Wochenendkannibalen zusammenrotten, um dem eifrigen Samstagsarbeiter mit Apfel und Karotte im Anschlag einen Besuch abzustatten. Mjammjammjam!

Neben der Zustellung in Echtzeit ist demnach vor allem die Trennung von privater und dienstlicher Elektronikpost ein bisher ungelöstes Problem. Das bringt die berühmte Work-Life-Balance empfindlich ins Wanken. Selbst wenn man im E-Mail-Posteingang nach Feierabend seine Pappenheimer, also die dienstlichen Absender, zu übersehen versucht, zwingt einen die Betreffzeile oftmals dennoch zum Lesen. Wer ist schon imstande, eine E-Mail vom Geschäftspartner mit dem Betreff »Insolvenz« einfach mal übers Wochenende zu ignorieren? Schließlich kann man sich das Grillfleisch nun vielleicht gar nicht mehr leisten.

So werden einem in der Freizeit oft Themen aufgezwungen, von denen man sich eigentlich gerade erholen müsste. Leider führt diese Erkenntnis nicht dazu, dass allgemein auf die verwerfliche Mailerei zu Unzeiten verzichtet wird. Stattdessen entscheiden sich viele Menschen, vermutlich aus Rache, ebenfalls auf die dunkle Seite der E-Mail-Kommunikation zu wechseln. Daher ballern wir uns heute, gesellschaftlich akzeptiert, Tag und Nacht, an sieben Tagen die Woche zwar E-Mails um die Ohren, sagen aber bei Anrufen nach 21 Uhr immer noch kleinlaut »Entschuldigen Sie bitte die Störung …«.

Irrsinn in Tüten!

## Tempus fuckit!

Aufgrund des hemmungslosen E-Mail-Versands ist eine weitere Gepflogenheit entstanden, die, vorsichtig ausgedrückt, des Teufels ist. Es herrscht die Meinung, man müsse auf E-Mails innerhalb weniger Stunden, am besten binnen Sekunden, antworten. Warum? Nun, weil es eben geht.

Nicht selten bekommt man zehn Minuten nach dem Empfang einer elektronischen Nachricht eine SMS: »Hast du meine Mail nicht bekommen?« Schlimmer noch, man fühlt sich seinerseits immer öfter dazu verführt, eine ebensolche Drängelnachricht zu verschicken.

Ich bekenne mich schuldig: Auch ich habe mich auf diesem Wege schon an manchem Korrespondenzpartner versündigt. Die Grenzen zwischen Chat und E-Mail sind mittlerweile unangenehm fließend. Man sagte mir vor Jahren einmal, die angemessene Reaktionszeit auf eine Mail seien 24 Stunden. Woher diese Regel stammt? Wahrscheinlich stand sie auf den Gesetzestafeln, die Moses auf dem Berg Sina-I vom Gott des Internets bekommen hat:[158] »Wahrlich, ich sage euch, es sei innerhalb eines Tages zu antworten. Amen!«

Damit könnte ich leben, aber irgendwie scheinen die Menschen ums goldene Kalb der Beschleunigung zu tanzen und einen Dreck auf die Anweisungen des Schöpfers zu geben. Die Geschichte wiederholt sich und nimmt immer das gleiche schlimme Ende. So sitzen einem die unbeantworteten Mails wie jede Menge kleiner Dämonen im Nacken, die uns ohne Unterlass »Beantworte mich! JETZT! SOFORT!« in die Ohren zischeln.

Warum gibt es noch keine Netz-Exorzisten, die diese Quälgeister mit gekreuzten Tastaturen in die Hölle zurücktreiben, aus der sie offenbar ausgebrochen sind? Das wäre bitter nötig, denn die Besessenheit greift immer mehr um sich. Es regiert das Paradoxon: Jeder findet's schrecklich, aber alle machen mit.

E-Mails mit wichtigem, komplexem Inhalt werden heute schon mal in der überfüllten S-Bahn beantwortet, eine Hand an der Haltestange, die andere, mit dem schreibbereiten iPhone im feuchten Nacken des ungewaschenen Nebenmanns. Zwischen zwei Stationen fällt man dann folgenschwere Entscheidungen, kündigt Freundschaften oder sogar seinen Job.

Eigentlich kommt niemand auf die Idee, seine notarielle Korrespondenz während der Beförderung im öffentlichen Nahverkehr zu bearbeiten, zumindest wenn sie in Papierform vorliegt. Aber steht man mit dem Rechtsanwalt im elektronischen Schriftwechsel, verliert man plötzlich alle Hemmungen und

---

#158 Diese Informationen stammen aus der Internetbibel »Das ganz neue Testament«, die ich dringend mal schreiben sollte.

tippt sogar sein Testament im Großraumabteil der Regional-
bahn. Der Sitznachbar ist dann hinterher ebenfalls im Bilde
und kann im Rahmen seiner Möglichkeiten rechtlichen Bei-
stand geben.[159]

Der an sich so unmoderne Vorgang des handschriftlichen
Briefeschreibens hat einen großen Vorteil: Es dauert ein bisschen, bis so ein Schreiben erstellt ist. »Wieso ist das ein Vorteil?«, wird der ein oder andere jetzt fragen. Der Akt, mit seiner
Sauklaue aufs Papier zu schmieren, einen Umschlag zu suchen, den Brief einzustecken, zuzukleben, eine Briefmarke zu
erwerben und den Brief dann entweder am Postschalter oder
im Briefkasten auf seinen Weg zu schicken, bietet unendlich
viele Momente zum Nachdenken: »Will ich diesen Brief tatsächlich so abschicken?«

Im Fall der E-Mail stellt sich diese Frage nur bis maximal
»Will ich …«, und schon hat man auf »Senden« geklickt. Das
berühmte »Eine Nacht darüber schlafen« kommt uns nach und
nach abhanden. Wer hat nicht schon in spontaner Rage eine
E-Mail-Antwort verfasst, die er am nächsten Morgen bitter bereut hat? Nicht auszudenken, wie viele kriegerische Auseinandersetzungen unsere Mutter Erde sonst noch gesehen hätte,
wenn Staatschefs, Feldherren, Diktatoren und Monarchen schon
immer im unmittelbaren Kontakt miteinander gestanden hätten. Unsere Welt wäre wahrscheinlich eine andere und sähe
statt wie bei »Star Trek« eher so aus wie bei »Mad Max«.

Vor diesem Hintergrund ist die permanente Simserei unserer Kanzlerin mehr als beängstigend. Was, wenn Sie dem Innenminister auf die Frage, wie man mit der Opposition umge-

---

[159] Handelt es sich um einen sympathischen Zeitgenossen, ist es nicht ausgeschlossen, dass er im letzten Willen bedacht wird. So wird ein »Erbschleicher«
im Zug zum »Erbraser«.

hen solle, scherzhaft »Alle einsperren!« antwortet, und das Emoticon für Ironie »;-)« dabei vergisst? Ruckzuck sind die Berliner Gefängnisse voller Grüner und Linker, und eine Staatskrise ist unausweichlich.

Halten Sie es für eine gute Sache, dass die Oberen einer Gesellschaft unkontrolliert schriftlich miteinander kommunizieren? Selbst Chefs von Großkonzernen beantworten ihre E-Mails mittlerweile oft selbst und umgehen so das wertvolle Regulativ einer persönlichen Sekretärin. Nicht nur, dass man damit die Rechtschreibschwäche vom Boss des DAX-Unternehmens schwarz auf weiß vorliegen hat – zwischen Tür und Angel hingerotzte E-Mails bergen jede Menge Sprengstoff. Dinge, die früher persönlich oder auch am Telefon besprochen wurden, werden heute in knappe Nachrichten gehackt und sind vom Empfänger emotional nur noch bedingt einzuschätzen.

Wer häufig E-Mails verschickt und empfängt, kennt das Problem wahrscheinlich sehr gut: »Du alter Drecksack!« kommt bei einem Bier in der Kneipe mit Augenzwinkern und humorvollem Timbre gesprochen gänzlich anders rüber, als wenn man es kalt und steril in die Betreffzeile einer elektronischen Nachricht schreibt.

Die Lösung für all diese Probleme kann nur sein, das an sich wunderbare Medium E-Mail wieder mehr wie Post im herkömmlichen Sinne zu behandeln.

In der Regel wird auch niemand einen richtigen Brief ohne Anrede und Grußformel verschicken, es sei denn, man schneidet die Buchstaben aus der Zeitung aus, um ein Lösegeld zu erpressen.

E-Mails ohne »Hallo« und »Tschüss« sind zwar an der Tagesordnung, befinden sich für mich aber hinsichtlich ihrer Höflichkeit in einer Liga mit anonymen Drohbriefen. So gewinnt eine Konversation über die Planung einer gemeinsamen Silvesterfeier schnell eine Schärfe, die selbst die Gulaschsuppe am Neujahrsmorgen nicht zu toppen vermag.

»Hallo Holger, kannst du bitte noch etwas Glühweingewürz mitbringen? Danke vorab und Gruß, Marianne« – das macht Freude auf die Zusammenkunft, wohingegen ein knappes »Kauf du Glühweingewürz? Ok?« den Gedanken aufkommen lässt, extra für die unverschämte Marianne ein wenig Abführmittel beizumischen. Wenn dann die aus der Hüfte geschossenen Wortfetzen grammatikalisch und in Sachen Rechtschreibung dem Niveau eines Drittklässlers entsprechen, fühle ich mich als Adressat nicht ernst genommen.

Macht mich das zu einem E-Mail-Spießer? Ist bei allem anarchischen Geist, den ich mir selber zuschreibe, der Wunsch nach mehr Sorgfalt beim Mailverkehr nicht »Punkrock« genug? Vielleicht, aber dennoch empfinde ich selbst eine punkige E-Mail wie »Hallo Marianne, fick dich ins Knie und kauf dir dein scheiß Glühweingewürz doch selber! Gruß, Holger« mit Anrede, Grußformel und korrekter Grammatik wirkungsvoller als ein armseliges »Bitch!«

## E-Post-traumatische-Störungen

Unser Streben nach Individualität treibt zuweilen wilde Blüten, die auch schon in die ein oder andere E-Mail wuchern. Einige der selbsternannten Individualisten geben ihrer Kreativität immer noch damit Ausdruck, dass sie E-Mails mit bunten, gemusterten Hintergründen, sogenanntem digitalen Briefpapier, ulkigen Schriftarten und ungewöhnlich großen Buchstaben versehen. Ich spreche in diesem Zusammenhang von der »Poesiealbumisierung des E-Mail-Verkehrs«.

Gerne werden in solche Mails nämlich auch kleine Lebensweisheiten, animierte Smileys oder glitzernde Sternchen eingebunden, womit sie dann selbst von hartgesottenen »Hello Kitty«-Fans nur noch unter Schmerzen und Übelkeit betrachtet werden können.

Fast scheint es, als würden viele verstorbene Websites der 90er Jahre heute als untote E-Mails ihr Unwesen treiben. Was in privater Korrespondenz zwar schon widerlich, aber irgendwie noch tolerabel ist, wirkt in offizieller E-Post fast schon wie eine Verarsche des Empfängers. Der Finanzbeamte, den man um Aufschub für die Abgabe der Steuererklärung bittet, muss schon eine ungewöhnlich infantile Ader haben, um eine pinkfarbene E-Mail mit grünen Buchstaben in Schriftgrad 30 wertschätzen zu können. Ist sie obendrein mit einer blinkenden Prinzessin Lillifee neben der Grußformel »HDGDL«[160] bestückt, steht einer umfassenden Steuerprüfung nichts mehr im Weg.

Es wird Zeit, der »Poesiealbumisierung« Einhalt zu gebieten und die Absender solcher Mails auf analogem Weg und in einer Sprache, die sie verstehen, auf ihre Verfehlungen hinzuweisen. Senden Sie ihnen am besten einen parfümierten Postbrief mit folgendem Gedicht:

»Dies Briefchen send' ich, um zu sagen,
wie sehr mich deine E-Mails plagen.
Sie sind zu bunt, zu wild, zu krud'
und tuen meiner Seel' nicht gut.
Sollt' eine dieser Hässlichkeiten
noch mal den Weg durchs Netz bestreiten
und zu mir ins Postfach kriechen,
wirst du an meinem Fäustchen riechen!«

#160 Abkürzung für »Hab dich ganz doll lieb.« Fairerweise muss man aber sagen, dass es auch »Halt die Gosche, du Lutscher!« heißen könnte. Dünnes Eis also!

Diesen Text könnten Sie übrigens auch neunzig Prozent der Newsletter-Versender im Netz zukommen lassen, die mit ihren überfrachteten Werbenachrichten voll bunter Bilder eigentlich eine Epilepsie-Warnung verdient hätten, genau wie 3D-Filme. »KAUF! BILLIG! REDUZIERT!«, schreit es uns an und piepst wie ein Tinnitus in unseren Augen. Manchmal wirkt es fast wie Stalking, wenn einen der lange nicht besuchte Onlineshop mit »WIR VERMISSEN DICH! HABEN WIR ETWAS FALSCH GEMACHT?« anschreibt. Man fühlt sich ähnlich wie das Arschloch, das sich nach dem One-Night-Stand nicht mehr meldet.

Wie oft hatte ich deswegen schon ein schlechtes Gewissen – also jetzt nicht wegen vereinzelten Poppens[161] –, sondern wegen einmaligen Shoppens in Onlineshops, mit denen ich nach dem Geschäftsverkehr nichts mehr zu tun haben wollte. Wenn die sich dann unterwürfig wieder bei mir melden mit »Haben wir es dir nicht gut besorgt?«, musste ich schon oft reumütig etwas kaufen, das ich eigentlich gar nicht gebraucht hätte. Ich bin eben ein gutmütiger Typ mit einem ehrenhaften Gewissen. Gut, oft wurde ich natürlich auch von dem beigefügten Zwei-Euro-Gutschein geködert. Ich bin halt obendrein auch ein billiger Hund.

Warum aber tut man sich das alles an? Hätte man die Bettelmail nicht von vornherein verhindern können? Mitnichten, der Newsletter ist für das Internet das, was der Fußpilz für das Hallenbad ist. Ob man will oder nicht: Wenn man regelmäßig dort verkehrt, bekommt man ihn früher oder später. Es ist natürlich nichts gegen dezente gewerbliche Informationen einzuwenden, die in zurückhaltenden zeitlichen Abständen hereinflattern, aber leider sieht die Realität anders aus.

#161 Schließlich bin ich verheiratet. Wobei ich gehört habe, dass das für manche Menschen kein Argument dagegen sein soll. Tstststs!

Ohne Unterlass penetrieren diese digitalen Flugblätter unsere E-Mail-Programme und lassen uns einfach keine Ruhe mehr, auch wenn man probiert, sich abzumelden. Das klappt nämlich oft gar nicht oder ist so kompliziert,[162] dass man aufgibt und einfach angemeldet bleibt.

Es ist gerade so, als habe man Mephisto seine Seele verkauft und käme aus dem Deal nicht mehr raus, auch wenn man noch so oft auf »Abmelden« klickt. Heinrich Faust hatte sich wenigstens freiwillig auf den Deal eingelassen. Wie oft übersieht man aber beim Einkauf im Netz ein Häkchen oder das Kleingedruckte und wird damit quasi zwangsangemeldet. Am Briefkasten vor dem Haus hilft ein einziges kleines »Keine Werbung«-Schild, um die Postwurfsendungen fernzuhalten. Im Internet kämpft man wie Don Quichotte gegen jede einzelne Windmühle.

Wenn Sie nun aber glauben, die Impertinenz von vernachlässigten Firmen sei ein Netzproblem, täuschen Sie sich. Ich erhalte heute noch Anrufe von Verlagen, bei denen ich in den 80ern mal eine Jugendzeitschrift im Test-Abo bezogen hatte. Geschulte Callcenter-Mitarbeiter erinnern mich dann an die gute, alte Zeit und appellieren, die schöne Jugendliebe doch wieder zu aktivieren – am besten mit einem Test-Abo, das sich automatisch um vierzig Jahre verlängert, wenn man vergisst, zu kündigen.

Falls ich nicht direkt zusage, ködern mich die gerissenen Telefonhypnotiseure mit Radioweckern, Baumarktgutscheinen oder Langschlitztoastern, womit ich dann tatsächlich meistens verloren bin. Tja, wenn mir jemand einen Langschlitztoaster anbietet, kann ich einfach nicht nein sagen.

---

#162 Am Ende verlangen die noch von einem, dass man sich schriftlich per Post und mit Einwilligung der Eltern abmeldet.

Daher habe ich mittlerweile so viele Abos, dass ich fast schon ein Zeitungsbüdchen aufmachen könnte, an dem es mittags auch noch frischen Schinken-Käse-Toast gibt. »Telefonische Newsletter« funktionieren also recht gut bei mir. Aber egal ob offline oder online – die Grenzen zwischen Newsletter und Spam sind fließend.

Wer hat schon noch den Überblick, welches webbasierte Werbeblättchen er tatsächlich freiwillig bestellt hat, und welches ungefragt in den Posteingang flattert? Die Verspammung des Internets schreitet trotz unzähliger Gegenmaßnahmen genauso fort wie die Abholzung des Regenwaldes und die Verfettung der Jugend.

Dabei hätte ich anfangs nicht damit gerechnet, dass das Konzept der Spam-E-Mail sich so lange im Internet hält. Schließlich ist sie vom Prinzip her vergleichbar mit einem Raubritter, der aus dem Hinterhalt eine Kutsche überfällt, nur um dann den Opfern Potenzmittel, Plastiklanzen und sonstigen Tineff aus den Ein-Taler-Shops des Mittelalters anzudrehen. Alles in allem also ein ziemlich dämliches Geschäftskonzept, welches darauf basiert, dass der Überfallene plötzlich denkt: »Ui, eine Plastiklanze fehlt mir noch in meiner Kemenate.«

Ich für meinen Teil kann mit Fug und Recht behaupten, dass ich noch nie in meiner gesamten Internetlaufbahn ein Angebot aus einer Spam-E-Mail angenommen habe. Weder rollige Rumäninnen, billige Bürostühle, fesche Fahnenmasten noch vitalisierendes Viagra, geheimes Glücksspiel oder wohlfeile Wildlederjacken konnten mich jemals dazu bewegen, auf dubiose E-Mail-Offerten einzugehen.[163]

Die Tatsache, dass heute immer noch täglich Millionen und Abermillionen Spam-Mails an erschlichene Empfängeradres-

#163 Bei Langschlitztoastern hingegen würde vielleicht sogar ich schwach werden.

sen rausgehauen werden, zeigt aber, dass stets mindestens ein Schwachmat dabei ist, der den Bürostuhl ab Werk aus Papua-Neuguinea importieren möchte. Und da die Mailingaktionen den Spammer fast nichts kosten, wird natürlich ab dem ersten Schwachmaten verdient. Also werden uns wahrscheinlich noch in dreißig Jahren die rolligen Rumäninnen »Geil, geil, komme, komme, du!« aus den E-Mails entgegenrufen.

Sind diese Spam-Mails wenigstens noch als solche zu erkennen, gibt es im Gegensatz dazu jene Nachrichten, bei denen erst hinter der Fassade mancher Spammer seine hässliche Fratze zeigt. Trickbetrüger, die sich vor Jahren noch als Clowns verkleidet Zugang zur geriatrischen Klinik verschafft hätten, um bettlägerigen Senioren ihr Telefongeld aus dem Nachttisch zu klauen, setzen heute auf Hightech und Internet.

Ich habe verschiedene Varianten des E-Mail-Betrugs typologisiert:

E-Verarsche 1: Der Irrläufer

Diese Nachrichten wirken so, als seien sie ursprünglich an jemand ganz anderen geschickt worden und total zufällig in Ihrem Postfach gelandet. Klar, nicht wahr? Zwinker, zwinker!

Gerne verwendete Textbausteine sind beispielsweise »Hallo Petra! Anbei die heißen Bilder von unserem gemeinsamen Schaumbad. Mensch, was waren wir nass. Gruß, Tina«, oder »Hallo Peter, bitte gib das Dokument anbei niemandem weiter. Es ist die Lizenz zum Gelddrucken. Willkommen im Club der Millionäre, dein Klaus«, oder auch »Hallo Herr, wie besprocht. Du sehen will Anne Hatheway[164] nackt, also kuckst in den Zip am Boden von die Text.«

#164 Der Name ist ein Platzhalter für jeden derzeit angesagten weiblichen Star.

Tatsächlich hängen zumeist ausführbare Dateien an den Mails, die entweder Würmer, Trojaner oder sonstige Schädlinge auf dem Rechner des – wahlweise geilen oder gierigen – »falschen« Empfängers installieren. Ab diesem Zeitpunkt hat sowohl die nasse Tina als auch der mutmaßliche Intimfreund von Anne Hathaway Zugriff auf den Computer und kann von nun an sensible Daten auslesen oder sonstigen Schindluder damit treiben.

Seien wir mal ehrlich: Wer auf diesen Trick reinfällt, hat es eigentlich nicht besser verdient. Nein, nicht, weil er mit Vorsatz in E-Mails gestöbert hat, die eigentlich nicht für ihn bestimmt sind, sondern weil er gegen die urälteste aller Regeln für E-Mails von unbekannten Empfängern verstoßen hat: Auf dubiose Anhänge klickt man nicht![165]

Was auffällt, ist der Fokus solcher Schadmails vor allem auf männliche User. Frauen scheinen für die Spammer kein interessantes Ziel zu sein. Wenn die Weltsicht der Internetbetrüger aber auf dem Klischee fußt, Männer seien geld- und notgeil, ließen sich in ähnlich plumper Art doch auch »weibliche« Irrläufer produzieren: »Hallo Petra! Anbei die Zugangsdaten zum Zalando-Großeinkäuferbereich mit den Hammerpreisen. Aber psssst! Gruß, Tina.«

Oder »Hallo Frau, wie besprochen. Kuck in Zip am Boden von die Text für echten Handynummer von Pattinson Robert und Clooney George«.

---

[165] Gut, sollten Sie nun ein großer Anne-Hathaway-Fan sein und Ihr Intellekt bei dem Gedanken an scharfe Fotos von ihr in die Lendengegend rutschen, retten Sie sich doch bitte wenigstens noch schnell auf Google und geben »Anne Hathaway nackt« ein. Das ist gesünder für Sie und Ihren Rechner.

Diese außerordentlich kreative Art von Trickmails macht mir am meisten Spaß.

Die Autoren schicken dem Empfänger eine ausführliche, fantasievolle Geschichte, die sie an Tastaturen ohne Umlaute und mit Hilfe billiger Übersetzungsprogramme erstellt haben. Oft sind diese Nachrichten so wunderbar falsch formuliert, dass ich beim Lesen schon Tränen gelacht habe.

Allen diesen E-Mails gemein ist die »Tatsache«, dass der Absender dem natürlich ganz gezielt ausgesuchten Empfänger – zwinker, zwinker! – eine einmalige Geschäftsidee vorschlagen möchte. Na, klar! Diese Geschäftsidee ist das E-Mail-Pendant zu einem James-Bond-Film: an den Haaren herbeigezogen, aber in sich plausibel und schlüssig.

Eine schöne Variante ist zum Beispiel die »nicht abgeholte Erbschaft«. Dabei richtet sich der Mitarbeiter der Bank XY/ des Anwaltsbüros XY/der Botschaft XY mit Namen Ndougo Wanabe/Carlos Diaz/Daeng Gung an den Empfänger, weil die Erbschaft eines deutschen Großindustriellen/Öl-Magnaten/ Selfmade-Millionärs, der in Johannesburg/Brasilien/Thailand mit dem Flugzeug/Schiff/Motorrad tödlich verunglückt ist, in einem Bankschließfach liegt und bisher nicht abgeholt wurde. Als Beweis hängt ein Zeitungsartikel über das Unglück an der E-Mail und kann vom staunenden Empfänger studiert werden. Diese Erbschaft, so Ndougo/Carlos/Daeng, könne man gemeinsam antreten und damit das arme Geld aus seiner Gefangenschaft befreien.

Ndougo/Carlos/Daeng benötigt nun einen im Gegensatz zur Erbschaft (meist mehrere Millionen Dollar) geringen Geldbetrag (meist fünf- bis zehntausend Dollar), um den Notar zu bezahlen und die Transaktion nach Deutschland zu starten.

Die Bankverbindung für diese Überweisung findet man »an der Boden von die Text«.

Bitte, bitte, liebe Leser, wenn Sie auf eine solche E-Mail schon einmal hereingefallen sind, melden Sie sich bei mir. Ich muss Sie unbedingt kennenlernen und mache mich ganz bestimmt auch nicht über Sie lustig. Ehrenwort!

Ein bisschen Angst habe ich allerdings schon, dass Sie mir aus Hawaii/Kap Verden/Neuseeland schreiben, wo Sie heute mit Ndougo/Carlos/Daeng in einer Villa am Strand die Früchte Ihrer Transaktion genießen.

E-Verarsche 3: Das Ultimatum

Um diesen E-Mail-Betrug zu verstehen, muss man zuerst über ein anderes Netzphänomen Bescheid wissen: Das Internet wurde in den letzten Jahren zum Eldorado für eine neue Spezies menschlichen Abschaums. Wenn Sie einen Rattenfötus mit den Genen einer Stechmücke und denen des Nachbarn, der bei Ihrer letzten Party die Polizei wegen Ruhestörung gerufen hat, kreuzen und von einem mannsgroßen Blutegel austragen lassen würden, bekämen Sie einen reinrassigen Abmahnanwalt.

Diese gefallenen Juristen, diese Pickel am Arsch des Rechtsstaats, suchen im Internet nach Usern, die bewusst oder unbewusst Ordnungswidrigkeiten begangen haben, um ihnen im Rahmen des geltenden Rechts jede Menge Geld aus der Tasche zu ziehen.

Natürlich muss jeder, der sich »Ben Hur« oder das weiße Beatles-Album aus dem Netz saugt, damit rechnen, dass sich früher oder später ein juristischer Blutegel an seinem Oberschenkel festsetzt. Man kann aber auch ohne jegliche kriminelle Energie zum Opfer dieser Machenschaften werden. Fehlt bei der Website das Impressum? Abmahnung! Verkaufen Sie ohne Handelslizenz auf eBay Klamotten von Ed Hardy oder Abercrombie & Fitch? Abmahnung, selbst wenn Sie nur privat abgelegte Pullis verhökern! Haben Sie den Ausschnitt eines Stadtplans auf Ihre Hochzeitswebsite kopiert, um den Gästen den Weg zum Polterabend zu beschreiben? Abmahnung!

Für all diese vergleichsweise kleinen Verfehlungen sind schnell Hunderte von Euro fällig. Ein Geschäft mit Unwissenheit, an dem die schmierigen Rechtsverdreher glänzend verdienen. Diese Sauerei ist aber rechtens.[166] Nicht rechtens, und deshalb hier als eine Variante des E-Mail-Betrugs aufgeführt, ist hingegen das Spiel mit der Angst vor solchen Abmahnungen, das findige Netztrickser spielen. Da flattert mal eben eine Mail in Ihren Posteingang, Betreff: »Abmahnung«, Text: »Buh! Haben wir dich beim Filesharing erwischt. In der Datei anbei sind die Beweise.« Und weil wir alle manchmal kleine Sünderlein sind, klickt man nun mit schweißnassen Fingern auf den Anhang, und so wird der Rechner mit einem bunten Strauß von Viren infiziert.

Das Einzige, was bewiesen ist: Ein schlechtes Gewissen macht dämlich. Die Gauner wissen nämlich gar nichts von Ihnen und lassen es einfach nur drauf ankommen: »Wenn du in den nächsten 2 Stunden 500 € auf folgendes Konto überweist, vergessen wir die Sache.«

Mein Tipp: Vergessen Sie die Sache und investieren Sie das Geld lieber in die Erbschaftstransaktion von Ndougo/Carlos/Daeng.

#166 Noch. Änderungen in der Rechtsprechung sind wohl in Planung.

## E-Verarsche 4: Phishing

Die wohl bekannteste Gattung betrügerischer E-Post sind sogenannte »Phishing-E-Mails«. Der Begriff greift die Systematik auf, dass böse Buben im Rahmen dieser Nachrichten einen elektronischen Köder auswerfen, der von uns menschlichen Kois offenbar allzu häufig geschluckt wird.

Diese Angriffe auf unschuldige Empfänger sind tatsächlich oft perfide gemacht und entlocken uns, perfekt getarnt, allerlei sensible Daten. Ich habe mittlerweile richtiggehend Angst vor Onlinebanking, weil wirklich jeder ruckzuck zum Opfer werden kann. Man denkt an nichts Böses und bekommt eine E-Mail mit Absender »Sparkase« – ja, mit nur einem »s« hinten. Betreff: »Diesem wichtigens Mitteilungen«, Text: »Lieber Herr, bitte schicken alle TANS Du haben, wegen Sicher. Danke.«

Völlig klar, das macht man dann sofort. Da kann man schon mal drauf reinfallen. Aber es gibt mittlerweile sogar noch viel, viel besser gemachte Phishing-Mails: Die Kreditkartenfirma hat Ihre Kreditkartennummer vergessen und bittet nun per Mail darum, eben mal schnell die Zahlenreihe mit Gültigkeitsdatum und Sicherheitsnummer rüberzuschicken. Das kann ja jedem mal passieren, also hilft man als zuvorkommender Mensch natürlich gerne aus und kloppt die geheimen Daten in eine unverschlüsselte Nachricht an den Absender karte@online.com.

Kleiner Tipp: Oft hilft tatsächlich ein Blick auf die Absenderadresse, um die Gaunerei zu erkennen. Ihr Finanzdienstleister sollte sich nämlich in der Regel schon eine eigene E-Mail-Adresse leisten können und keinen kostenlosen Mail-Anbieter bemühen müssen.[167]

---

#167 Wobei das zugegebenermaßen in Zeiten von Finanz- und Eurokrise auch nicht mehr selbstverständlich ist.

So richtig fies wird es natürlich, wenn man mit Hilfe externer Links auf Formularseiten gelockt wird.

Solche Nachrichten kommen dann vermeintlich von eBay, PayPal, Amazon und so weiter:

»Hallo, eBay hat entdeckt, dass in Ihrem Konto Informationen fehlen. Bitte loggen Sie sich über den folgenden Link ein.«

Wenn man das dann macht, wird man auf eine als eBay getarnte Website geleitet und gibt dem Betrüger so unwissentlich seine Zugangsdaten. Danach kann er sich auf Ihrem echten Account nach Herzenslust austoben.

Wie kann man sich in diesem Falle schützen? Nun, bei solchen Angriffen sollte man spätestens dann hellhörig werden, wenn man gar kein eBay-Konto besitzt und dennoch angeschrieben wird. Andernfalls sind Sie schlicht und einfach verloren.

Sie sehen, da draußen im Netz existiert ein Dschungel, den man nur mit hellwachem Verstand und einer Machete im Anschlag durchdringen kann. Leichtsinn und Gedankenlosigkeit führen in solchen Fällen direkt ins Verderben.

## Adipöse E-Mails

Ein weiteres Problem im täglichen Mailverkehr sind Absender, denen aufgrund immer schnellerer Datenleitungen und schier unerschöpflicher Speicherkapazitäten jegliches Gespür für die Größe von E-Mail-Anlagen abhandengekommen ist.

In früheren Zeiten, als man sich noch ins Internet einwählen musste und allein der Versand von nur einem Megabyte eine Sache von mehreren Stunden darstellte, regulierte sich das von allein. Wer wollte schon Zeit und Geld verschwenden und unendlich lange warten, bis die Mail mit vierzehn Fotos den E-Mail-Ausgang verlassen hatte?[168]

Völlig enthemmt prügeln heute Datenverschwender gigantische Dateien durchs Internet, die brutal an arme, unschuldige Mails angehängt werden. Ich nenne das E-Mail-Adipositas.

Wo ist Amnesty Internet, wenn man sie mal braucht? Könnten E-Mails schreien, sie würden es tun. In jeder Ecke des Netzes wäre der Widerhall dieser verzweifelten Rufe zu hören: »NEEIIIIN, NICHT SOOO GROOOOSSS! DAS TUT MIR WEEEEHHH!«

Es gibt doch heute tolle Filesharing-Dienste. Alle Welt lädt sich darüber Kino-Blockbuster bis zur Abmahnung herunter. Übermitteln Sie doch stattdessen ab und zu übergroße E-Mail-Anhänge auf diesem Weg. Wäre das eine Idee? Wie, Sie kennen Filesharing nicht und schauen Filme immer noch auf Betamax? Gut, dann habe ich eine Faustregel für Sie: Versenden Sie einfach keine zwölf Megabyte großen Bilder oder gestochen scharfe HD-Videos. Sie stecken ja auch kein halbes Schwein in einen Umschlag, um einem Freund zu zeigen, wie toll der Urlaub auf dem Bauernhof gewesen ist, oder?

Auch wenn Speicherplatz nicht mehr so rar gesät ist und die Verbindungen heute schneller sind, nervt es dennoch phänomenal, wenn man irgendwo bei Halberstadt im Funkloch steckt und ein klitzekleines Zipfelchen Empfang von einer Mail mit megabyteschwerem Spaßvideo missbraucht wird. Da steht man nun mit dem Mobiltelefon im Harz, muss eigentlich auf Google Maps den Wanderweg nachschauen und lädt stattdessen ein Video runter, in dem der kleine Thor-Bruno zum ersten Mal seinen Namen rülpst.

[168] Mal ganz abgesehen davon, dass die Übertragung oft mehrfach abgebrochen wurde. Selten war das Betrachten eines Statusbalkens frustrierender. Als schlimmer habe ich das bisher nur bei Installationen unter Windows XP empfunden, aber das ist eine ganz andere Geschichte.

Zu große E-Mail-Anhänge zeugen von zu kleinen Bemühungen, seinem Gegenüber den Empfang einer Nachricht möglichst angenehm zu gestalten. Ich halte also fest: Wer übergroße Dateien in fremde Postfächer knallt, entsorgt auch Altöl im Wald und gehört dafür gegrillt. So!

Das mag drastisch klingen, aber E-Mail ist mir wichtig. E-Mail ist mir lieb und teuer. Ich möchte mir ihr gemeinsam alt werden und sicherstellen, dass sie nicht nur mich, sondern uns alle überlebt. Und sollte mich einst unser aller Schöpfer zu sich rufen und ich zum letzten Mal mit lebendigen Augen auf meinen Computerbildschirm schauen, will ich zur »Grande Dame« des Internets mit letztem Atem sagen können: »Hey E-Mail, toll siehst du aus. Bleib so, wie du bist!«

Auch ich füge ihr oft Leid zu und überstrapaziere sie maßlos, aber, liebe Brüder und Schwestern, es ist noch nicht zu spät für eine Umkehr und ihre Rettung:

*Wahrlich, ich sage euch: Erst wenn das letzte Spam gelöscht, der letzte Stuss vernichtet, der letzte Phisher gefangen ist, werdet ihr merken, dass man den Wert der E-Mail in Geld nicht messen kann.*

Wenn wir uns also diese Kommunikationsform nachhaltig bewahren wollen, müssen wir anfangen, sie wieder besser zu behandeln. Ich überlege, eine Organisation zu gründen, eine Art PETA für E-Mails. Sie könnte »PETE« heißen: People for the Ethnical Treatment of E-Mails.

Ich wüsste sogar ein paar Slogans:

1. Auch E-Mails brauchen Feierabend!
2. Stoppt die Grußformel-Amputation von elektronischer Post!
3. Schützt das CC-Feld vor Missbrauch!
4. Spam ist Mail-Mord!

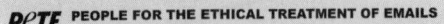 **PeTE** PEOPLE FOR THE ETHICAL TREATMENT OF EMAILS

„Möchtest Du mein **Brieffreund** sein, halt die **E-mails** klein und rein!"

Tobias Mann für
Komiker und Mail-Schützer **PeTE**
Stoppt Emailquälerei!

## EPILOG

Ich durfte in den nun hinter uns liegenden Kapiteln ausführlich beschreiben, wie ich mir langsam, aber sicher den Weg ins Internet gebahnt habe und immer weiter in die tiefsten Tiefen des Netzes vorgedrungen bin, in die noch nie ein Mensch zuvor ... na ja ... so tief nun auch wieder nicht. Aber wenn auf der Enterprise der Warp-Antrieb klemmt, hat Scotty mindestens genauso große Probleme im Maschinenraum wie unsereins zu Hause, wenn der Router kein DSL-Netz finden will.

Dennoch war es wahrscheinlich nie so einfach, das Internet zu konsultieren, wie heute. Mobile und drahtlose Netze arbeiten Hand in Hand mit netzgebundenen Alternativen, um uns jederzeit den Klick ins WWW zu ermöglichen. Selbst bei Boris Becker sollte mittlerweile das Erstaunen darüber, »drin« zu sein, einer selbstverständlichen Nüchternheit gewichen sein. Wahrscheinlich wundert er sich heute nur noch darüber, dass er zumindest bei Google immer noch in der Besenkammer drin ist.

Die größte Schwierigkeit ist es mittlerweile also nicht mehr, ins Netz hinein-, sondern aus dem Netz herauszukommen. Nach meiner Philosophie sind in unserer vernetzten Welt nur zwei Aggregatzustände möglich: Online- beziehungsweise Offline-Sein. Dennoch verliert das Nicht-eingeloggt-Sein immer mehr an Bedeutung. Die Folgen sind hysterisches Multitasking und schleichender Wahnsinn.

Wer bei der Fahrradtour versucht, via iPad einen neuen Ge-päckträger bei eBay zu ersteigern und daher wild zwischen Navi und Auktions-App hin- und herwechselt, muss sich nicht wundern, wenn er kurz darauf nach »Erste Hilfe bei Knochen-brüchen« googelt.

Selbst das Schreiben dieses Internet-Buches hat empfind-lich unter rechnerbedingten Ablenkungen gelitten. Dabei habe ich zwar stets in der stillen Einsamkeit meines Arbeitszimmers getippt, aber auf einem modernen Rechner und über WLAN mit der Welt verbunden. Rückblickend muss ich sagen, dass ich wahrscheinlich konzentrierter hätte arbeiten können, wenn ich das Buch mit einer Schreibmaschine auf dem Rücksitz ei-nes Tuk-Tuks in der Innenstadt von Bangkok geschrieben hätte.

Mir blieb nichts anderes übrig, als technische Hilfsmittel zu verwenden, um mich in einen fokussierten Zustand zu verset-zen. So habe ich sehr häufig ein Computerprogramm mit dem bezeichnenden Namen »Concentrate« benutzt. Diese Soft-ware schließt nicht nur alle Programme, die mich von der Er-stellung des Buches ablenken könnten, sondern schneidet mich obendrein ganz brutal vom Internet ab. Ich sabotiere also ab-sichtlich meinen Computer und gleiche ihn funktional der Schreibmaschine im Tuk-Tuk an – das ist, als würden Sie Ihren Fernseher so einstellen, dass man nur noch Arte und N24 emp-fangen kann.[169]

Erschreckend war für mich, wie oft ich dennoch wie in Trance meinen Facebook-Account öffnen wollte und von Con-centrate dafür mit der Meldung »Internet gesperrt« gerüffelt wurde. Ich habe mich fast so gefühlt, als hätte mich meine Mutter an einem sonnigen Nachmittag beim Donkey-Kong-Spielen erwischt. Das warf für mich die Frage auf, ob ich noch

#169 Im Grunde keine schlechte Idee, wenn man darüber nachdenkt.

meinen Rechner oder nicht doch mittlerweile mein Rechner mich kontrolliert.

Um noch mehr in meine Gedanken abzutauchen und mir den Computer wieder untertan zu machen, habe ich obendrein exzessiv den Vollbildmodus meines Schreibprogrammes genutzt, bei dem alle irrelevanten Bildschirmanzeigen und Fenster eliminiert werden und nur noch Buchstaben auf einer hellen Fläche zu sehen sind – eine Entschlackungskur für die Augen und Wellness fürs Gehirn.

Ein Computer kann vielleicht alles auf einmal. Wenn wir User aber alles auf einmal nutzen, können wir auf einmal nichts mehr. Auch mit einem Schweizer Messer, bei dem alle Werkzeuge und Klingen gleichzeitig ausgeklappt sind, lässt sich noch nicht einmal eine Weinflasche öffnen – zumindest nicht, ohne sich die Finger abzuschneiden. Blut und Wein ist keine gute Kombination – es sei denn, Sie sind Jesus.[170]

Eine der Weisheiten, die ich aus meinen Erfahrungen als Autor im digitalen Zeitalter ziehe, lässt sich ganz simpel so zusammenfassen: Der Mut, offline zu gehen, wird belohnt!

Es wird in der Arbeitswelt oft über die Work-Life-Balance philosophiert. Viel wichtiger ist in meinen Augen die »Online-Offline-Balance«. Wer das Internet nicht nutzt, fährt quasi mit dem Dreirad auf der Autobahn, was vielleicht ganz lustig aussieht, aber auf Dauer nicht gesund ist. Wer hingegen nur noch online ist, rast irgendwann mit dem Porsche in den Gegenverkehr und landet neben dem Dreiradfahrer auf der Intensivstation. Also lieber öfter mal das Auto stehen lassen und laufen. Klingt wie eine Binsenweisheit – gelingt mir persönlich aber nur bedingt.

#170 Dann brauchen Sie aber wahrscheinlich auch kein Schweizer Messer, um eine Weinflasche zu öffnen. Streng genommen brauchen Sie noch nicht einmal Wein, sondern nur Wasser – wenn die Story stimmt und die Jünger bei ihrem Evangeliums-Getwitter nicht übertrieben haben.

# Das verhinderte Kettensägenmassaker

Internetkritiker behaupten in der Regel, die Möglichkeiten des Netzes und der digitalisierten Welt würden das Hirn der Menschen zerlöchern und zerfleddern und unsere Gesellschaft dadurch mindestens in Höllenkreis fünf oder sechs katapultieren. Sie verweisen zuweilen auch auf die vielen Denkaufgaben, die dem Rechner übertragen werden, was das menschliche Gedächtnis fortan verkümmern lasse. Ich glaube, dass das Gegenteil der Fall ist.

Nehmen Sie einfach mal die Masse an Informationen, die Sie auch heute noch ganz analog in den Windungen Ihres Denkapparates abspeichern müssen. So verlangt zum Beispiel jede Website, jedes sensible Programm, jeder Internetdienst, dass wir uns Nutzernamen und Passwort merken. Jedes digitale Speichern dieser Daten stellt ein Sicherheitsrisiko dar, also ist man ganz klassisch auf den guten, alten Hirnschmalz angewiesen, um sich abstruse Passwörter mit mindestens sechs Zeichen, einem Großbuchstaben und einer Zahl auszudenken und zu behalten.

Login: maxmustermann007

Passwort: IchWerdeIrre0815leckMichfett.

Hinzu kommt, bedingt durch eine Flut von Kunden-, Bank-, Kredit-, SIM- und Bonuskarten, eine unüberschaubare Menge an PIN-Codes und TAN-Zahlenketten, die man sich merken oder zumindest fehlerfrei irgendwo abtippen muss.[171]

Auch Webadressen, die sogenannten URLs, werden immer komplizierter und länger. Reichte früher noch ein simples ard.de,

---

#171 Nicht zu vergessen Lizenzcodes von Software-Paketen wie z. B. Microsoft Office, die einen mit ihren zufällig generierten und unverschämt langen Zeichenkombinationen an den Rand des Wahnsinns treiben können.

um in die Online-Wunderwelt des Ersten Deutschen Fernse-hens einzutauchen, gibt es durch die fragmentierte Digital-senderflut und eine schrumpfende Zahl an verfügbaren Do-mains demnächst wahrscheinlich auch: .

http://www.derdigitalsenderdendieardaufsendeplatzvier-hundertneuzigversteckthat.de[172]

Bei aller Kritik muss man doch feststellen, dass die digitali-sierte Welt Möglichkeiten bietet, die Verstand und Bewusst-sein eher erweitern als einschränken.

Gut, dass Bewusstseinserweiterung zuweilen auch einen ziemlich verwirrenden Effekt haben kann, weiß man nicht erst seit dem Song »I am the Walrus« von den Beatles. Immerhin war von da an eines klar: »I am he as you are he as you are me and we are all together«. Ähm … ja! Genauso kann auch der Trip ins Netz statt Klarheit zusätzliche Verwirrung bringen. Aber wo stünden wir heute, wenn die Menschheit nie ihre Komfortzone verlassen hätte? Wahrscheinlich mit der Forke in der Hand auf dem Feld, sauer darüber, dass der König von Deutschland schon wieder neue Steuern auf Vieh, Getreide und Frauen erhoben hat.

Stattdessen können wir über abgeordnetenwatch.de un-seren Volksvertretern digital auf die Füße steigen, auf lebe-gesund.de ein Brot-Abo abschließen und auf secondlife.com sowohl Frauen als auch Männer steuern. Man kann auf bildblog.de erfahren, dass das Land der Dichter und Denker eine Journaille hat, die zuweilen eher dichtet als denkt, und wen das noch nicht ausreichend kognitiv fordert, der kann ein Online-Fernstudium in Zahnmedizin an der Universität von

---

#172 Und auf einmal machen QR-Codes doch irgendwie Sinn. Sie wissen doch, diese quadratischen Mini-Labyrinthe, die man mit dem Handy abfotografieren muss.

Kuala Lumpur belegen. Kurzum: Das Internet bietet alles, um auch morgen noch kraftvoll zubeißen zu können.

Manchmal muss man sich aber tatsächlich durchbeißen, denn das Netz fordert uns natürlich auch mit all seinen Nullen und Einsen, die uns in ihrer binären Sturheit links und rechts um die Ohren pfeifen. Sicherlich ist der heutige Mensch diesem rasanten Schritt in die Zukunft noch nicht gewachsen. Oft fühlt man sich im Internet wie Kaspar Hauser, den man am New Yorker Times Square ausgesetzt hat. Der würde sich selbstverständlich auch nicht gleich eine Karte für das Musical »Book of Mormon« kaufen und mit großstädtischer Überlegenheit ein Taxi heranwinken. Er würde höchstens bei seiner panischen Flucht vor Lärm und Lichtern von einem Cab angefahren und, auf dem Boden liegend, vom Taxifahrer mit einem freundlichen »Fuck you, you motherfucker!« bedacht werden. Irgendwann sitzt aber auch Herr Hauser im Theater und regt sich über die unverschämten Eintrittspreise auf. Man muss einfach nur dranbleiben.

Der falsche Weg wäre es nämlich, in Angst zu verfallen und zukünftig offline zu leben. Die Vorteile des Netzes sind einfach zu frappierend, als dass man es leichtfertig als gefährliche »Verblödungsmaschine« abtun könnte. Im Gegenteil: Es sorgt zum Beispiel dafür, dass uns jede weltumstürzende Neuigkeit einfach so erreicht, ohne dass wir konkret danach suchen müssen. Irgendwer wird es schon irgendwo posten, wenn in der Welt die Diktatoren, Börsenwerte und Reissäcke stürzen. Wer online geht, kann sich vor einem Mindestmaß an Information eigentlich nicht schützen. So verhält sich das Internet zum Nutzer wie die Altbau-Dachwohnung zum adipösen Mieter, der mangels Aufzug gezwungen ist, Treppen zu steigen, wenn er Süßigkeiten und Brause an der Tanke kaufen möchte.

Wenn Sie nun sagen »Ich bin weder adipös, noch benötige

ich Zwangsinformation«, dann sollten Sie mal darüber nachdenken, ob Sie als schlanker *FAZ*-Abonnent und Doppelhaushälftenbesitzer nicht vielleicht in einer ähnlichen Situation sind wie die Schimpansen in den mutmaßlich artgerechten Großgehegen moderner Zoos. Die sind auch intelligent, gesund und obendrein Bewohner eines sicheren, lebensfreundlichen, aber artifiziellen Lebensraums. Und was machen die fiesen Tierpfleger aus dieser Idylle? Sie stopfen Futter und Leckereien in Kisten, Rohre und Baumritzen, damit die Affen ein wenig Mühe bei der Essensbeschaffung haben und beschäftigt sind. Andernfalls würden die Primaten sich aus lauter Langeweile gegenseitig die Haare ausreißen, die Ohren abbeißen und die Zoobesucher mit ihren Exkrementen bewerfen.

Ein Szenario, das auch demjenigen nicht unbekannt sein dürfte, der in der Zeit vor dem Internet sein Dasein in einer Reihenhaussiedlung gefristet hat. Jetzt, da die Funktionstüchtigkeit des Netzwerkdruckers ein brennenderes Thema ist als der zu nah am Zaun platzierte Komposthaufen des Nachbarn, richtet sich der Unmut eher gegen technische Geräte als gegen Mitmenschen. Als Pazifist und Harmoniejunkie muss man diese Entwicklung zumindest als Schritt in die richtige Richtung begreifen. Der Drucker hat – im Gegensatz zu unserem Nachbarn – unsere Wut verdient. Vor allem vor dem Hintergrund, dass uns die Drucker-Industrie, die Crackdealer unter den Elektronikherstellern, mit gefährlich preiswerten Multifunktionsgeräten in eine Abhängigkeit von völlig überteuerten Tintenpatronen lockt.[173]

Sie sehen, es sind internationale Konzerne, die den häus-

---

#173 Es würde mich nicht wundern, wenn Hewlett-Packard früher oder später Schlägertrupps bei registrierten Kunden vorbeischickt, die Käufern von billiger Generika-Tinte die Beine brechen.

lichen Frieden und die persönliche Wohlfahrt bedrohen – nicht mehr der Mitmensch, der samstagmittags seine Straße nicht kehrt. Auch irgendwie eine Form von Fortschritt.

Zumindest ich für meinen Teil habe mich oft gefragt, warum ich schon zahllose Geräte und Programme benutzt habe, um Notizen anzulegen, anstatt sie simpel, lösch- und absturzsicher in ein Moleskine-Notizbuch zu kritzeln. Unzählige Stunden habe ich damit verbracht, Bedienungsanleitungen zu studieren, digitale Ablagesysteme zu verstehen und einzurichten, auf Palms und Tablets herumzudrücken, Daten zu synchronisieren und, besonders beschissen, nach Verlust wieder herzustellen – oft erfolglos.

Jetzt weiß ich, wofür diese Mühe gut war und ist: Man(n) ist beschäftigt und hat dadurch einfach keine Zeit, ernsthaft durchzudrehen. Wäre ich nicht so in meine EDV-Probleme involviert, hätte ich vielleicht schon ein ganz ähnliches Ende gefunden wie, nun ja, Hemingway, der tatsächlich Zeit seines kreativen Lebens simpel, lösch- und absturzsicher in ein Moleskine-Notizbuch gekritzelt hat.

Würde ich nicht ständig versuchen, jeden neuen Web-Trend mitzumachen oder zumindest zu verstehen, hätte ich vielleicht längst meine vor dem Fenster ohne Unterlass laubsaugenden, rasenmähenden, heckenschneidenden, hämmernden, bohrenden, nagelnden oder sonst wie lärmenden Nachbarn mit einer Kettensäge besucht, um deren Gliedmaßen als Dünger auf meinem Gemüsebeet zu verteilen. Stattdessen ärgere ich mich in der Einsamkeit meines Arbeitszimmers über den fehlenden Treiber für das neue Betriebssystem und belege die Programmierer mit tödlichen Flüchen. Das ist gut für mich, gut für meine Nachbarn, aber zugegebenermaßen schlecht für mein Gemüsebeet.

Ansonsten halten sich die massiven durch Technik bedingten Veränderungen des Lebens schwer in Grenzen. Manches ist ein bisschen anders, vieles ist etwas bequemer und fast alles wesentlich schneller geworden, aber letztlich war alles schon mal da. Weder bei Kommunikation oder Fotografie noch bei Konsum oder Information wurde das Rad neu erfunden – es dreht sich nur in beängstigender Geschwindigkeit. Kein Wunder, dass immer mehr Menschen am Rad drehen oder sogar eins abhaben.

## Der netzaffine Albdruck

Ich nehme mich da nicht aus. Ich liebe das Internet. Ich lebe das Internet. Dennoch frage ich mich manchmal, wo das alles noch hinführen soll. Wie sehr mich diese Frage beschäftigt, merke ich besonders dann, wenn ich nach einem durchsurften Tag im Bett liege und während der letzten iPad-Lektüre einschlafe. Wenn dann das Display des Tablets auf meiner Brust ruht und mich eine nie gehörte Musikdatei aus den Tiefen der Festplatte via Kopfhörer in den Schlaf dudelt, formt sich in meinem Unterbewusstsein ein Alptraum, eine dystopische Vision unseres vernetzten Lebens in nicht allzu ferner Zukunft.

In diesem immer gleichen Traum sitze ich zunächst an einem gestengesteuerten, holographischen Computer, neben mir mein erwachsener Sohn, der mir verzweifelt zu erklären versucht, wie ich mit diesem Ding meine E-Mails abrufen kann. Vor mir liegt ein Block, auf dem ich in fast unlesbarer Sauklaue die einzelnen Arbeitsschritte notiere. Mein Sprössling klärt mich darüber auf, dass mittlerweile Google Mail die menschliche Korrespondenz gänzlich übernommen hat. Algorithmen entwerfen automatisch E-Mails, so dass man selbst nicht mehr am Kommunikationsprozess beteiligt ist, sondern nur noch hin und wieder vom Mail-Programm bezüglich des Gesprächs-verlaufs gebrieft wird. Nachdem mein Sohn mich sichtlich frustriert meinem Schicksal überlassen hat, entdecke ich im Wust der ein- und ausgehenden Nachrichten den Statusbe-richt des Bundesamtes für verschwundene Software-Pro-gramme. Man teilt mir mit, mein gesamtes Office-Paket sei nach wie vor unauffindbar. Entnervt ziehe ich meinen farb-wechselnden Halbleiter-Parka an, verlasse das Haus, laufe vor-bei an einer Armada pixeliger Bauarbeiter, die im Garten des Nachbarn antike Desktop-Rechner mit dem Presslufthammer zerkleinern. Vor meiner Stammkneipe stehen Smartphone-Kabinen, in denen Kettensurfer ihrer Sucht frönen. Im Gastraum starren die Gäste mit 3D-Brillen auf eine Leinwand, auf der gerade der erste, perfekt funktionierende Videochat als großes TV-Ereignis übertragen wird. Das Hologramm von Helmut Schmidt, optisch mittlerweile ein kettenrauchender Yoda, spielt dabei Online-Schach mit Peer Steinbrück. Auf der Tageskarte bietet der Wirt selbstgezüchteten Biolachs und hausgebrautes Youtube-Bier an. Ich treffe meinen Freund Andi, der mir erzählt, dass schon wieder zwei seiner Kollegen während der Online-Buchung ihres Jahresurlaubs verstorben sind. Ich empfehle für die Zukunft ein gutes Reisebüro und sende ihm direkt Adresse und aktuellen Katalog von meinem auf sein Mobiltelefon. »Hab's dir geschickt«, sage ich. Scho-ckiert entgegnet er mit brüchiger Stimme: »Oh Gott, du hast mir JETZT gerade ne Mail geschickt? HIER? MIT ANHANG?« Die Konversation in der Kneipe erstirbt. Alle starren mich an. Der Wirt sagt: »Eine E-Mail? In meiner Kneipe? Samstags um 22.30 Uhr?« Auf einmal höre ich von draußen marschierende Schritte und einen rhythmischen Chor von Stimmen, die im-mer wieder »GEFÄLLT MIR NICHT! GEFÄLLT MIR NICHT! GEFÄLLT MIR NICHT!« rufen. Andi flüstert: »Sie kommen, um dich zu holen.« »Wer denn?«, frage ich. »Der radikale militärische Arm der PETE!« Schon schlägt die Tür der Kneipe auf und vier aggressive E-Mail-Schützer in durchsichtigen Neopren-Uniformen zerren mich nach draußen. Erschrocken stelle ich fest, dass ein immer größer werdender Mob sich am Straßenrand sammelt und meine Verhaftung bejubelt. Es sind furchteinflößende Trolle in Feinrippunterhemden und Jogginghosen, die Dinge rufen wie »Pfui!« und »Auf den Grill mit ihm!«. Sie bewerfen mich auf dem Weg zum Gefängnistransporter mit Exkrementen. Welch ein Shitstorm! Ich halte die Luft an, bis einer meiner Wachen mich in die grüne Minna sperrt und den Fahrer anweist: »Bring ihn zum Zuckerberg!« Wir fahren durch dunkle Stadtgebiete, die Ortsbezeichnungen wie »Friedhof der Gruscheltiere« oder »Aussätzigen-Kolonie schwangerer Alkoholfrei-Trinker« tragen. Dann sehe ich ihn tatsächlich: einen gewaltigen Berg aus raffiniertem Zucker. Aus einer Höhle schießen Flammen in den Nachthimmel und lösen karamellisierte Lawinen aus. Der Fahrer hält an, öffnet die vergitterte Tür und führt mich unsanft zum Fuß des Bergs. »Hier ist Frischfleisch!«, ruft er in die Nacht und läuft eilig davon, nachdem er mich mit alten Netzwerkkabeln gefesselt hat. Dann sehe ich es: Ein gewaltiges Untier, ein riesiger Lindwurm, schiebt sich aus der Höhle. Das Vieh hat ein aschfahles Gesicht, das von blauen Adern durchzogen ist. Augen mit riesigen Pupillen starren mich an. Sein dämonisches Grinsen gibt den Blick auf messerscharfe, silberne Zähne frei. Ich bemerke, dass mir die Züge des Monsters nicht unbekannt sind. Es ist … es ist … Marylin Manson. »Give me Your fucking Phone, You Motherfucker!«, faucht das Manson-Monster und kriecht immer näher auf mich zu. Verzweifelt versuche ich mich zu befreien. Ich schreie. Ich winde mich. Sein Maul öffnet sich und dann … werde ich wach.

Meist bin ich dann schweißgebadet und zunächst noch dermaßen verängstigt und orientierungslos, dass ich im Dunkel des Schlafzimmers mit meinem iPhone checke, ob der Papst vielleicht gerade etwas über die Apokalypse getwittert hat.

Was dieser Traum zu bedeuten hat? Ich habe schon unzählige Traumdeutungsforen im Netz durchforstet und bin mittlerweile zu dem Ergebnis gekommen, dass ich wohl tatsächlich durch und durch ein Digital Dummy bin: interessiert, engagiert, involviert – letztlich aber total überfordert.[174]

Seien Sie versichert, dass ich wahrscheinlich auch jetzt gerade irgendwo am Computer sitze, mich von einem neuen Online-Dienst[175] ablenken oder die Schlagzeilen der Nachrichten-Websites durch mein Hirn rasen lasse.

Vielleicht habe ich aber auch gerade ein Firmware-Update meines Desktop-Rechners gemacht, während des Vorgangs einen Stromausfall gehabt, und versuche nun verzweifelt, das Drecksding wieder zum Laufen zu bringen. Wer weiß? Auf jeden Fall war und bin ich leidenschaftlicher User und damit schon lange kein Exot mehr. Wie schon gesagt: Es existiert keine Online- und Offline-Welt, sondern nur noch eine Welt, in der wir alle irgendwie User sind, ob wir wollen oder nicht. Insofern muss der Mensch einfach weiterhin versuchen, mit dem von ihm selbst geschaffenen Fortschritt Schritt zu halten, auch wenn es manchmal weh tut. Außerdem sollten wir alle, ob Digital Natives, Digital Dummys oder PWSNTACAAs, immer Kaffee und Kuchen zu Hause zu haben.

---

[174] Was auch ganz gut den Zustand der internetaffinen Piratenpartei zusammenfasst.

[175] Die Chancen stehen nicht schlecht, dass es sich um einen Fotoservice im Internet handelt, der die fotografierten Personen auf hochgeladenen Bildern in Frettchen und Eichhörnchen verwandelt. So ein Dienst könnte squirrel-yourself.com heißen … oder so!

Man muss schließlich vorbereitet sein, wenn die Googles kommen.

## Tobias Mann
## Durch den Wind

Sind manche Geisteskrankheiten wirklich Krankheiten oder vielleicht nur eine wenig subtile Form der Evolution? Ist der Bundestag nur eine gewaltige Gruppentherapie mit geringen Erfolgsaussichten? Und gibt es Dank der Kirche nicht mehr nur die Dimensionen „wahr" und „unwahr" sondern auch noch „katholisch"? Fragen über Fragen, die Tobias Mann in seinem Programm „Durch den Wind" genüsslich seziert und letztlich unmerklich beantwortet.

ISBN: 978-3-8371-0950-4
1 CD, Live-Mitschnitt